JN411966

함께 AI 일상과 업무에 AI를 더하다

출근길에 읽고 퇴근길에 완성하는 바이브 코딩

출근길에 읽고 퇴근길에 완성하는 바이브 코딩

IT 지식부터 웹사이트, 챗봇 앱 개발까지

초판 1쇄 발행 **2026년 2월 2일**

지은이 **노승헌** 펴낸이 **한기성** 기획·편집 **조희진**
표지 디자인 **오필민** 삽화 **빈꿈** 조판 **SEMO** 교정 **조경숙**
제작·관리 **이유현** 영업·마케팅 **김진불** 경영지원 **박미경**
용지 **월드페이퍼** 출력·인쇄 **예림인쇄** 제본 **예림원색**

펴낸곳 **㈜도서출판인사이트** 임프린트 **더 타이즈** 등록번호 **제2002-000049호** 등록일자 **2002년 2월 19일**
주소 **서울특별시 마포구 연남로5길 19-5** 전화 **02-322-5143** 팩스 **02-3143-5579**
이메일 **theties@insightbook.co.kr**

 ISBN **978-89-6626-518-3 93000**

책값은 뒤표지에 있습니다. 잘못 만들어진 책은 구입처에서 교환하실 수 있습니다. 이 책의 정오표는 홈페이지에서 확인하실 수 있습니다.

더 타이즈는 ㈜도서출판인사이트의 임프린트입니다. 지식의 빈칸과 경험의 빈틈을 콘텐츠로 채우는 더 타이즈에서 지식과 경험을 전달하고 싶은 저자님을 모십니다. 홈페이지 https://theties.insightbook.co.kr

출근길에 읽고
퇴근길에 완성하는
바이브 코딩

노승헌 지음

IT 지식부터 웹사이트,
챗봇 앱 개발까지

THE TIES

추천인과 책 애호가의 글

아이디어는 많지만 시작이 두려운 당신에게

이 책은 코딩을 기술 습득이 아닌, 아이디어를 실행하기 위한 사고의 기준으로 재정의합니다. AI와 대화하며 생각을 결과로 연결하는 흐름, 최소한의 지식으로 개발하는 법, 실패와 수정이 자연스러운 실행 과정이라는 관점을 단계별로 보여줍니다.

기획과 교육 현장에서 '생각은 많은데 실행은 멀어지는' 순간을 보아 왔던 입장에서, 이 책은 왜 지금 실행의 기준이 바뀌어야 하는지를 분명하게 짚어줍니다. **완벽한 준비를 기다리기보다 작은 시도를 즉시 실행 가능한 선택지로 바꿔 준다는 점에서 반드시 읽어야 할 가치가 있습니다.**

홍순성 작가 / 경희사이버대학교 AI콘텐츠제작실무 교수

업무의 본질을 되찾아주는 바이브 코딩 가이드

얼마 전, 회사에서 전문적인 개발 지식이 없던 직원이 커서(바이브 코딩 도구)를 활용해 데이터베이스 관리 시스템을 구축하고, 동료의 요구사항을 바로 반영하는 모습을 보았는데 매우 인상적이었습니다.

이제 개발은 더 이상 전문가의 전유물이 아닙니다. **누구나 바이브 코딩으로 반복 업무를 자동화하여 물리적인 시간을 줄이고, 업무의 본질에 더 집중할 수 있습니다.** 이 책은 카페 주문이나 키오스크 같은 일상의 비유를 통해 비전공자가 느끼는 기술 장벽을 친절하게 허물어 주는 안내서입니다.

김기중 CTO / 트레블월렛

학습의 패러다임이 바뀌었다, AI 시대의 새로운 문법

학습의 방식은 시대와 함께 변화해 왔습니다. 저 역시 무엇이든 기본부터 차근차근 배워온 세대이지만, 현업에서 마주하는 **AI 시대의 프로그래밍은 '코드를 얼마나 잘 아느냐'의 문제가 아니라, 'AI를 어떻게 활용해 생각을 빠르게 구현하느냐'의 문제로 바뀌었습니다.** 이 책은 바로 그 변화의 방향을 정확히 짚어냅니다.

개발자가 아니더라도, 기획자, 창업가, 비즈니스 리더, 누구나 AI를 어떻게 이해하고 활용해야 하는지 구체적인 예제와 함께 명확한 방향을 제시합니다. 기술 장벽을 낮추면서도 실무와 사고방식의 변화를 자연스럽게 이끌어 줍니다.

AI와 함께 일하는 시대를 준비하는 모든 분께, 부담 없이 읽을 수 있으면서도 생각의 전환을 가져다주는 의미 있는 한 권이 될 것입니다.

박성채 CEO / 엠브레이스

바이브 코딩에 올라타는 가장 쉬운 사다리

일상생활 속에서 부담 없이 바이브 코딩을 맛볼 수 있도록 구성된 책입니다.

흔히 코딩 입문자들이 큰 흥미를 느끼다가도 어려움을 느끼고 포기하는 지점이 기반 지식에 대한 부족함이 느껴질 즈음입니다. 저자는 **쉽고 재미있는 비유를 통해 기반 지식을 설명함으로써 개발 과정의 어려움을 극복하는 '사다리'를 제공합니다.**

개발에 대한 흥미를 잃지 말고, 다같이 바이브 코딩에 빠져봅시다! Let's start vibe coding!

권성환 팀장 / CJ올리브영 테크전략지원팀

기술은 가볍게, 성취는 묵직하게, IT 문외한의 장벽을 허무는 흡입력

개발 경험이 전혀 없었음에도 자투리 시간을 활용해 단 8시간 만에 '제대로 작동하는 웹사이트'를 완성했습니다.

비개발자인 제 관점에서 봤을 때, 막연했던 개발을 실제 결과물로 연결해 주는 이 책의 흡입력은 놀라웠습니다. 특히 후반부로 갈수록 스스로 공부할 거리를 고민하게 만드는 구성은 마치 과외 선생님 같았습니다.

IT 지식은 전혀 없지만 만들고 싶은 앱이나 서비스가 있는 분이라면, 바이브 코딩 입문에 이 책을 추천합니다.

이주영 / 15년차 주부

더 타이즈에서는 지식과 경험을 나누어 주실 저자님과 출간 전 콘텐츠를 먼저 읽어 보실 책 애호가님을 모십니다.

- https://theties.insightbook.co.kr

저자와의 인터뷰

집필 동기와 대상 독자, 차별점 이 책을 쓰게 된 계기와 특히 비개발자를 주요 독자로 설정하신 이유는 무엇인가요? 기존 바이브 코딩 서적과 비교했을 때 이 책만의 차별점도 궁금합니다.

챗GPT 등장 이후 AI는 단순한 대화 도구를 넘어 개발과 같은 전문 영역까지 빠르게 확장되었습니다. 실제로 여러 개발 사례를 접하면서, AI와 함께 코딩하면 전문적인 개발 지식이 없어도 앱을 만들 수 있다는 가설은 점점 확신으로 바뀌었습니다.

다만 여러 사람이 함께 사용하는 서비스를 만들기 위해서는 여전히 최소한의 사전 지식이 필요합니다. 물론 몰라도 결국은 하게 되지만, 알고 시작하면 훨씬 빠르게 만들 수 있습니다. 그렇다고 비개발자 전문 개발자 수준의 지식을 모두 익힐 필요는 없습니다. AI에 정확한 지시를 내리는 데 필요한 핵심 기본 지식과 문제가 생겼을 때 해결할 수 있는 최소한의 이해만 있다면 충분합니다.

앱을 만들고 때 무엇을 알아야 하는지, 최소한의 기본 지식을 비개발자에게 알기 쉽게 전달하고 싶었습니다. 그리고 작년 여름 파이콘에서 조희진 님을 만나서 이야기하며 이 고민을 구체화했습니다.

이 책의 가장 큰 차별점은 "저는 정말 아무것도 모르는데요?"라는 독자를 주요 독자로 삼았다는 것입니다. 이러한 주요 독자들의 이해를 돕고자 책을 4개 부로 나누어 집필했습니다. 1~2부에서는 필수 개념을 일상적인 비유로 설명하고, 3부에서는 누구나 바이브 코딩을 할 수 있다는 자신감을, 4부에서는 계속 성장하는 바이브 코더가 되기 위한 방향을 제시했습니다.

IT 지식의 필요성 AI와 함께라면 코딩을 몰라도 된다는 인식도 있는데, 책에서는 API, 서버, 데이터베이스 같은 기본 개념을 강조하셨습니다. 바이브 코딩에서도 이런 IT 기본 지식이 필요한 이유는 무엇인가요?

두 가지 이유가 있습니다. 첫째, **바이브 코딩은 AI와 함께 앱을 만들어 가는 과정**이기 때문입니다. AI의 코딩 능력은 뛰어나지만, 우리가 무엇을 만들고 싶은지 정확히 전달하지 못하면 결과물이 만족스럽지 않을 수 있습니다. 우리가 조금이라도 더 이해한 상태에서 프롬프트를 작성할수록 AI의 결과물도 정교해집니다.

둘째는 **앱이 실제로 더 잘 동작하게 만들기 위해서**입니다. 혼자 쓰는 앱이라면 문제가 있어도 넘어갈 수 있지만, 여럿이 함께 쓰는 서비스라면 오류 수정이나 기능 확장이 불가피합니다. 앱의 구조를 이해하고 있다면 간단한 문제는 스스로 해결할 수 있고, 새로운 아이디어를 떠올리는 데도 큰 도움이 됩니다.

AI와의 협업 방식 AI는 같은 질문에도 다른 결과를 내놓습니다. 책에서는 이런 특성을 어떻게 다루고 있나요? 또한 AI와 효과적으로 협업하기 위한 프롬프트의 핵심 원칙은 무엇인가요?

AI는 같은 질문에도 매번 답이 다릅니다. 독자들이 이런 차이로 당황하지 않도록, 제가 사용했던 프롬프트와 AI의 답변, 생성된 코드를 모두 정리해 온라인으로 제공했습니다. 코드를 그대로 실행하면 책과 동일한 결과를 확인할 수 있습니다.

하지만 이런 불확실성은 단점이 아니라 **더 다양한 결과물을 만들어낼 수 있는 기회**라는 점을, 이 책을 읽는 독자분들은 기억해 주길 바랍니다. 여러분이 직접 작성한 결과물이 제 것보다 더 멋질 수도 있습니다.

프롬프트와 관련해서 책에서는 AI를 '**자상한 부모가 아이를 대하듯 대하라**'고 이야기합니다. 여기서 '자상함'은 감정이 아니라 구체성을 의미합니다. 상황을 자세히 설명하고, 원하는 결과를 명확히 전달하며, 예상과 다른 답변이 나오면 표현 방식을 바꿔 다시 설명하는 것, **프롬프트 엔지니어링의 시작이자 핵심은 결국 구체적인 질문입니다.**

비개발자의 두려움 극복 에러 메시지나 검은 터미널 화면만 봐도 두려움을 느끼는 초보자가 많습니다. 실패나 오류에 대한 두려움을 극복하기 위한 마인드셋이 있다면요?

에러 메시지가 두려운 이유는 대부분 이해하지 못하는 언어로 쓰여 있기 때문입니다. 과거에는 에러 메시지를 해석하기 위해 상당한 시간이 필요했지만, 지금은 AI의 도움으로 훨씬 수월해졌습니다.

AI에 에러 메시지를 전달하면 문제의 원인과 해결 방법을 사람이 이해할 수 있는 언어로 설명합니다. 코딩을 몰라도 AI와 함께 코딩을 해 나갈 수 있듯이 오류 역시 AI의 도움을 받아 충분히 이해하고 수정할 수 있습니다. **코드의 실패와 에러는 AI와 대화를 풀어가는 단서**라고 받아들이면 좋겠습니다.

독자에 대한 기대 책의 따라 하기를 마친 독자들이 일상에서 어떤 '작은 불편함'을 해결해 보길 기대하시나요?

우리 일상에는 반복적이고 시간을 잡아먹는 일이 정말 많습니다. 이런 일들이 바로 바이브 코딩의 출발점입니다. 카페 챗봇이나 웹사이트처럼 거창한 것이 아니어도 괜찮습니다.

예를 들어 매일 주식 뉴스를 찾아보고 정리하는 데 시간을 쓰고 있다면 간밤의 주식 시장 요약 앱을 만들어 볼 수 있고, 핫딜 가격을 매번 비교하고 있다면 최저가 확인 앱도 좋은 출발입니다. 중요한 것은 **일상의 작은 불편함을**

끄집어내고, 어떻게든 해결해 보려는 시도입니다. 그 과정에서 코딩에 대한 자신감은 물론, 일상의 품격도 한 단계 올라갈 것입니다.

끝으로 집필 과정은 어떠셨나요?

집필 내내 가장 고민했던 점은 바이브 코딩 자체가 계속 진화하고 있다는 사실이었습니다. 새로운 AI 도구와 방법론이 끊임없이 등장하는 상황에서, 특정 도구에 종속되지 않으면서도 본질적인 내용을 담고 싶었습니다.

책에서 소개한 도구나 서비스가 언제든 사라질 수 있는 시대이기에 기본과 본질에 집중하는 태도가 중요하다고 생각합니다. 그 메시지가 책의 처음부터 끝까지 잘 전달되었다면 이번 집필은 성공적이었다고 말할 수 있을 것 같습니다.

책을 집필하기까지 가장 큰 자극이 되었던 건 아내의 새로운 도전이었습니다. 아내의 도전 덕에 저 또한 늦은 퇴근과 잦은 출장에도 짬짬이 집필 시간을 내어 원고를 완성할 수 있었습니다. 그동안 싫은 소리 없이 바쁜 남편을 기다려준 아내에게 큰 감사를 전합니다. 각자의 생활로 바빠 가족 간의 대화 시간이 줄었지만, 한 번씩 아빠와의 산책에 기꺼이 응해준 세 아이에게도 미안한 마음과 고마운 마음을 표하고 싶습니다. 그리고 농담처럼 풀어냈던 이야기조차 잊지 않고 기억하고 집필의 기회를 만들어 주신 조희진 님과 출판사에도 감사의 인사를 전합니다.

이 책에 대하여

이 책은 총 4부, 14장으로 구성되어 있습니다. 1부에서는 바이브 코딩의 개념과 가능성을 소개하고, 2부에서는 비개발자가 알아야 할 필수 IT 지식과 용어를 설명합니다. 3부에서는 실제 AI 도구를 활용해 웹사이트와 챗봇을 만드는 실습을 진행하며, 4부에서는 서비스를 안정적으로 운영하고 개발자처럼 사고하는 데 필요한 심화 내용을 다룹니다. 각 장의 주요 내용은 다음과 같습니다.

1장 바이브 코딩이란 무엇인가? 코드를 직접 쓰는 대신 AI와 대화하며 아이디어를 구현하는 새로운 코딩 패러다임을 소개합니다.

2장 바이브 코딩으로 정말 뭔가 만들 수 있을까? 성공 사례를 통해 비전문가도 AI와 협업해 의미 있는 결과물을 만들 수 있음을 보여줍니다.

3장 나도 바이브 코딩을 할 수 있을까? 개발 지식에 대한 두려움을 극복하고 에러를 학습의 출발점으로 삼는 마인드셋을 안내합니다.

4장 컴퓨터와 인터넷은 어떻게 움직일까? 웹 서비스의 기본 구조와 인터넷이 동작하는 원리를 일상적인 비유로 쉽게 설명합니다.

5장 웹이란 무엇일까? 웹을 구성하는 프런트엔드, 백엔드와 HTML, CSS, 자바스크립트의 역할을 이해합니다.

6장 데이터를 이해하는 방법 데이터의 개념과 형식, 데이터베이스와 API를 중심으로 서비스 간 데이터 흐름을 설명합니다.

7장 코딩의 기본 블록 변수, 함수, 조건문 등 코딩의 기본 구조와 개발 생산성을 높이는 도구의 개념을 익힙니다.

8장 AI와 소통하기 AI와 효과적으로 소통하기 위한 프롬프트 설계 방법과 AI 작동 원리를 다룹니다.

9장 개발 환경과 문제 해결 개발 환경, 디버깅, 버전 관리, 배포까지 실제 개발 과정에서 필요한 도구와 흐름을 소개합니다.

10장 젠스파크로 만드는 카페 웹사이트 AI 개발자 에이전트를 활용해 프롬프트만으로 웹사이트를 만들고 배포하는 과정을 실습합니다.

11장 카페 AI 챗봇 만들기 OpenAI API와 클라우드 도구를 활용해 실제로 동작하는 챗봇 서비스를 구축합니다.

12장 전문적인 코드 관리법 코드 관리, 자동 배포, AI 코드 리뷰를 통해 안정적인 개발·운영 방식을 배웁니다.

13장 서비스 개발, 운영의 필수 요소 보안, 인증, 유지보수 등 서비스를 지속 가능하게 운영하기 위한 핵심 요소를 정리합니다.

14장 나의 바이브 코딩 성장 로드맵 바이브 코딩을 지속적으로 성장시키기 위한 개인 학습과 실천 로드맵을 제시합니다.

학습 안내

1. 책에서 언급한 모든 URL과 질문 답변은 다음 주소에서 확인할 수 있습니다.
   - https://www.notion.so/2e0863f609e781d0ab70e6f630d0fcb3

▲학습 자료

▲오픈채팅방

2. 오픈채팅방에서 질문을 받고 있습니다.
3. 10장 실습에서 'AI에 물어보기'는 챗GPT 등의 다른 무료 AI 서비스를 이용하고, 젠스파크 AI 개발자 창에는 꼭 웹사이트 개발과 변경에 관한 프롬프트만 입력하세요.
4. 11장 실습에서는 OpenAI API 사용료 5달러를 결제해야 하며, 결제 옵션에서 자동 결제 옵션을 체크하지 않아야 추가 과금이 되지 않습니다.

차례

02 용어의 숲 탐험하기 27

01

바이브 코딩,
나도 할 수 있다!

1

바이브 코딩이란 무엇인가?

언젠가부터 개발자가 아니어도 '코딩'이라는 말을 쓰는 사람이 많아졌습니다. 아마도 엔트리[1]와 같은 블록 기반 코딩 교육이 확산되면서 사람들이 코딩을 쉽게 접하기 시작한, 그 시점부터일 겁니다. 요즘 학생들은 블록 코딩으로 간단한 웹 앱을 만들 수 있고, 한 단계 더 나아가면 아두이노 등을 활용해 전자기기를 제어할 수도 있습니다.

그럼에도 블록 코딩으로 만들 수 있는 앱에는 어느 정도 한계가 있습니다. 여전히 스마트폰에서 동작하는 앱이나 PC에서 동작하는 쓸모 있는 앱을 만들려면 프로그래밍 언어를 이해하고 코드를 작성하는 코딩을 알아야만 합니다.

코딩이라는 단어를 보면 어떤 이미지가 떠오르나요? 모니터에 영어로 된 코드가 빼곡히 채워져 있는 모습이나 영화 속 해커가 빠르게 키보드를 두드리며 정신없이 화면이 바뀌는 장면이 생각나나요?

그동안 많은 사람이 코딩을 전문가의 전유물로 여겼습니다. '문과라서'와 같은 말로 시작하기도 전에 코딩을 포기하는 사람이 제 주변에도

1 https://playentry.org/

있었습니다. 그런데 최근 AI의 등장으로 상황이 완전히 달라졌습니다. AI가 학습한 수많은 지식 중에 프로그래밍 언어를 비롯한 코딩에 필요한 지식도 포함되어 있습니다. 덕분에 이제는 코드를 직접 작성하지 않고, '내가 원하는 무언가'를 AI에 이야기하면 AI가 대신 코드를 작성해주는 시대가 왔습니다. 과거에는 '개발자'여야 코딩으로 무언가를 만들 수 있었지만, 지금은 아이디어만 있으면 누구든지 무언가 만드는 일을 시도할 수 있는 시대가 되었습니다.

안드레이가 쏘아 올린 바이브 코딩의 불꽃

2025년 2월 초, OpenAI(챗GPT를 만든 그 회사)의 창립 멤버이자 테슬라의 AI 총괄이었던 안드레이 카파시Andrej Karpathy는 X.com(구 트위터)에 장문의 글(그림 1-1)을 하나 남겼습니다. 바로 오늘날 우리가 새로운 코딩 방식이라 부르는 바이브 코딩vibe coding을 처음으로 정의한 글입니다.[2]

안드레이가 이야기한 바이브 코딩은 키보드로 코드를 입력하거나 코드 블록을 연결하는 형태가 아닙니다. 만들고 싶은 기능, 앱, 여하튼 무언가가 있으면 무엇이 필요한지 생각하고 AI에 필요한 것을 이야기합니다. 그다음 AI가 코드를 줄 때까지 기다립니다. AI가 코드를 작성하면 개발 도구나 코드를 실행할 수 있는 어딘가에 코드를 복사해서 붙여 넣고 실행하는 것이 전부입니다.

2 https://x.com/karpathy/status/1886192184808149383

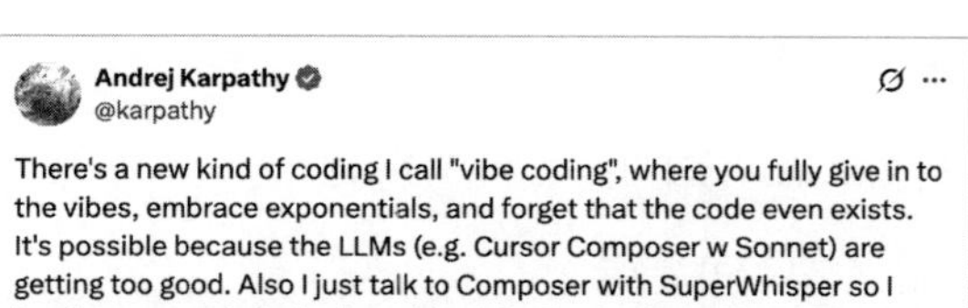

그림 1–1 안드레이의 트윗

복잡한 프로그래밍 언어를 이해할 필요도 없고 로직을 작성하느라 고민할 필요도 없는 코딩 방식이 바이브 코딩입니다. 챗GPTChatGPT를 이용해서 원하는 정보를 얻어내는 것과 별반 다르지 않습니다. AI가 작성한 코드를 실행해서 원하는 기능이 동작하는지 살펴보고, 수정이 필요하면 다시 같은 과정을 반복합니다.

안드레이 카파시가 이 글을 올리자 수많은 사람이 이러한 코드 작성 방식, 바이브 코딩에 대해 토론했습니다. 어떤 이는 자신의 바이브 코딩 사례를 공유했습니다. 이후부터 전문적인 프로그래밍 지식, 개발자 역량에 크게 상관하지 않고 본능적인 감각을 바탕으로 AI와 함께 코드를 작성하는 방식을 **바이브 코딩**이라 불렀습니다. 이것은 '**AI와 대화하는 일 자체가 새로운 코딩 방식으로 자리 잡으면서, 개발자만 무언가를 만들 수 있는 게 아니다**'라는 변화의 신호탄이었습니다.

AI와 함께하는 새로운 코딩 방식

네이버 어학사전에서 바이브vibe의 의미를 찾아볼까요?

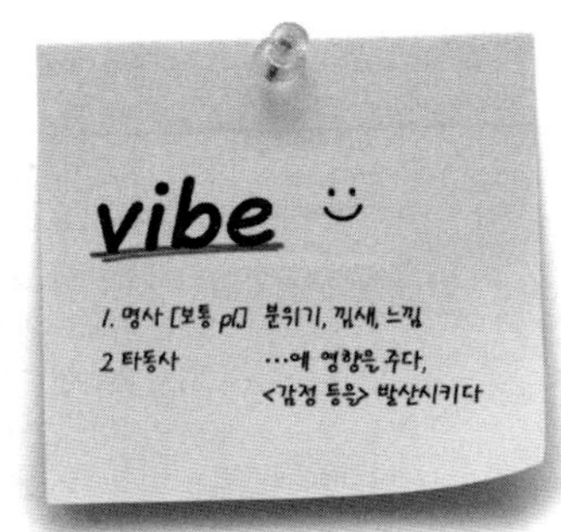

바이브는 분위기, 낌새, 느낌이라는 명사와 '~에 영향을 주다', '감정 등을 발산시키다'라는 타동사의 의미가 있습니다. 메리 웹스터 사전에는 'a feeling that someone or something gives you'라고 정의되어 있습니다. 저는 이걸 '홍'이라고 해석합니다.

정리하면 바이브 코딩은 홍을 기반으로 한 코딩 작업입니다. AI와 이런저런 이야기를 나누면서 코드를 만들고, 다시 그 코드를 실행하면서 문제점과 개선할 점을 생각하고, 다시 AI와 대화를 통해 바꿔 나가는 과정을 '홍이 나는 과정'이라고 해석할 수 있습니다.

예를 들어 '카페 추천 앱'을 만든다고 가정하겠습니다. 과거에는 정말 많은 단계를 거쳐야 했습니다. 전통 방식대로라면 기획자가 앱의 목적과 기능을 정의하는 일에서부터 시작합니다. 추천 카페 등록, 카페 별점과 방문 후기 작성 같은 기능 말입니다.

필요한 기능과 흐름을 기획했으면 디자이너가 화면 구조(레이아웃)를 만들 차례입니다. 지도 화면, 추천 카페 목록과 별점, 후기를 살펴볼 수 있는 목록 화면도 필요할 겁니다. 회원가입, 로그인, 로그아웃 등 공통 화면도 물론 작성해야 합니다.

이렇게 화면 구조를 만든 뒤에는 웹 개발자가 여러 전문 기술(HTML, CSS, 자바스크립트 등)을 이용해 실제 사용자가 볼 화면을 개발합니다. 이와 동시에 서버 개발자는 정의된 기능과 웹 페이지의 구성을 참고하여 추천 카페 정보 저장, 사용자 관련 기능 등을 코드로 작성하고 웹 페이지와 연동합니다. 개발이 끝났다면 사용자가 사용하기 전에 전문 테스터가 문제점을 찾고 개발자가 수정하는 작업을 반복합니다. 서비스를 출시할 수 있는 품질에 도달했다면 배포 담당자가 실제 서비스용 서버에 코드를 배포하고 사용자에게 공개합니다.

과거에는 이렇듯 서비스를 만드는 데 여러 역할이 필요했으며, 기획, 개발, 배포 시간 또한 수 주에서 수개월이 걸렸습니다. 서비스를 개발하며 서로의 영역을 조금씩 넘어서기도 하지만 보통은 각자의 역할과 책임에 따라 자신의 영역에 집중했습니다. 놀랍게도 이것은 개발 과정을 아주 간략하게 설명한 것입니다. 실제 개발 과정은 훨씬 더 복잡합니다. 현실에서는 인프라나 네트워크를 담당하는 엔지니어를 비롯해 더 많은 직군이 서비스 개발에 참여하지만 '개발 흐름'에 집중해서 여러분에게 최대한 간략하게 전달하면 다음 쪽 그림 1-2와 같습니다.

AI와 함께 바이브 코딩으로 만들면 어떨까요? 우선 아이디어가 떠오르면 바로 AI에 "카페 추천 서비스를 만들고 싶어. HTML로 기본 화면 코드 좀 만들어 줘"와 같이 간단하게 요청합니다. 여기에 생각하고 있는 기능이나 원하는 서비스의 느낌을 알려 주면 좋습니다. 잠시 후 AI는 왜 이렇게 만든 것인지 설명하고 코드를 제공합니다. AI가 제안한 코드는 특정 환경이나 웹 브라우저(이하 브라우저)를 통해 바로 확인할 수도 있습니다.

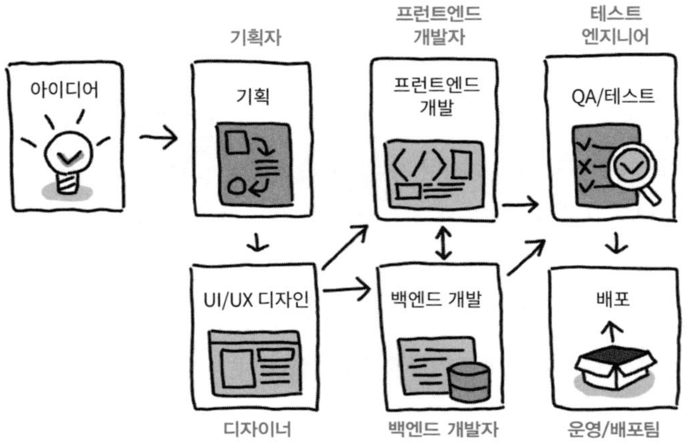

그림 1-2 전통적인 개발 흐름

결과물이 마음에 들지 않아 고치고 싶으면 "지도 대신 목록을 먼저 보여줘"와 같이 수정하고 싶은 내용을 AI에 입력합니다. 그러면 곧바로 수정한 내용과 함께 새로운 코드를 작성합니다. AI가 제공한 코드를 사용할 줄 모르면 "이 코드로 무엇을 해야 하는지 전혀 모르겠어. 알려줘"처럼 입력하면 됩니다. 데이터를 저장하는 방법도 무료로 사용할 수 있는 서비스를 소개하거나 대안으로 쓸만한 기발한 아이디어를 제시하기도 합니다.

물론 AI가 제공한 코드가 잘 실행되지 않을 수도 있습니다. 이럴 때는 문제 상황에 당황하지 말고 현재 상황과 프로그램이 제공한 에러 메시지(오류 내용)를 그대로 AI에 물어보면 수정 방법을 알려 줍니다. 마지막으로 "완성된 서비스를 다른 사람들도 이용할 수 있도록 공개하고 싶어"라고 AI에 입력하면 서버 환경은 어떻게 준비할 수 있는지 알려 줍니다.

이전에 해 보지 않았던 작업이라도 AI가 알려 주는 순서대로 따라가면 서버 환경도 어렵지 않게 준비할 수 있습니다.

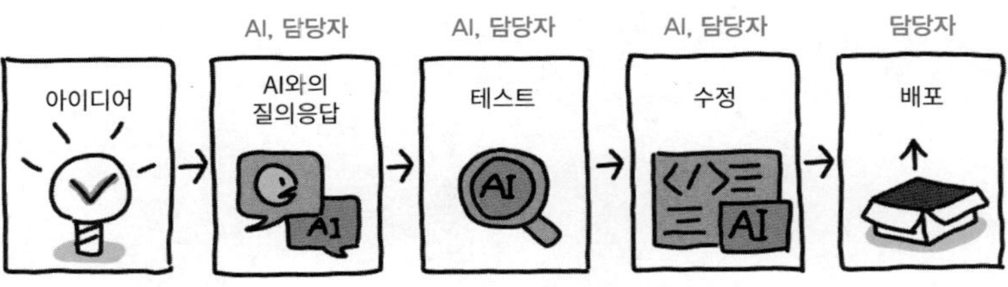

그림 1-3 AI와의 바이브 코딩 과정

바이브 코딩은 이전의 개발 방식과는 확연히 다릅니다. 가장 중요한 차이는 AI가 많은 사람의 역할을 대신한다는 점입니다. 또한 전문 지식이 부족해도 AI와 대화를 나누면서 서비스 개발에 필요한 지식을 습득하고 작업을 진행할 수 있습니다. 복잡하지 않은 개발 작업이라면 수 시간에서 하루 이내에 끝나기도 합니다.

AI가 발전한 덕에 이제는 기획부터 개발, 공개(배포)에 이르는 모든 과정을 바이브 코딩으로 '나 혼자서' 해낼 수 있습니다. 이제는 내가 필요한 앱을 만들 수 있는 '나만의 개발 스튜디오'가 탄생한 것입니다. 정말 이냐고요? 여러분은 이 책의 10장에서 간단한 웹사이트를 개발하면서 바이브 코딩을 맛보고, 11장에서는 조금 더 복잡한 구조의 서비스를 AI와 함께 만들면서 바이브 코딩의 매력을 살펴볼 수 있습니다. 11장 실습을 마치고 나면 비로소 '나만의 개발 스튜디오'라는 말의 의미를 이해할 수 있을 겁니다.

2

바이브 코딩으로 정말 뭔가 만들 수 있을까?

세상 모든 일이 그렇듯 새로운 일을 시작하는 순간은 무척 흥분되면서도 동시에 걱정이 밀려옵니다. 바이브 코딩이라는 새로운 분야에 도전하는 일은 어쩌면 코딩 공부보다 더 어렵게 느껴질 수 있습니다. 그럴 때는 친절한 동료이자 부끄러워하지 않고 편하게 물어볼 수 있는 선생님이 생긴다는 마음으로 편하게 합시다.

여러분의 자신감을 북돋아 주기 위해 이번 장에서는 바이브 코딩으로 흥미로운 결과를 만들어낸 사례를 소개합니다. 자신의 분야가 아닌 곳에서 성과를 낸 개발자와 코딩을 전혀 모르는 비개발자의 바이브 코딩 결과물을 보면 여러분도 자신감이 생기리라 믿습니다.

낮잠 시간에 완성한 앱, 스쿠버덕

에드워드 양은 페이스북을 만든 메타Meta의 엔지니어(개발자)입니다. 비전문가를 위한 책에 왜 갑자기 개발자가 등장하냐구요? 배신감을 느끼기 전에 먼저 끝까지 들어 보세요. 그가 바이브 코딩으로 만든 스쿠버덕ScubaDuck은 그의 개발 실력과는 무관합니다. 에드워드는 개발자이지만,

의도적으로 직접 코드를 수정하지 않고 오로지 AI와 대화하면서 AI가 제공한 코드만으로 앱을 만들었습니다.[1]

이 과정이 진짜 의미 있는 이유는 '제품에 사용할 코드를 바이브 코딩으로 만들 수 있는지'를 개발자가 직접 실험한 사례이기 때문입니다. 에드워드가 AI에 어떻게 질문하고, AI가 만든 코드를 어떤 방식으로 수정하면서 원하는 앱을 만들어냈는지 살펴보겠습니다.

잠깐! 스쿠버덕은 메타의 사내용 데이터베이스인 스쿠버(Scuba)를 쉽게 조작하도록 돕는 관리 도구로, 오리나 스쿠버 다이빙과는 상관없습니다.

- 스쿠버덕 개발에는 3일이 걸렸습니다.
- 아기가 낮잠을 자는 시간처럼 자투리 시간을 활용했습니다.
- 에드워드의 주 개발 분야와는 거리가 먼 자바스크립트를 이용해서 UI 코드를 작성했습니다.[2]

에드워드의 개발 환경을 살펴보면 클라우드 환경에서 코덱스[3]를 사용해서 개발했습니다. 코덱스는 코딩에 특화된 챗GPT의 형제 AI입니다. 에드워드는 코덱스로 생성한 코드가 동작할 수 있는 기본 환경을 만드는 일이 힘들고 괴로운 과정이었다고 합니다. 물론 이 과정 또한 코덱스에 질문하며 진행했습니다. 환경 설정의 마지막 단계는 어떤 앱을 만들 것인지를 코덱스에 전달하는 것이었습니다.[4]

1 https://blog.ezyang.com/2025/06/vibe-coding-case-study-scubaduck

2 에드워드는 메타가 개발해 공개한 파이토치(PyTorch)라는 파이썬 주요 라이브러리 개발에 깊게 관여하고 있는 엔지니어로 핵심 기여자 중 한 명입니다.

3 Codex. 챗GPT를 만든 OpenAI가 만든 AI 코딩 에이전트

4 https://github.com/ezyang/scubaduck/pull/1

ScubaDuck Codex 프롬프트 및 궤적

코딩 에이전트 상호작용에서 스크랩한 데이터

159개의 궤적 2025년 6월 2일에 생성됨

탐색적 데이터 분석 도구 설계 거절됨 - 클릭하여 펼치기 로그 보기

쿼리 백엔드 및 프런트엔드에 대한 테스트를 작성하세요. 거절됨 - 클릭하여 펼치기 로그 보기

서버 백엔드 쿼리에 대한 테스트를 작성하세요. 거절됨 - 클릭하여 펼치기 로그 보기

서버 백엔드 쿼리에 대한 테스트를 작성하세요. 로그 보기 GitHub PR

저는 Meta의 내부 실시간 데이터베이스 시스템인 Scuba를 정말 좋아합니다. Scuba의 분산 실시간 데이터베이스 부분은 복제하기가 상당히 어렵고 비용도 많이 들지만, 쿼리를 위한 Scuba의 UI도 정말 마음에 듭니다. 작은 데이터베이스, 예를 들어 탐색하고 싶은 SQLite 데이터셋에도 Scuba를 사용할 수 있으면 좋겠다고 생각할 때가 많습니다. 핵심 아이디어는 다음과 같습니다. * 기본적으로 시계열 데이터 처리. 전용 "시계열" 뷰에는 시간에 따라 발생한 이벤트를 나타내는 테이블을 다루는

그림 2-1 스쿠버덕을 만들면서 사용한 모든 질문[5]

인간과 AI 사이의 반복 작업

본격적으로 바이브 코딩을 시작한 뒤로 에드워드는 AI와 대화를 반복했습니다. 직접 코드 작성을 하지 않더라도 계속 AI와 이야기하면서 발생하는 문제점을 해결했습니다. 다음은 에드워드가 AI와 반복한 작업입니다.

AI와 코딩하는 과정

1. AI가 생성한 코드를 실행해서 문제가 발생하는 항목(에러)을 찾습니다.
2. AI에 문제가 발생한 내용을 수정 요청합니다.
3. 문제가 해결될 때까지 1과 2 과정을 반복합니다.

언뜻 무난해 보이는 이 과정을 수행하는 동안 에드워드는 여러 난관에 봉착했습니다. 코덱스는 여러 작업을 동시에 병렬적으로 수행하는데,

5 https://ezyang.github.io/scubaduck-prompts/

이 때문에 여러 작업의 변경 사항이 충돌하는 문제가 빈번하게 발생했습니다. 수차례의 반복 작업을 통해 에드워드는 코드의 주요한 수정은 하나의 AI가 수행하고, 문제가 발생한 여러 상황을 다수의 AI가 동시에 병렬적으로 작업하는 게 가장 최선이라고 결론지었습니다.

여러분이 당장 겪을 상황은 아니지만, AI와 코딩할 때 발생할 수 있는 주요한 문제점을 잘 지적한 사례입니다.

실험에서 배운 점

결과적으로 에드워드는 AI와 대화를 지속하면서 원하는 결과물을 만들어 냈습니다. 사람이 코드를 작성하지 않더라도, AI는 사람과의 질의응답을 통해 필요한 것을 식별하고 코드로 만들어 내는 작업을 원활히 수행했습니다.

에드워드가 사용한 프롬프트는 대략 150개 정도입니다. 여기서 **프롬프트란 AI와 대화하기 위해 입력한 문장**을 이르는 용어입니다. 프롬프트가 150개 정도면, 회의 중 다른 참석자와 논쟁이 발생했을 때의 대화량과 비슷할 겁니다. 그간의 코딩은 프로그래밍 언어를 잘 이해하고 언어가 제안하는 방식을 사용해야 했다면, AI를 중심으로 한 바이브 코딩 실험은 굳이 그런 깊은 수준까지 생각하지 않아도 된다는 시사점을 준 사례입니다.

에드워드가 코덱스라는 AI 코딩 환경의 특징을 조금 더 잘 알았다면 더 짧은 시간 내에 개발 작업을 완료할 수도 있었을 겁니다. 하지만 반대로 코덱스에 익숙하지 않아도 시행착오와 150개의 프롬프트를 통해 원하는 결과물을 만들 수 있었다는 점은 무척 고무적입니다.

에드워드의 글에 따르면 에드워드는 당장 회사의 실무 프로젝트(대표적으로 그가 참여하고 있던 파이토치PyTorch라는 파이썬 패키지)에 바이브 코딩을 적용할 생각은 없지만, 여러 사이드 프로젝트나 독립적으로 동작하는 과업에는 충분히 적용할 만하다고 합니다.

기억할 점

바이브 코딩은 아직 완벽하지 않습니다. AI의 역량에 따라 한계가 있는 영역임이 확실합니다. 그럼에도 전문 엔지니어, 개발자들은 바이브 코딩의 효용을 보여줄 수 있는 영역을 지속적으로 실험하고 그 내용을 복기하고 있습니다. 바이브 코딩이 모든 코딩을 대체할 수는 없겠지만, 급하게 도구가 필요한 순간 '코딩에 대한 깊은 지식 없이도' 앱을 만들 수 있다는 점을 스쿠버덕을 통해 알 수 있습니다.

취미에서 수익까지 사례

새로운 기술이 세상에 등장하면 사람들 대부분은 '흥미롭고 재미있어 보이지만 정말 내 생활에 도움이 되는 기술일까?'와 같은 의구심을 갖습니다. 새로운 기술을 실험하는 일은 재미있는 일입니다. 새로운 기술이 동작하는 방식을 살펴보는 일도 흥미롭습니다. 다만 '실제로 쓸모 있는 기술인가?'라는 질문에 즉답하기는 어렵다는 점도 사실입니다.

소규모 창업자·개발자·디자이너들이 모여 자신들의 온라인 비즈니스 경험과 수익 모델을 공유하는 인디 해커스[6] 커뮤니티에서는 종종 이런 주제로 뜨겁게 논쟁합니다. 아무래도 커뮤니티의 성격상 세계 각지의 인디 메이커들의 토론이 활발히 열리기 때문입니다. 바이브 코딩 역시 그런 주제 중 하나입니다.

2025년 5월, 인디 해커스에 기사 하나가 실렸습니다. 기사의 제목은 'AI를 이용해 바이브 코딩으로 개발한 수익 창출 앱 4선'[7]이었습니다. 이 기사는 제목처럼 바이브 코딩을 이용해 개발된 앱 중에서 수익을 창출하고 있는 4가지 앱에 관한 기사였습니다. 4가지 앱은 어떻게 만들어졌고 얼마나 수익을 올리고 있을까요?

다음 표에 정리된 4가지 앱 중에서 AI 코딩을 가장 많이 활용한 웹 게임 플라이Fly와 월 2천 달러의 높은 수익을 올리고 있는 챗봇 생성 서비스, ChatIQ에 대해서 살펴보겠습니다.

표 2-1 바이브 코딩으로 개발된 4가지 앱

앱	구분	AI 코딩 비율	사용한 주요 AI
ChatIQ	웹 앱	80%	클로드 오퍼스, 챗GPT 4
Fly	웹 게임	90%	클로드, 챗GPT 4
TrendFeed	웹 앱	75%	클로드, 챗GPT 4, 리플릿(Replit)
Vibe Sail	웹 게임	85%	챗GPT 4, 깃허브 코파일럿

6 Indie Hackers. https://www.indiehackers.com/

7 원제는 "Vibe coding examples: 4 revenue-generating apps built with AI"입니다. https://bit.ly/48oWEkb

다중 사용자 웹 게임, 플라이

플라이[8] 게임을 개발한 피터 레벨스Pieter Levels는 개발자입니다. 개발자의 바이브 코딩은 반칙이라고 생각할 독자도 있을 겁니다. 하지만 피터는 플라이를 개발하기 전까지는 게임 개발을 해본 적이 없었습니다. 일반 앱 개발과 게임 개발은 국어 선생님이 독어를 가르치는 일과 같이 전혀 다른 작업입니다. 피터가 바이브 코딩을 이용해 게임의 프로토타입을 만드는 데 소요한 시간은 놀랍게도, 단 3시간이었습니다. "브라우저에서 동작하는 3D 비행 게임을 만들 거야"가 AI에 전달한 첫 프롬프트였다고 합니다. 작성된 코드의 90% 이상은 AI가 생성했고, AI가 생성한 코드 중 10%만 직접 수정했다고 합니다.

그림 2-2 일론 머스크도 극찬한 웹 게임 플라이(Fly)[9]

8 https://fly.pieter.com

9 https://x.com/elonmusk/status/1894744125938819481

피터는 2025년 2월, AI에 첫 프롬프트를 입력하며 첫 코드를 작성했습니다. 게임 출시까지 걸린 시간은 정확히 공개되지 않았습니다. 인디 해커스에서 정리한 타임라인을 기준으로 추측하면 개발은 1개월 이내에 완료되었고, X에서 일론 머스크가 피터의 게임 런칭 소식을 리트윗하면서 본격적으로 바이럴되었습니다. 이 게임의 수익 모델은 게임 내 광고와 유료 비행기 아이템이었습니다. 같은 해 3월에 첫 수익이 발생했으며 유료 아이템 판매와 광고 유치로 본격적인 수익 활동이 시작되었습니다.

피터는 게임 개발 경험은 없지만, 개발자였기에 바이브 코딩으로 생성된 코드를 실행해서 발생하는 문제를 처리하는 데 아무래도 조금 더 유리했을 겁니다. 그럼에도 게임 개발 경험이 없는 개발자가 3시간 만에 3D 게임의 첫 프로토타입을 만들고 한 달 이내에 수익을 내는 게임으로 발전시킨 일은 대단한 성과입니다.

AI 기반 챗봇 서비스 생성기, ChatIQ

어느 순간부터 많은 서비스에서 고객 지원에 챗봇을 사용하고 있습니다. 웹 페이지 한 켠에서 챗봇 아이콘을 아주 쉽게 발견할 수 있습니다. 그런데 막상 챗봇을 만들려고 생각하면 어디서부터 시작해야 할지 막막할 겁니다.

ChatIQ[10]는 AI 기반으로 챗봇 서비스를 손쉽게 만들고 간단한 기술 지원 기능을 제공하는 서비스입니다. 이 서비스에 로그인한 다음에 챗봇 생성 마법사 화면에서 몇 가지 정보와 아이콘, 기본 프롬프트를 설정하면 챗봇을 생성합니다. 웹 페이지에 챗봇을 넣을 수 있는 간단한 HTML

10 https://www.chatiq.ai/

코드까지 제공하므로 서비스에 쉽게 챗봇을 추가할 수 있습니다.

이 서비스에는 재미있는 뒷이야기가 있습니다. 서비스를 만든 세바스티안 볼키스Sebastian Volkis는 기술 기반이 없는 런던 출신의 창업자입니다. 2023년, 처음 서비스를 시작할 때는 Bubble 플랫폼이라는 노코드[11] 기반으로 ChatIQ를 개발했습니다. 그 뒤 2024년에 AI를 활용해서 새롭게 재단장했습니다. 전체 코드의 80%를 AI로 생성했으며 사용자 화면(프런트엔드)뿐만 아니라 보이지 않는 서버 기능(백엔드)도 AI의 도움으로 개발했습니다. 저도 원고를 집필하면서 시험 삼아 ChatIQ 서비스를 사용해 봤는데, 5~10분이면 AI 챗봇 하나를 뚝딱 만들 수 있었습니다. 현재 이 서비스는 월 2천 달러 정도의 수익을 올리고 있습니다.

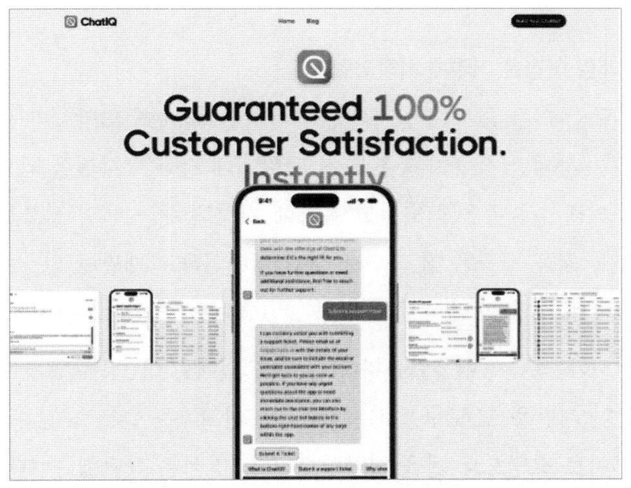

그림 2-3 노코드로 시작해 바이브 코딩으로 개발되고 있는 ChatIQ

11 no-code. 코드 작성 없이 UI의 조작만으로 개발하는 방식을 이야기합니다.

만들고 싶은 걸 만들어 보는 도전, Dog-e-dex

체크무늬 남방에 낡은 청바지를 입고, 귀에 에어팟을 꽂은 채로 안경을 치켜 올리면서 키보드를 두드리는 모습. 혹시 여러분이 상상하는 개발자의 모습인가요? 앞으로는 아닐 겁니다. 바이브 코딩의 세계에선 누구나 개발자가 될 수 있으니 틀에 박힌 인식은 이제 버려도 됩니다.

여기 여러분의 상상과는 다른 개발자, 신시아 첸Cynthia Chen을 소개합니다. 제품 디자이너였던 신시아는 얼마 전 바이브 코딩을 통해 생애 첫 앱을 개발하고 출시했습니다. 그녀는 IT 제품 디자이너로서 개발자들과 협력하여 제품을 개발했지만, 엔지니어링 기술은 배워본 적이 없었습니다.

AI와의 개발 여정은 어떻게 시작되었을까?

고양이 두 마리를 키우던 신시아는 강아지를 한 마리 입양할 계획을 세웠습니다. 하지만 강아지 품종을 잘 몰랐기에 강아지 사진을 찍으면 사진을 분석해서 품종을 식별하고 목록에 저장해 주는 앱의 필요성을 느꼈습니다. 처음 계획은 앱 화면을 직접 디자인하고 개발을 외주로 의뢰하려 했는데, 외주 개발 비용이 너무 높았습니다.

이때 신시아는 AI가 떠올랐습니다. 챗GPT 외에도 리플릿Replit, 커서Cursor 등 다양한 개발용 AI 도구를 사용해 본 뒤 신시아는 클로드Claude를 사용해서 바이브 코딩으로 앱을 개발했습니다. 방식은 간단했습니다. 클로드에 질문하고 답변받은 코드를 엑스코드[12]에 복사하고 실행하면서 앱을 만들었습니다.

12 Xcode, 아이폰 앱 개발 도구

물론 프롬프트 한 번으로 앱을 만든 건 아닙니다. 신시아도 에드워드처럼 AI에 질문하고 잘못된 결과가 나오면 수정하고 다시 실행하는 과정을 반복했습니다. AI와 수많은 반복 작업 끝에 신시아가 만든 앱은 강아지 품종을 정확히 판별할 수 있었습니다. 그녀는 "이 과정을 외주 개발자와 함께했다면 '데이터 스키마는 어떻게 할까요?', '이미지는 어디에 저장할 건가요?'와 같은 질문을 받았을 수도 있었겠지만, AI와 함께 코딩할 때는 그런 부분을 전혀 신경 쓸 필요가 없었다"고 말합니다. 가끔 문제가 너무 풀리지 않을 때는 동료 개발자에게 질문하기도 했지만, 대부분은 AI를 신뢰하고 함께 문제를 풀었다고 합니다.

자상한 부모처럼 AI와 이야기할 것

바이브 코딩을 해 보면 프롬프트를 어떻게 작성해야 코드 작성에 유리한지 경험을 통해 체득할 수 있습니다. 신시아 역시 클로드와 앱을 개발하면서 '어떻게 질문할 것인가'에 대한 방법을 체득했습니다.

신시아가 이야기하는 프롬프트 작성의 핵심은 '자상한 부모처럼'입니다. 아이를 키우면 무언가를 시키거나 지시해야 하는 상황이 자주 생깁니다. 또한 무언가를 잘하거나 실수했을 때 부모가 어떻게 반응하는 것이 좋은지에 대해 고민하기도 합니다. AI 역시 마찬가지라고 신시아는 이야기합니다. 자녀를 대하듯이 '**의도를 명확히 표현하고 아주 구체적이면서도 친절하게 이야기하는 것**'이 신시아의 프롬프트 작성 팁입니다.

그녀가 제안하는 또 다른 팁은 AI를 '아기처럼 대해야 한다'입니다. 전지전능해 보이는 AI이지만 분명 막히는 순간이 생깁니다. 그럴 때에는

'필요한 작업을 더 작게 단계별로 나누어 하나씩 지시하면서 AI가 의도를 잘 따라오도록 만들어야 한다'고 합니다.

기억할 점

신시아가 앱을 개발하고 출시하는 데는 약 2개월 정도 걸렸습니다.[13] 불과 며칠 만에 바이브 코딩으로 결과물을 만들었다는 이야기가 들리는 요즘을 기준으로 볼 때는 긴 시간일 수도 있지만, 기술적인 이해도가 전혀 없던 사람이 AI와의 대화를 통해 2개월 만에 앱을 개발하고 출시했다는 점은 분명 대단한 일입니다.

중요한 것은 '시작'하는 결단과 용기, 욕심입니다. 만들고 싶은 것을 직접 만들겠다는 결심과 꼭 완성하겠다는 용기 그리고 더 성장하겠다는 욕심이 있다면 누구든지 앱을 개발할 수 있는 시대가 이미 열려 있습니다.

13 애플 앱스토어에서 신시아의 앱을 내려받을 수 있습니다. http://bit.ly/4gVgl55

3

나도 바이브 코딩을 할 수 있을까?

지금까지 바이브 코딩이 어떻게 시작되었는지 알아봤습니다. 그리고 바이브 코딩을 이용해 실제로 현실 세계에서 도전과 성과를 만든 사람들의 이야기도 살펴봤습니다. 어떤 독자에게는 신기한 이야기이고, 어떤 독자에게는 남이 하니 쉽지 내게는 어려운 이야기일 수도 있습니다. 하지만 이 책의 독자라면 기존에 알고 있던 '개발'과 전혀 다른 방식으로 코드 만드는 방식을 배울 수 있다는 기대가 더 클 거라고 생각합니다. 언어를 배우고 개발 기초 지식을 배우는 일을 빼면 그래도 할 만하다는 생각이 들었을 겁니다.

그런데 직접 바이브 코딩을 시작하려다 보면 여전히 막막함이 느껴집니다. 호기심에 설레던 시간이 지나고 두려운 현실의 시간이 도래한 겁니다. 머릿속이 복잡하고 다양한 생각이 들겠지만, 바이브 코딩을 시작하는 데 필요한 '자신감을 불어넣는 다양한 생각'을 살펴보겠습니다.

낯선 용어

개발 용어나 개념을 몰라도 바이브 코딩을 할 수 있다고 합니다. 어느 정도는 맞는 말입니다. 하지만 바이브 코딩을 하면서 AI에 더 자세히 설명하거나 프롬프트로 대화하는 시간을 줄이려면(최적화하기) 개발 분야에서 사용하는 용어와 지식의 일부를 이해하고 습득할 필요가 있습니다.

해외에 갔을 때 표지판이 해당 국가의 언어로만 표기되어 있다면 우리는 그 표지판을 읽고 이해할 수 없을 것입니다. 바이브 코딩도 마찬가지입니다. API를 호출하고 서버에 접근하면서 데이터를 주고받을 때마다 등장하는 JSON과 인증, 인가 이야기에서 빠지지 않는 토큰과 같은 용어를 알고 있으면 AI에 일을 시키는 과정이 훨씬 편해집니다. 이 문단에서도 모르는 단어가 참 많습니다.

처음에는 그냥 '이해하지 못해도 문제 있겠어?'하고 넘어갈 수 있지만, 코드의 양이 많아지고 앱의 기능이 다양해지는 시점에는 이러한 용어를 아는지 모르는지에 따라 개발 효율성에 큰 영향을 줄 수 있습니다.

도대체 무슨 일이 일어나고 있지?

또 다른 어려움은 눈에 보이지 않는 일이 생각보다 많다는 점입니다. 코딩 세계, 인터넷 세계에서는 정말 많은 일이 일어나고 있습니다. 가령 브라우저를 열고 주소창에 www.naver.com을 입력하면 우리는 눈 깜짝할 사이에 네이버 메인 페이지를 볼 수 있습니다. 그런데 주소창에 주소를 입력하고 네이버에 접근하기까지 우리가 보지 못하는 많은 일이 일어납니다. 그 찰나가 너무 짧아 무슨 일이 일어나긴 한 건가 싶겠지만, 정말 많은 컴퓨터와 인터넷을 구성하는 요소가 우리에게 네이버 메인 화면을 보여주기 위해 눈에 보이지 않는 곳에서 일을 수행하고 있습니다.

이렇게 눈에 보이지 않는 과정들 때문에 AI와 함께 작성한 코드가 잘 동작하고 있는 것인지, 발생한 에러의 배경에는 무엇이 숨어 있는 것인지 답답함을 느낄 수 있습니다. 인터넷이 어떻게 동작하고 컴퓨터에서 무슨 일이 일어나고 있는지 이해한다면, 바이브 코딩의 품질이 더욱더 높아질 수 있는 것은 자명합니다.

실패에 대한 두려움

사람은 누구나 실패할 수 있습니다. 오래전 누군가 이야기했던 것처럼 '실패는 성공의 어머니'일지도 모릅니다. 하지만 그 실패를 직접 맞닥뜨리는 일은 쉽지 않습니다. 그런 두려움이 있는 상태에서 바이브 코딩으로 작성한 코드가 수많은 에러 메시지를 토해내며 작동을 중지했다면 어떤 생각이 들까요? 하물며 작은 에러 메시지 하나를 만나더라도 그 당혹스러움은 클 수밖에 없습니다. 더군다나 에러 메시지는 훨씬 더 전문적으로 보일 겁니다.

당연히 '내가 뭔가 크게 잘못한 걸까?', '이 에러 메시지는 도대체 무슨 말을 하는 것인지 모르겠어'와 같은 생각이 듭니다. 개발자는 에러를 만나면 '디버깅'이라는 절차를 떠올리고 에러를 처리하기 위한 작업에 돌입합니다. 디버깅 역시 바이브 코딩의 일부이며 실패를 극복할 수 있게 도와주는 중요한 과정입니다.

전문 개발자도 매일 수없이 많은 에러 메시지를 만나고 그 에러를 수정(디버깅)합니다. 개발자들도 신입 시절에는 이 수정 과정을 어렵게 느꼈을테지만, 오랜 시간 반복과 연습을 통해 이 과정을 이겨냈습니다. 실패를 두려워하지 말고 코드 수정에 익숙해져야 더 탄력을 받아 바이브 코딩에 임할 수 있습니다. 먼저 에러 메시지를 만나고 수정하는 과정인 '디버깅'과 같은 전문 용어부터 익숙해져 봅시다.

여러분이 이 책을 통해 바이브 코딩을 더 잘 이해하고 원하는 앱을 만들기를 바라는 마음으로 책을 집필했습니다. 어려움, 두려움의 시작은 무지에서부터입니다. 용어에서부터 간단한 인터넷, 컴퓨터, 코드의 동작 방식을 이해하면 한결 나아질 겁니다. 문제가 어려워서가 아니라 단지 용어가 낯설어서 바이브 코딩을 진행하지 못한다면 왠지 억울하겠죠?

2부에서는 바이브 코딩을 하는 데 도움이 될만한 여러 가지 용어를 다양한 예를 들어 정리하고 소개합니다. 이렇게 용어를 이해하고 나면 마냥 어렵게만 느껴졌던 부분이 차츰 선명해지기 시작할 겁니다. 그리고 시간이 흐른 어느 날 이렇게 말할 수 있을 겁니다.

"아, 별거 아니었네!?"

지금부터 별거 아닌 주요 용어를 알아보러 갑시다.

02

용어의 숲 탐험하기

4

컴퓨터와 인터넷은 어떻게 움직일까?

오늘날 컴퓨터는 대부분 인터넷에 연결되어 있습니다. 노트북이나 데스크톱은 물론이고 손 안의 컴퓨터라 할 수 있는 스마트폰 역시 대부분 와이파이 혹은 셀룰러 네트워크를 통해 인터넷에 연결되어 있습니다. 공기 중에 산소가 늘 있기에 산소의 존재를 잊고 사는 것처럼 인터넷 역시 마찬가지입니다. 우리가 사용하는 기기는 대부분 별도의 설정 없이 인터넷에 연결되다 보니 어떻게 동작하는지 생각하지 않고 사용합니다.

요즘은 앱이나 서비스가 대부분 인터넷에 연결되어 있으니 여러분이 바이브 코딩으로 만들 무언가도 인터넷에 연결되어 있을 가능성이 높습니다. 우선 내 컴퓨터나 스마트폰에서 앱을 사용하거나 웹사이트에 접속할 때 무슨 일이 일어나는지부터 살펴봅시다. 몰라도 사용할 수 있지만, 알고 보면 그렇게 복잡한 일이 아니니 겁먹지 마세요. 눈에 보이지 않는 곳에서 일어나는 일을 이해하는 것과 그렇지 않은 것은 중요한 순간에 큰 차이를 만들 수 있습니다.

클라이언트와 서버

모든 용어가 낯설겠지만 그 중 '클라이언트client'와 '서버server'를 가장 먼저 설명하겠습니다. 개발자가 아니더라도 클라이언트와 서버는 들어봤을 겁니다. 클라이언트는 '손님' 혹은 '고객'을 의미합니다. 한편, 서버는 '무언가를 제공한다'는 의미의 단어입니다. 아직 잘 모르겠죠? 조금 더 쉽게 설명해 보겠습니다.

더운 여름날, 출근길에 카페에 들렀습니다. 반갑게 인사하는 직원 앞에서 여느 때처럼 음료를 주문하려고 하자 "키오스크를 이용해서 주문해 주세요"라고 직원이 웃으며 안내합니다. 손님이 없어 직접 주문을 받아 줄 법도 한데, 키오스크에서 주문하라고 하니 서운했지만 웃고 있는 직원에게 화를 낼 수는 없었습니다. 키오스크에서 아이스 라테를 주문하고 번호표를 받고 잠시 기다리자 직원이 아이스 라테를 받아 가라며 번호를 부릅니다.

이 상황에서 우리는 '클라이언트'와 '서버'를 이미 만났습니다. 카페에 방문해서 음료를 주문한 손님이 클라이언트이고, 키오스크를 통해 전달된 주문을 받아 음료를 제조해 손님에게 건넨 사람이 서버입니다.

- **클라이언트**: 카페에 방문해 음료를 주문한 손님
- **서버**: 주문받은 음료를 제조해 제공한 직원

여기서 클라이언트와 서버의 특징을 눈치챈 독자도 있을 겁니다. 손님(클라이언트)은 음료를 직접 만들지 않습니다. 음료 종류, 샷이나 시럽 추가 등을 결정해 키오스크에서 주문할 뿐입니다. 반대로 직원(서버)은 손님이 직접 주문하든 키오스크로 주문하든 주문과 결제를 완료하기 전

까지는 음료를 제조하지 않습니다. 주문하지도 않은 음료를 미리 제조했다가 손님이 그냥 나가기라도 하면 급여에서 음료 값을 차감 당할 수도 있습니다.

이러한 손님과 직원의 관계가 정확히 클라이언트와 서버의 관계와 같습니다. 클라이언트는 필요한 것을 **요청**request하는 주체이고 서버는 요청받은 것에 대해 **응답**response하는 주체입니다.

이 상황에서 한 가지 더 눈여겨봐야 하는 점은 바로 키오스크(메뉴판)입니다. 키오스크는 손님이 주문할 수 있는 음료를 안내합니다. 음료 주문 시 추가로 요청할 수 있는 부분도 알려 줍니다. 직원은 키오스크를 통해 주문된 음료를 제조합니다. 키오스크에 없는 음료를 손님이 구두로 주문한다고 해서 그 음료를 만들어 주진 않습니다.[1] 반드시 키오스크에서 선택할 수 있는 음료만 만들어 줍니다.

잠깐! 클라이언트 - 서버 구조의 핵심은 요청과 응답의 관계라는 점입니다.

그림 4-1 클라이언트 - 키오스크 - 서버

1 얼음 적게, 뜨거운 물 많이 등을 직원 재량으로 해주는 경우도 있긴 합니다. 다만 일반적인 경우에는 키오스크 기준으로만 주문이 가능합니다.

인터넷도 이와 같습니다. 브라우저가 가장 대표적인 클라이언트인데 브라우저를 이용해 구글에 접속한다고 생각해 봅시다. 주소창에 www.google.com을 입력하면 브라우저는 약속된 통신 방식을 사용해 입력한 주소와 연결된 서버로 요청을 보냅니다. 이때 사용하는 약속된 통신 방식은 HTTP로 국제 표준 방식이며, 브라우저 개발 업체는 이 표준을 지켜서 브라우저를 만듭니다.

서버도 마찬가지입니다. 서버는 HTTP 표준에 따른 통신 방식을 이해하도록 개발합니다. 서버는 브라우저가 보낸 요청을 이해하고 처리한 다음 사용자 화면에 표시할 수 있는 HTML 코드를 응답합니다. 카페에서의 음료 주문과 브라우저의 구글 접속 과정에서 일어나는 일을 정리하면 다음과 같습니다.

표 4-1 카페와 인터넷의 비교

카페	인터넷	동작
손님이 주문한다	브라우저에 www.google.com을 입력한다	요청(request)
직원이 주문을 확인한다	서버가 브라우저의 요청을 수신한다	요청 수신
주방에서 음료를 만든다	서버가 데이터를 처리한다	요청 처리
손님에게 음료를 건넨다	브라우저에게 HTML 코드를 응답한다	응답(response)

잠깐! 만약 손님이 "카푸치노 주세요"가 아니라 "물결 모양 거품 위에 초콜릿을 올린 달달한 커피 주세요"라고 하면 직원은 혼란에 빠질 겁니다. 서버도 똑같습니다. 규칙대로 요청하지 않으면 제대로 응답할 수 없습니다.

브라우저에서 무슨 일이 일어나고 있을까?

그러면 우리가 주소창에 입력한 www.google.com은 무엇일까요? 도대체 이게 뭐길래 주소창에 입력하고 엔터를 누르면 순식간에 구글 검색 화면이 브라우저에 보이는 걸까요? 브라우저는 엔터를 누른 뒤 짧은 순간에 우리가 알지 못하는 많은 일을 수행합니다. 마치 연극 무대 뒤편에서 공연 스태프가 분주하게 움직이듯이 보이지 않는 곳에서 많은 일이 일어납니다.

브라우저의 주소창에 입력한 www.google.com과 같은 문자를 **도메인 이름**domain name(이하 도메인)이라고 합니다. 친구에게 택배나 우편물을 보내려면 어떤 정보가 필요할까요? 여러 정보가 필요하지만 가장 중요한 정보는 주소입니다. '서울 마포구 연남로5길 19-5'처럼 택배나 우편물이 전달되어야 하는 목적지 정보를 우리는 주소라고 부릅니다. 인터넷 역시 마찬가지입니다. 수백만 대 혹은 수천만 대에 이르는 서버의 위치를 알아야만 원하는 정보를 요청하고 결과를 얻을 수 있습니다. 도메인을 이용하면 서버의 위치를 쉽게 기억하고 찾을 수 있습니다.

그런데 사실 도메인은 일종의 약어입니다. 실제 서버를 찾아가려면 **IP 주소**IP Address라는 인터넷상의 주소 체계를 이용해야 합니다. 이러한 IP 주소는 사람이 기억하기에는 다소 길고 복잡합니다. 사람이 기억하기 쉽도록 IP 주소와 연결해 둔 약어가 도메인입니다. 브라우저 주소창에 도메인을 입력하면 브라우저는 도메인에 해당하는 IP 주소를 검색합니다. IP 주소를 찾고 나면 그제야 실제 요청을 전달해야 하는 서버와 연결할 수 있습니다.

그런데 브라우저는 어디에 IP 주소를 물어보고 찾는 것일까요? 전 세계 수백만 대 혹은 수천만 대에 이르는 서버 주소를 브라우저가 다 기억하고 있을까요? 이걸 가능하게 해 주는 인터넷의 구성 요소가 바로 DNSDomain Name System입니다. DNS는 도메인과 IP 주소를 연결한 정보가 담긴 도메인 레코드domain record를 이용해 IP 주소를 찾아 주는 역할을 합니다. 주소록을 펼쳐 방문할 곳의 주소를 찾아보는 것과 다르지 않습니다.

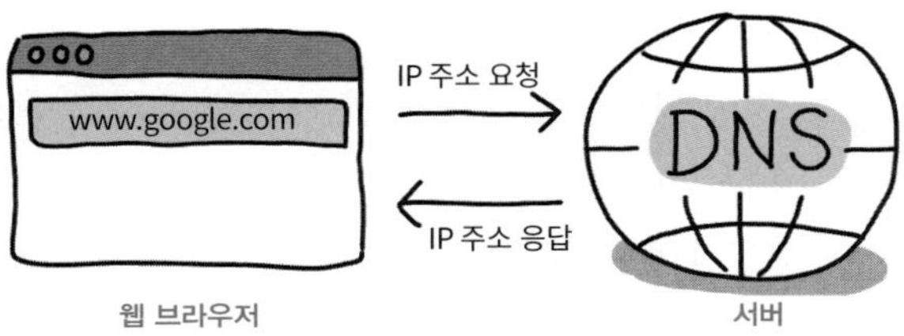

그림 4-2 브라우저는 DNS를 이용해 서버의 주소를 알아냅니다

브라우저가 IP 주소를 알아냈다면 이제 서버에 접속할 준비는 끝났습니다. 브라우저는 IP 주소를 이용해 서버를 찾아갑니다. 마치 자동차 내비게이션처럼 인터넷이 서버까지의 길 찾기를 도와줍니다.

카페에 가서 직원에게 "주문해도 되나요?"라고 물어보는 것처럼 브라우저도 자신의 요청을 처리할 준비가 되었는지 서버에 물어봅니다. 브라우저는 서버에 먼저 "나는 준비됐어!"라고 말을 건넵니다. 특별한 문제가 없다면 서버도 "나도 준비됐어! 요청을 보내면 처리해 줄게"라고 응답합니다. 마지막으로 브라우저는 "좋아, 이제 요청을 보낼게"라고 확인합니다. 뭔가 협업해야 하는 동료끼리 했을 법한 대화입니다. 이 과정을 클라이언트와 서버에서는 **TCP 핸드쉐이크**라고 부릅니다. 처음 만난 사람과 악수하며 인사하듯이 클라이언트와 서버도 처음 만나 악수하며 인사하고 요청과 응답을 할 준비가 됐는지 상태를 확인하는 것입니다.

인터넷을 사용할 때 가장 일반적인 클라이언트는 브라우저라고 했습니다. 브라우저로 인터넷에 접속하면 다음 그림처럼 브라우저가 서버에 먼저 상태 확인을 보내면서 TCP 핸드쉐이크를 시작합니다.

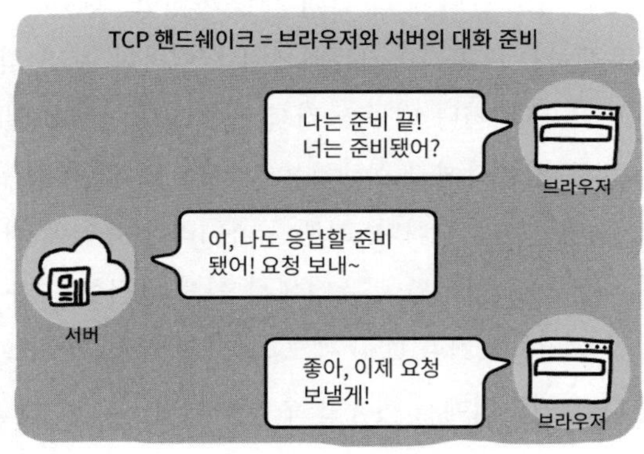

그림 4-3 TCP 핸드쉐이크

이제 서로의 상태 확인(TCP 핸드쉐이크)이 끝나면 브라우저는 비로소 주소창에 입력한 www.google.com 웹 페이지를 보고 싶다는 요청을 서버에 전달합니다. 서버는 이 웹 페이지를 브라우저에 출력하는 데 필요한 파일(HTML, CSS, 자바스크립트)을 찾아 응답합니다. 이 파일이 무엇인지에 대해서는 잠시 뒤에 자세히 살펴보겠습니다. 브라우저는 파일을 수신한 뒤 정해진 규칙에 따라 화면에 표시하는 작업을 수행합니다. 이 작업이 끝나면 브라우저에서 www.google.com 웹 페이지를 볼 수 있습니다. 이후 검색어를 입력하거나 화면의 링크를 클릭하면 필요한 요청, 응답 절차를 반복합니다.

인터넷을 통해 사용하는 앱

요즘은 컴퓨터로 여러 가지 작업을 쉽게 수행합니다. 브라우저를 띄워서 인터넷을 이용하거나 게임을 설치해서 즐깁니다. 학교에 제출할 리포트를 작성하거나 세미나에서 발표할 프레젠테이션을 만들기 위해 오피스 앱을 사용하기도 합니다. 그런데 가끔 화려한 그래픽의 새 게임을 실행하거나 유행하는 AI를 내 컴퓨터에서 실행하다 보면 컴퓨터의 사양이 낮아 실행이 안 되거나 너무 느려서 사용하기 어려운 일이 종종 발생합니다. 이렇듯 컴퓨터에서 실행하는 앱(프로그램)은 컴퓨터의 성능과 사양에 많은 영향을 받습니다. 그뿐만 아니라 컴퓨터에 저장해 둔 정보는 학교의 컴퓨터나 회사의 컴퓨터에서 쉽게 접근할 수가 없습니다. 이메일로 파일을 전송하거나 USB 메모리, 파일 공유 서비스 등을 이용해야 파일을 다른 컴퓨터에서 이용할 수 있습니다.

요즘은 컴퓨터가 인터넷에 연결만 되어 있으면 설치 없이 브라우저로 사용할 수 있는 앱이 많습니다. 대표적인 앱이 구글 시트Google Sheet와 챗GPT입니다. 컴퓨터에서 브라우저만 실행하면 언제나 이용할 수 있습니다. 또 작업한 파일이 서버에 저장되어 있어서 언제 어디서든 파일을 열어 작업할 수 있습니다. 이렇듯 브라우저와 인터넷을 통해 사용할 수 있는 프로그램을 웹 애플리케이션web application, 줄여서 웹 앱이라고 부릅니다. 웹 앱의 핵심은 내 컴퓨터에서 동작하는 것이 아니라 서버에서 동작하는 프로그램이라는 점입니다.

잠깐! 서버라고 표현했지만 실제로는 다른 곳일 수도 있습니다. 내 컴퓨터가 아닌 곳에 저장되어 있다고 이해하세요.

요즘은 컴퓨터의 성능이 많이 좋아졌지만 여전히 대부분은 서버의 성능이 훨씬 좋습니다. 그래서 복잡하고 많은 연산이 필요한 앱은 PC보다 서버에서 실행했을 때 훨씬 빠르게 동작합니다. 챗GPT 같은 AI 앱이 대표적입니다. 브라우저를 이용해 챗GPT 웹사이트에 접속해 질문하고 답변받는 과정을 살펴봅시다. 브라우저는 질문을 보내고 서버가 응답해 주는 내용을 화면에 표시하는 역할만 수행합니다. 복잡한 AI 연산은 서버에서 수행됩니다. 웹 앱은 대부분 이러한 방식으로 동작합니다.

이외에도 웹 앱의 장점은 더 있습니다. 컴퓨터에서 실행되는 앱은 나 혼자만 사용하는 앱입니다. 마이크로소프트와 같은 큰 기업은 설치용 앱을 만들어 여러 사람에게 판매할 수 있습니다. 하지만 개인이 만든 설치용 앱을 여러 사람이 사용하게 하는 일은 쉽지 않습니다. 반면 웹 앱은 서버에서 실행되므로 서버에 접속할 수 있는 인터넷과 브라우저만 있다면 누구든지 만들어 함께 사용할 수 있습니다. 멋진 아이디어로 앱을 만들고 여러 사람과 함께 쓰고 싶다면 웹 앱이 좋은 선택지입니다.

5

웹이란 무엇일까?

업무나 여행 목적으로 해외를 방문한 경험이 있나요? 공항에서 출국하거나 입국할 때 여권을 사용합니다. 여권에는 나라마다 조금씩 차이가 있지만, 여권 번호를 포함한 기본 신원 정보, 사진, 생체 정보 등이 포함되어 있습니다. 반드시 공통으로 적어야 하는 기본 정보(표준)와 국가별로 추가한 정보가 있습니다. 여권에 기재된 기본 정보는 전 세계적으로 공통 사항이므로 비자 유무 등 추가 요청에서 약간의 차이는 있더라도 출입국 심사 절차는 크게 다르지 않습니다. 이처럼 출입국 심사 절차가 비슷한 이유는 국가 간 신뢰를 바탕으로 여권 정보가 표준화되어 있기 때문입니다.

인터넷도 이와 비슷합니다. 인터넷은 상호를 뜻하는 인터inter와 망을 뜻하는 네트워킹networking의 합성어입니다. 서로 다른 네트워크가 교류하려면 서로를 이해할 수 있는 기준, 즉 규약(프로토콜)이 필요합니다. 인터넷은 이 규약을 따르는 수많은 네트워크가 연결된 거대한 유기체와 같습니다. 이러한 체계를 바탕으로 더 많은 사람이 정보를 편리하게 이용할 수 있도록 만든 것이 바로 웹web입니다.

아마도 웹을 창안한 팀 버너스리Tim Berners-Lee도 웹이 인터넷의 주류가 되리라고는 예상하지 못했을 겁니다.

우리가 바이브 코딩으로 무언가를 만드는 과정에도 웹 기술이 숨어 있습니다. 또한 우리가 만든 결과물을 인터넷을 통해 공유하는 과정에도 웹이 관여합니다. 따라서 웹과 관련 기술을 잘 이해한다면 웹을 기반으로 하는 바이브 코딩의 결과물을 만드는 과정에 큰 도움이 될 겁니다.

웹, 웹사이트, 웹 앱의 차이점

'웹web'의 정확한 뜻을 모르더라도 우리는 일상에서 이미 자주 사용하고 있습니다. 브라우저를 이용해 접속하는 서비스를 웹사이트 또는 사이트라고 부릅니다. 정확한 뜻을 몰라도 소통에 큰 문제가 없지만, 바이브 코딩을 할 때는 정확한 의미를 알아야 AI에 간결하고 명확하게 작업을 요청할 수 있습니다. 이번 절에서는 웹, 웹사이트website, 웹 앱의 정의를 살펴보겠습니다.

인터넷에도 역사가 있습니다. 학창 시절, 컴퓨터 수업이나 자격증 시험에서 '미국 국방성에서...'로 시작하는 이야기를 들어본 적이 있나요? 인터넷은 TCP/IP라는 통신 규약을 사용해 전 세계 네트워크를 연결하는 통신 기반 환경입니다. 초기에는 다양한 방식이 존재했지만, 오늘날에는 사실상 웹이 인터넷의 대명사가 되었습니다. IT 전문가가 아닌 일반 사용자는 '인터넷=웹'이라고 생각해도 큰 무리가 없습니다.

그렇다면 웹은 도대체 무엇일까요? 웹web은 일반 명사로 거미줄을 의미합니다. 사전적으로는 '복잡하게 연결된 망'이라는 의미도 있습니다. 인터넷의 관점에서 이 두 번째 의미가 더 적합합니다. 웹은 월드 와이드 웹world wide web의 줄임말로, 인터넷이라는 거대한 인프라 위에서 수많은 정보가 서로 연결된 공간 자체를 말합니다. 비유하자면 인터넷은 도로망 혹은 철도망이고, 웹은 그 위를 달리는 물류 시스템이나 서비스라 할 수 있습니다. 우리가 흔히 브라우저를 통해 탐험하는 거대한 인터넷 정보의 세계가 바로 웹입니다.

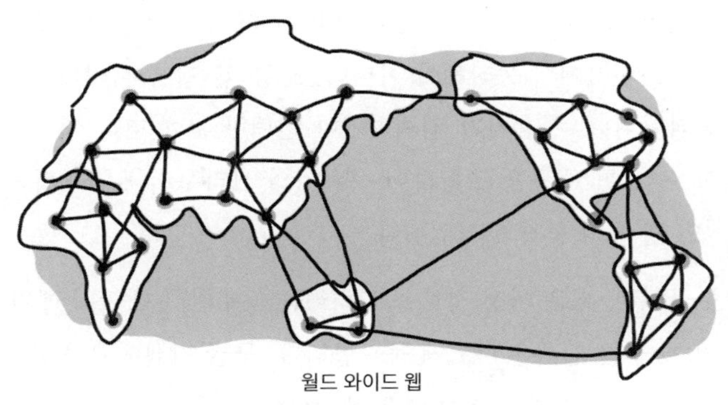

그림 5-1 웹은 거미줄처럼 얽혀 있는 인터넷의 대표적인 사용 방식입니다

그렇다면 웹사이트website는 무엇일까요? 초기 웹에 게시된 정보는 모두 단순한 문서였습니다. 이 문서를 하이퍼링크hyperlink로 연결해서 이리저리 이동하며 정보를 얻었습니다. 이렇듯 문서로 구성된 **정적인 공간** 혹은 **일방적인 정보 제공 서비스**를 웹사이트라고 합니다. 글을 읽는 블로그나 내용이 잘 변경되지 않는 회사 소개 페이지가 대표적인 웹사이트입니다. 웹사이트는 책이나 신문처럼 준비된 정보를 보여주는 서비스에 초점을 맞추고 있습니다. 우리는 브라우저를 사용해서 웹사이트에 접속합니다.

반면 웹 앱은 조금 다릅니다. 웹 앱은 단순히 보여주는 웹사이트를 넘어 사용자와 상호작용을 하는 프로그램입니다. 사용자가 입력한 정보를 바탕으로 상황에 따라 결과물이 달라지는 모든 것을 **웹 앱**이라고 부릅니다. 예를 들어 네이버 메일, 정부24 서비스, 혹은 구글 검색 등이 대표적인 웹 앱입니다.

네이버 메일에 접속하면 로그인 전까지는 화면이 같지만 로그인 후에는 서로 화면이 다릅니다. 이렇게 상황에 따라 다른 화면을 보여주려면 프로그램이 어딘가에서 동작해야 합니다. 보통 웹 앱은 서버에서 프로그램이 동작합니다. 사용자가 입력하거나 선택한 값에 따라 저장된 정보를 찾고, 필요한 내용을 조합하여 사용자의 브라우저에 출력하는 것이 일반적인 **웹 앱의 동작 방식**입니다.

내가 누구인지, 혹은 어떤 정보를 입력했는지에 따라 네이버 메일, 정부24 서비스, 구글 검색은 다르게 동작합니다. 구글 검색에 입력한 내용에 따라서 결과가 달라지는 것이 좋은 예입니다.

표 5-1 웹, 웹사이트, 웹 앱의 비교

구분	웹	웹사이트	웹 앱
정의	인터넷 위의 연결된 모든 공간	정보를 제공하는 페이지	상호작용 가능한 웹 기반의 프로그램
예시	웹사이트, 웹 앱 및 이들을 제공하고 구성하는 모든 요소들	신문사 홈페이지, 블로그	네이버 메일, 정부24 서비스, 구글 검색
특징	길, 도로망 같은 기반 시스템	책, 메뉴판처럼 보는 것이 중심	입력, 저장, 처리를 모두 수행

프런트엔드와 백엔드

웹 앱을 하나의 연극 공연이라고 생각해 봅시다. 연극을 관람하는 관객은 배우뿐 아니라 다양한 무대 장치와 효과를 보며 연극에 몰입합니다. 브라우저는 이 중 무대를 담당합니다. 그리고 배우, 무대 장치, 효과 등은 브라우저 안에서 동작하는 코드(HTML, CSS, 자바스크립트), 부속 파일(이미지, 동영상)과 같은 선상에 있습니다. 브라우저라는 무대에 등장한 모든 요소를 프런트엔드frontend라 부릅니다. 말 그대로 프런트엔드는 사용자 바로 앞에서 정보를 보여주는 역할을 담당합니다.

연극은 무대 위에 보이는 부분이 전부는 아닙니다. 상황에 따라 무대 배치를 새로 하고 앞선 장면에서는 없었던 새로운 무대 소품이 어디선가 나오기도 합니다. 또 검은 옷을 입은 스태프가 다음 장면을 위해 이리저리 뛰어다니는 모습도 간혹 보입니다. 무대의 뒤를 백스테이지라고 하는데, 백스테이지에는 수많은 스태프가 있습니다. 이렇듯 앞에서 잘 보이진 않지만 브라우저가 표현해야 하는 화면 구성을 위해 필요한 많은 작업을 담당하는 다양한 서버와 프로그램이 있습니다. 이러한 것은 사용자의 눈에 보이지 않기에 백엔드backend라고 합니다. 연극의 백스테이지와 비슷하죠?

관객 입장에서는 무대에서 진행되는 화려한 퍼포먼스가 연극이라고 생각하기 쉽지만, 사실 무대 뒤의 숨은 노력 없이는 연극 무대가 만들어질 수가 없습니다. 웹 앱 역시 마찬가지입니다. 화려한 무대(프런트엔드)가 올라가기까지는 백스테이지 스태프(백엔드)의 보이지 않는 지원이 필요합니다.

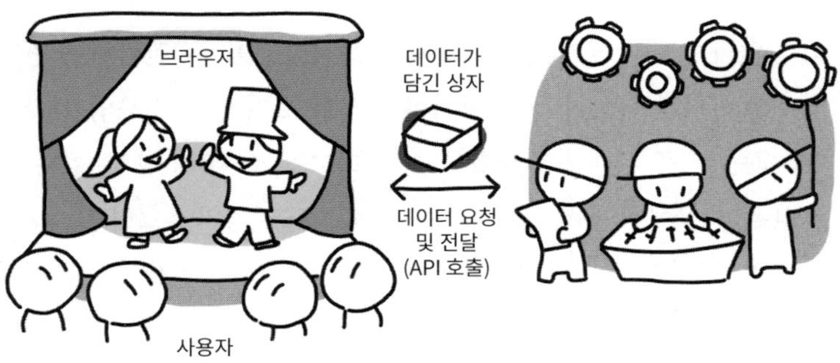

그림 5-2 내가 보고 있는 모든 것(프런트엔드)과 볼 수는 없지만 보이게 하는 것(백엔드)

웹 앱에서 브라우저는 클라이언트 역할을 하며 여러 가지 일을 합니다. 메뉴를 선택해 화면을 바꾸거나 검색어를 입력받고 전송해서 관련 정보를 얻어 옵니다. 하지만 이러한 동작에는 한계가 있습니다.

예를 들어 구글 검색에 입력된 검색어와 관련된 정보를 찾아 보여주는 일은 브라우저 혼자서는 할 수 없습니다. 누군가는 인터넷의 정보를 모아야 하고, 또 누군가는 그 정보를 분류하고 정리해 어딘가에 저장해 두어야 합니다.

정부24 서비스는 어떤가요? 5천만 명이 넘는 우리나라 국민의 주민등록 정보와 셀 수 없이 많은 자동차, 건물 정보를 브라우저에 모두 저장해 두는 일은 불가능합니다. 게다가 내 주민등록번호가 남의 컴퓨터에 저장되어 있다는 건 보안에서도 큰 문제가 되기도 하겠죠?

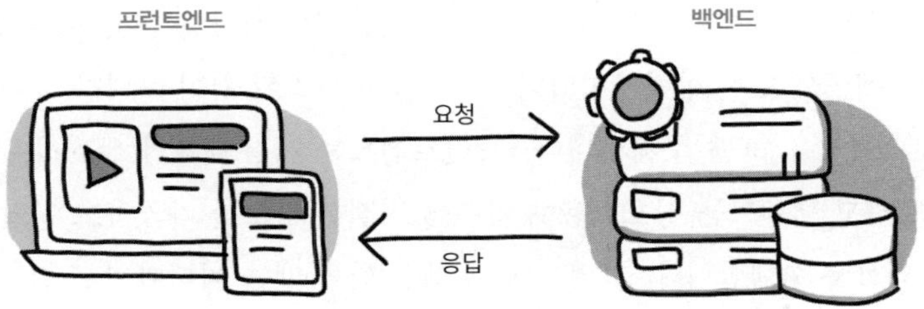

그림 5-3 브라우저와 서버에서 일어나는 일

브라우저 대신에 이러한 일을 처리해 주는 곳이 바로 백엔드입니다. 글이나 영상 등의 데이터를 저장하는 전문 서버[1]와 소통하며 사용자의 요청이나 알고리즘의 선택에 따라 데이터를 가져와서 브라우저에 전달하는 역할을 백엔드가 담당합니다. 정리하면 프런트엔드는 사용자 요청을 백엔드로 전달하는 역할이고, 실제 작업은 백엔드가 처리합니다. 백엔드는 필요한 처리 작업을 마친 뒤 결과를 프런트엔드로 전달하고 프런트엔드는 브라우저에 결과를 출력합니다.

표 5-2 프런트엔드와 백엔드의 차이점

구분	프런트엔드	백엔드
위치	브라우저, 앱 화면	서버, 데이터베이스
하는 일	사용자 입력을 받고 결과를 보여줌	데이터 저장, 처리, 보안 관리
비유	배우, 무대 장치(앞 무대)	대본, 조명/음향 스태프(뒷무대)
예시	HTML, CSS, 자바스크립트	자바, 파이썬, 데이터베이스, API

1 데이터를 저장하는 전문 서버를 데이터베이스라고 합니다. 데이터베이스는 다양한 형태의 정보를 저장하는 데 최적화되어 있습니다. 하지만 방대한 데이터를 저장하고 빠르게 탐색하는 데에는 데이터베이스보다 더 최적화된 다른 도구를 이용하기도 합니다.

연극 공연이 무대와 무대 뒤가 모두 잘 맞물려야 성공하듯이, 프런트엔드와 백엔드 또한 마찬가지입니다. 이 둘은 분리된 것이 아니라 유기적으로 협업을 하는 주체입니다. 프런트엔드는 사용자와의 상호작용을 담당하고 백엔드는 상호작용에 맞추어 적절한 정보를 가공하고 전달하는 역할을 수행합니다. 그렇기에 웹 앱을 만들 때는 어디까지 프런트엔드가 담당하고 어디부터 백엔드의 작업으로 처리할지를 생각할 필요가 있습니다. 지금은 이런 구분을 못 해도 문제없습니다. 시행착오를 거치다 보면 자연스럽게 프런트엔드와 백엔드의 역할을 이해하고 구분할 수 있습니다.

HTML, CSS, 자바스크립트

앞서 웹 앱을 연극 공연에 비유하면 무대는 프런트엔드에 해당한다고 했습니다. 이번에는 무대, 즉 프런트엔드를 멋지게 만들어 주는 요소를 살펴보겠습니다. 연극 무대를 만들기 위해 여러 사람이 각자의 역할을 수행해야 하는 것처럼 프런트엔드 역시 여러 구성 요소가 조화로워야 제대로 동작합니다. 코드 몇 줄만으로 멋진 프런트엔드를 만들면 좋겠습니다만, 실제로는 세 가지 핵심 구성 요소의 힘이 필요합니다.

HTML은 웹과 웹 앱의 기본 구조(뼈대)를 담당한다

먼저 HTML입니다. 어떤 약어[2]인지보다는 웹이 처음 등장했을 때부터 지금까지 웹에서 콘텐츠를 구조화하는 규칙으로 HTML을 사용했다는 점을 기억해 둡시다. HTML은 웹과 웹 앱의 기본 구조를 담당합니다.

2 Hyper Text Markup Language의 줄임말입니다. 기억해 두면 조금 더 이해하기 편할 겁니다.

제목이나 문단, 버튼, 이미지 같은 요소를 화면에 배치하고 이 페이지에 무엇이 있는지 브라우저에 알려 줍니다. 배우가 어디에 서야 하는지, 무대에 어떤 장치와 소품이 필요한지 등을 적어 둔 무대의 설계도라고 생각해도 됩니다. 다만, HTML만으로는 다채로운 웹 앱을 만들기 어렵습니다. 특별한 무대 장치, 미술, 조명 등이 없는 밋밋한 무대 정도만 연출할 수 있을 겁니다.

CSS는 미술과 의상처럼 꾸며주는 일을 한다

CSS는 무대와 등장인물을 꾸며주는 무대 의상과 소품, 조명을 담당합니다. HTML로 만들어진 뼈대에 디자인을 적용하고 여러 가지 스타일을 입혀 다채로운 무대와 공연 분위기를 만들어 주는 미술 팀, 의상 팀 등의 역할을 수행합니다. 글자 크기, 색상, 상하좌우의 여백, 혹은 화면상의 배치 같은 것을 담당합니다. CSS가 없다면 네이버의 메인 페이지도 밋밋한 신문처럼 보일 것입니다.[3]

다음 48쪽의 그림 5-4는 영국의 언론사 BBC의 공식 웹사이트(bbc.com)를 WebbIE라는 텍스트용 브라우저(좌)와 크롬 브라우저(우)로 접속한 화면의 스크린샷입니다. HTML만 사용했을 때는 왼쪽 화면처럼 다소 지루합니다. 반면 CSS가 적용된 오른쪽 화면은 꽤 다채로워 보입니다.

3 간혹 인터넷 연결이 좋지 않을 때 웹사이트가 밋밋하게 나왔던 것을 경험해 보셨을 겁니다. CSS가 제대로 적용되지 않아 생긴 문제였을 확률이 아주 높습니다.

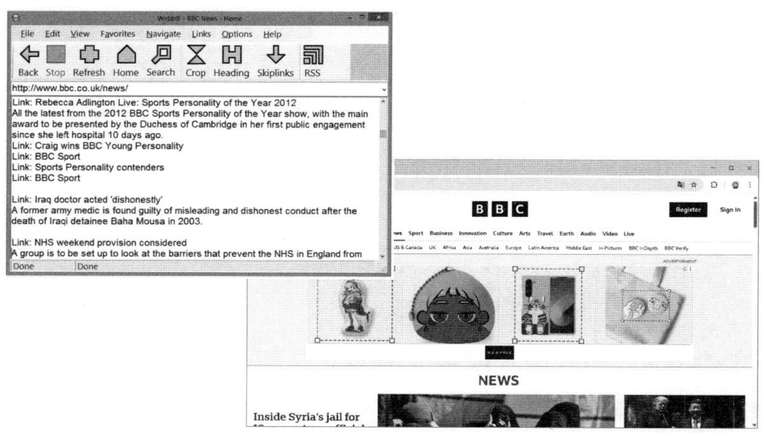

그림 5-4 밋밋한 웹 앱과 CSS가 적용된 다채로운 느낌의 웹 앱

자바스크립트는 동적 효과를 주고 상호작용을 한다

마지막으로 자바스크립트JavaScript는 무대에 생명을 불어넣어 주는 역할을 맡고 있습니다. 무대 위에서는 창문이 열리거나 천장에서 커튼이 내려오기도 하고 때로는 객석으로 바람이 불기도 합니다. 이런 무대 효과처럼 자바스크립트 코드 덕에 웹 앱에서 애니메이션 효과를 보거나 채팅창을 통해 상담원과 대화를 나눌 수 있습니다. 우리는 이를 **동적 효과**라고 합니다. 자바스크립트가 없다면 웹 앱은 광장의 대자보처럼 벽보로 보일 겁니다. 자바스크립트가 있기에 웹 앱은 실시간으로 사용자와 소통하는 프로그램으로 거듭날 수 있습니다.

표 5-3 프런트엔드의 세 가지 핵심 구성 요소

역할	HTML	CSS	자바스크립트
하는 일	구조(뼈대)	디자인(의상, 조명)	동작(움직임)
비유	무대 설계도	배우 의상, 무대 조명	배우의 연기, 특수 효과
예시	제목, 버튼, 이미지 배치	글자 색상, 화면 배치	버튼 클릭 시 창 열림 효과

세 가지 구성 요소가 합쳐졌을 때 비로소 웹 앱은 기능적으로 유용하면서 심미적으로도 아름다운 모습을 갖춘, 사용자와 상호작용을 할 수 있는 완성된 프로그램이 될 수 있습니다.

도메인, URL 그리고 HTTP

4장 '브라우저에서 무슨 일이 일어나고 있을까?33쪽'를 통해 간략하게 브라우저 주소창의 동작을 살펴봤습니다. 이번에는 이 동작의 이면에 숨어 있는 조금 더 자세한 이야기를 해 볼까 합니다. 웹 세계에서 도메인은 단순히 서버의 IP 주소를 알아내기 위해서만 사용되지는 않습니다. 사람이 기억하기 쉽게 사람의 언어로 붙여둔 이름표라고 생각하면 훨씬 와닿을 겁니다. 친구에게 약속 장소를 알려줄 때 "서울 종로구 세종대로 175에서 만나자"보다는 "세종문화회관에서 만나자"라고 말하는 것이 훨씬 직관적입니다. 첫 번째 표현이 IP 주소에 해당하고 두 번째 표현이 도메인에 해당합니다.

도메인은 사람 친화적인 이름인 동시에 브랜드를 나타내는 역할을 하고, 사람들의 눈에 띄게 해 주는 간판의 역할도 수행합니다. 예를 들어 www.insightbook.co.kr은 기술적으로는 ㈜도서출판인사이트의 홈페이지를 제공하는 서버의 IP 주소로 해석되겠지만, 방문자에게는 ㈜도서출판인사이트를 떠올리게 합니다.

세계적인 회사를 예로 들어 볼까요? 삼성이나 구글과 같은 회사의 도메인은 그 자체가 브랜드 자산입니다. 요즘은 뜸하지만 몇 년 전까지만 해도 새롭게 뜨는 상품이나 회사 이름의 도메인을 선점하여 비싸게 파는 도메인 사냥꾼이 많았습니다. 그만큼 도메인은 중요한 기술적 자산인 동시에 브랜드 자산이기도 합니다.

그림 5-5 도메인은 간판입니다

도메인과 관련된 용어 중 URL에 대하여 알아보겠습니다. URL은 Uniform Resource Locator의 약어입니다. 복잡해 보이죠? 영어 자체의 의미를 생각하기보다는 '어디로 가야 하는지를 알려 주는 정확한 주소'라고 생각하면 편합니다.

대출 상담을 받기 위해 은행을 방문한다고 생각해 봅시다. 물론 요즘은 오프라인 은행에서 상담을 받는 일이 쉽지 않지만, 여전히 상담 창구를 운영하고 있는 은행 지점이라고 가정합시다. 은행은 입출금과 대출 창구가 구분되어 있습니다. 대출을 받아야 하는데 입출금 창구로 가면 안 되겠죠? 이처럼 URL은 찾아간 은행에서 대출 창구를 찾을 수 있도록 안내해 주는 표지판(내비게이션)입니다.

가령 인스타그램의 도메인은 www.instagram.com인데, QWER의 인스타그램 공식 계정을 바로 찾아가려면 www.instagram.com/qwerband_official을 입력해야 합니다. 인스타그램이라는 큰 가게에서 QWER 밴드를 찾는다고 생각하면 URL의 역할을 쉽게 기억할 수 있을 겁니다.

```
              도메인
https://www.instagram.com/qwerband_official/
프로토콜                      경로
```

그림 5-6 URL의 구성 요소

눈치챈 독자도 있을 텐데 도메인은 URL을 구성하는 요소 중 하나입니다. 실제로 QWER의 공식 인스타그램에 접속하는 URL을 살펴보면 https://www.instagram.com/qwerband_official/입니다. 조금 더 복잡한 형태죠? URL의 제일 앞 https:// 부분은 클라이언트와 서버가 어떤 규약으로 통신할지를 알려 주는 프로토콜protocol을 나타냅니다. 정확히는 https가 프로토콜이고 ://는 프로토콜과 뒤에 오는 도메인을 구분하는 역할을 합니다. 이어지는 www.instagram.com은 도메인 이름으로, 서버 주소로 변환되어 사용됩니다. 도메인 다음에 이어지는 /qwerband_official/ 부분은 경로(path)라고 부르며 실제 찾아가고자 하는 최종 목적지를 나타냅니다.

웹 세상에서는 서로 신뢰할 수 있는 방법으로 통신하기 위한 규약을 정해 두었습니다. 여권과 같은 거죠. URL의 가장 앞부분에 위치한 프로토콜 정보를 보고, 클라이언트와 서버는 어떤 규약을 사용할지 확인합니다.

HTTP는 Hyper Text Transfer Protocol의 약어로, 웹이 등장한 이래 가장 널리 사용되고 있는 통신 규약입니다. HTTP는 요청을 보내는 방식과 그에 대한 응답 방식을 포함해 다양한 표준을 정의해 둔 프로토콜입니다. 이처럼 표준으로 정의하면 누구든 규약을 지켜 통신을 주고받을 수 있다는 장점이 있습니다.

HTTP를 현실에 빗대어 설명하자면 거래 방식이나 카드 결제 시스템과 비슷합니다. 다양한 결제 수단(IC 칩, 마그네틱 혹은 삼성페이 등)이 있지만, 결제 대행사와 카드 단말기 간 통신 규약은 크게 다르지 않습니다.

그런데 http://말고 https://도 자주 봤을 겁니다. HTTP 프로토콜을 조금 더 안전하게 만들고자 통신 구간의 암호화 규칙을 추가한 것이 HTTPS입니다. 추가된 S는 '안전하게 지키다'는 Secure의 머리글자입니다. 여전히 HTTP를 사용하는 웹사이트도 있습니다만, IT 업계에서는 HTTPS를 표준으로 권고하고 있습니다.

지금까지 내용을 정리하면 브라우저는 URL로부터 도메인을 식별해 IP 주소를 파악한 뒤, HTTPS(혹은 HTTP) 규약에 맞도록 URL 요청을 보내는 동작을 수행합니다. 서버는 수신한 요청을 보고 여러 HTTPS의 구성 요소를 활용하여 어떤 정보를 어떻게 가공해 보낼 것인지를 결정합니다. 응답을 보낼 준비가 되면 미리 맺어진 연결을 통해 응답을 전달하고 자신의 소임을 마칩니다. 이후 브라우저는 사용자의 동작에 따라 이 과정을 계속해서 반복합니다. 이것이 웹이 동작하는 방식입니다.

표 5-4 도메인과 URL, HTTP의 관계

구분	도메인	URL	HTTP
정의	사람이 기억하기 쉽도록 붙여 둔 이름표	웹 페이지의 전체 주소	브라우저와 서버가 대화하는 규약
비유	가게 간판, 브랜드 이름	지도 앱에 찍힌 목적지 좌표	손님과 가게가 거래할 때 사용하는 결제 방식
예시	www.naver.com	https://www.naver.com/news	http://, https://
관계	URL 안에 포함	도메인을 포함한 전체 경로	URL에서 :// 이전에 위치하며 통신 방식을 지정

UI와 UX

우리는 매일 수많은 앱과 웹 앱을 사용합니다. 비슷한 서비스를 제공하는 앱이나 웹 앱을 사용하는 경우 자연스럽게 각 서비스를 비교합니다. 어떤 앱은 쉽고 직관적이어서 필요한 작업에 빠르게 사용할 수 있는 반면, 어떤 앱은 손에 익지 않고 복잡하게 느껴집니다. 이러한 차이를 만드는 것이 바로 UIUser Interface와 UXUser eXperience입니다. 기술적으로 탄탄한 앱을 만드는 것도 중요하지만 결국 사용자에게 오래 사랑받는 앱을 만들기 위해서는 '다시 사용하고 싶어지는 앱'을 만드는 것이 중요합니다.

UI는 사용자가 직접 상호 작용하는 모든 요소이다

다시 카페로 돌아가 봅시다. 카페를 방문했을 때 가장 먼저 눈에 보이는 것은 무엇일까요? 키오스크(혹은 메뉴판), 직원이 일하는 카운터, 매장 내 의자와 테이블 배치일 겁니다. 자주 들르던 카페라면 매장의 키오스크가 제공하는 메뉴 구조가 익숙해서 어렵지 않게 원하는 메뉴를 주문할 겁니다. 하지만 처음 방문한 카페의 키오스크라면 원하는 음료가 어디에 있는지 헤매기 일쑤입니다. 물론 깔끔하게 메뉴가 정리되어 있다면 어렵지 않게 주문하겠지만, 버튼 대신 작은 글씨가 빼곡히 적혀 있거나 이벤트 상품 위주로 음료를 구분해 두었다면 원하는 음료를 찾는 데 오래 걸릴 겁니다.

이 키오스크 화면이 바로 UI입니다. 웹 앱에서 사용되는 UI와 관련된 요소로는 버튼, 글자, 색상, 화면 구성이 있습니다. 이들의 공통점은 사용자가 눈으로 직접 보거나 손이나 마우스, 키보드로 조작하는 요소라는 점입니다. UI는 사용자가 직접 상호 작용하는 데 관여하는 모든 요소라고 생각해도 좋습니다.

그림 5-7 잘 만들어진 UI의 키오스크와 그렇지 못한 키오스크

UX는 사용자가 느끼는 총체적인 경험과 인상이다

그런데 우리는 단순히 키오스크나 카운터, 매장 인테리어로만 카페를 평가하지 않습니다. 직원이 얼마나 친절한지, 음료가 나오는 데 걸리는

시간은 얼마인지, 의자나 테이블이 깨끗하고 편한지, 인터넷 사용이 잘 되는지, 심지어는 키오스크에서 주문하기까지 대기했던 시간도 카페 평가의 일부입니다. 이 모든 과정을 바탕으로 우리는 "이 카페가 참 편하다", "다음에도 오고 싶어"와 같은 인상을 받고 평가합니다. 이것이 바로 UX입니다.

다시 말하자면 단편적인 카페에 대한 인상이나 직원과의 상호작용을 이야기하는 것이 아니라 매장 방문부터 주문, 착석 등 카페를 이용하면서 겪은 전반적인 경험에서의 느낌이 UX입니다.

그렇다면 좋은 UI/UX와 나쁜 UI/UX는 어떻게 차이가 날까요? 사실 독자 여러분은 이미 정답을 알고 있습니다. 좋은 UI/UX를 먼저 생각해 봅시다. 키오스크의 메뉴 구분이 명확하게 되어 있고 적당한 양의 정보가 화면에 표시됩니다. 메뉴를 고른 후 결제 버튼을 쉽게 찾을 수 있어야 하며, 음료 주문 후 손에 받아 들기까지의 시간이 짧아야 합니다.

나쁜 UI/UX는 반대의 경우입니다. 메뉴가 너무 복잡해서 원하는 음료를 찾는 데 오래 걸리고 결제 과정이 어렵다면 UI/UX가 나쁜 겁니다. 앱이나 웹 앱에서도 마찬가지입니다. 버튼이 귀엽고 화면이 화려하다고 UI가 좋은 건 아닙니다. 버튼의 반응 속도가 느리면 UX가 훼손되고, UX가 나쁘지 않더라도 UI가 엉성하면 사용자에게 좋은 평가를 받기 힘듭니다.

- UI: 메뉴판, 버튼, 글자 배치가 직관적이고 시인성이 좋나요?
- UX: 주문부터 결제, 배달까지 전체 과정이 편리했나요?

6

데이터를 이해하는 방법

카페에서 키오스크로 음료를 주문하면 직원의 태블릿이나 POS 단말기에 주문한 음료가 표시됩니다. 직원은 주문을 확인하고 필요한 재료를 이용해 음료를 만듭니다. 음료를 완성하면 컵에 라벨을 붙이거나 전광판 시스템에 음료 번호를 입력하고 "5번 음료 나왔습니다"하고 불러 줍니다. 이 짧은 과정에도 데이터가 오갑니다.

- 키오스크로 입력된 주문 음료의 데이터
- 직원이 음료를 만들 때 참고하는 주문 순서대로 출력된 영수증
- 전광판으로 전달된 제조 완료된 음료의 주문 번호

음료 한 잔을 주문했을 뿐이지만 여러 주체가 수많은 데이터를 주고받습니다. 컴퓨터 세계에서도 같은 일이 벌어집니다. 우리가 앱을 실행하거나 웹 앱에 접속하는 것은 키오스크로 음료를 주문하는 것과 같습니다. 앱을 실행하거나 웹 앱에 접속할 때 도메인과 경로가 사용됩니다. 서버는 전달 받은 경로를 바탕으로 앱 동작에 필요한 정보, 화면에 보여줄 이미지나 UI 구성에 필요한 파일과 같은 수많은 데이터를 주고받기

시작합니다. 이번 장에서는 '데이터'라는 추상적인 개념을 이해하고, 데이터를 어떤 형식으로 어떻게 주고받는지 살펴보겠습니다. 데이터는 눈에 잘 보이지 않지만 사실상 모든 디지털, 인터넷 기반 서비스의 심장 같은 존재입니다.

데이터란 무엇인가?

"승헌 님, 엑셀 데이터가 좀 이상한데 한 번 살펴봐 주실래요?"처럼 자각하지 못한 사이에 자연스럽게 사용하고 있는 용어가 데이터입니다. 그런데 막상 데이터를 설명하려면 어렵습니다. 데이터는 쉽게 말하면 '사실을 기록한 것'입니다. 누군가의 생각이 들어가거나 가공된 것이 아닌, 있는 그대로 가공되지 않은 자료입니다. 카페 시나리오를 바탕으로 어떤 데이터가 오고 갔는지 살펴볼까요?

- **손님이 주문한 음료의 이름**: 아메리카노
- **선택한 컵의 크기**: 톨 사이즈
- **샷 추가 여부**: 샷 1개 추가

키오스크로 음료를 선택하고 주문하는 과정에서 손님과 직원이 주고받은 모든 정보가 데이터입니다. 키오스크는 단지 데이터를 선택하고 전달하는 수단입니다. 직원에게 말로 주문을 하거나 자리에 앉아 수기 주문서에 표시하는 것, 혹은 컴퓨터로 입력하여 주고받은 모든 일은 전달 매체만 다를 뿐 모두 데이터를 주고받은 행위입니다. 중요한 점은 **객관적 사실이나 관찰된 결과를 표현하는 모든 기록(원시 자료)이 데이터라**는 점입니다. 단순히 숫자나 글자가 아니라 모든 형태의 기록이 데이터입니다. 예를 들어 다음 데이터는 손님이 직접 선택하거나 입력한 자료는 아닙니다. 메뉴를 주문한 순간의 자료(관찰 결과)이며 선택한 메뉴의 속성이기도 하고, 동적으로 상황에 맞게 생성된 값이기도 합니다.

- **주문 영수증에 찍힌 시간**: 2025년 11월 18일 오후 9시 10분
- **결제 금액**: 2,300원
- **고객 등록 번호**: ID12345
- **주문 번호**: 5번

우리가 매일 쓰는 여러 가지 서비스에도 데이터가 가득합니다. 스마트폰 사진 앱의 사진 한 장, 한 장이 데이터이고, 배달 앱의 주문 메뉴, 배달 주소, 결제 내역도 데이터입니다. 그뿐만 아니라 음악 스트리밍 서비스에서 재생했던 노래 제목, 재생 시간, 가수 이름 역시 모두 데이터입니다. 결국 디지털 세계에서 데이터는 흐르는 강물처럼 매 순간을 기록한 모든 형태의 기록입니다.

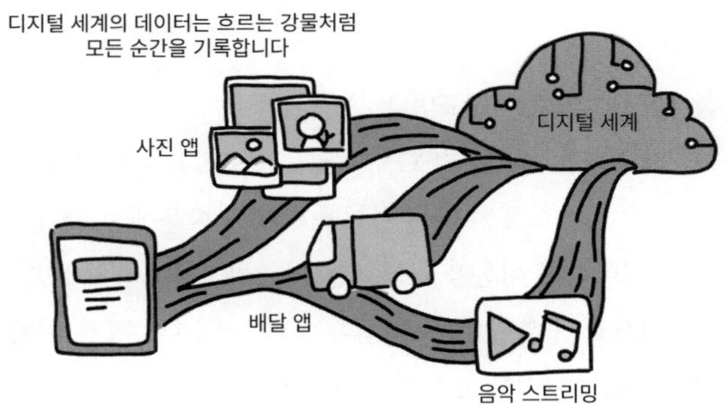

그림 6-1 온 세상의 모든 순간은 데이터의 흐름입니다

데이터를 주고받는 다양한 규격

손님이 키오스크에서 아메리카노 톨 사이즈에 샷을 추가하고 결제했습니다. 이 주문은 이제 데이터로 변환되어 직원의 POS 단말기로 전달됩니다. POS 단말기에 주문이 기록되고 화면에 주문 내역이 출력되면 직원은 주문 내역을 확인하고 음료를 제조합니다. 자연스러워 보이는 이 과정에서 의문이 하나 생깁니다. 키오스크와 POS 단말기는 데이터를 어떻게 주고받는 걸까요?

데이터를 어떤 형식으로 기록하고 전달하는가는 중요한 문제입니다. 키오스크가 보낸 주문 정보를 POS 단말기가 이해하려면 이 둘 간에도 데이터를 주고받는 약속이 필요합니다. 이를 **데이터의 규격**이라 하며 데이터의 규격은 다양합니다. 규격마다 데이터를 표현하는 형식이 정해져 있고 상황에 따라 효율적인 규격이 존재합니다. 규격은 상호 간의 약속이기 때문에 키오스크(보내는 측)와 POS 단말기(받는 측)는 지정된 방식을 준수해야만 합니다.

JSON 형식은 잘 정리된 주문표이다

가장 널리 사용되는 규격은 JSONJavaScript Object Notation입니다. JSON을 가장 많이 사용하는 이유는 다른 형식을 설명한 다음에 이야기하겠습니다. JSON은 데이터의 이름을 나타내는 키key와 내용value의 쌍으로 이루어져 있고 쉼표로 구분합니다. 다음은 JSON의 기본 형식과 키오스크 주문 내역을 JSON 형식으로 표현한 예시입니다.

JSON의 기본 형식

```
{
  "키": "내용"
}
```

JSON 형식의 주문 내역

```
{
  "메뉴": "아메리카노",
  "사이즈": "톨",
  "샷추가": 1,
  "가격": 2300
}
```

이 표현 방식의 장점은 키와 내용이 쌍으로 이뤄져 있어 다음과 같이 순서를 다르게 작성해도 보낸 측과 받은 측 모두 동일하게 인식한다는 점입니다. 굉장히 유연한 방식입니다.

순서가 바뀌어도 값은 동일하게 인식하는 JSON 형식

```
{
  "가격": 2300,
  "메뉴": "아메리카노",
  "사이즈": "톨",
  "샷추가": 1
}
```

CSV 형식은 하나의 데이터 세트를 한 줄로 표현하는 방식이다

엑셀을 자주 다뤄봤으면 CSVComma Separated Values 형식이 익숙할 겁니다. CSV는 콤마(,)로 값을 구분해 집합을 표현하는 방식입니다. 엑셀에서는 열과 행이 있으며 보통 가로로 한 줄(하나의 행)을 하나의 연관된 정보로 인식합니다. 이 하나의 행을 이루는 값을 콤마로 연결해 표현한 것이 CSV 형식입니다. 키오스크의 주문 정보를 CSV로 표현하면 다음과 같습니다.

CSV 형식의 주문 내역

```
아메리카노,톨,1,2300
```

	A	B	C	D
1	아메리카노	톨	1	2300
2				

그림 6-2 CSV 파일을 엑셀로 표현한 화면

CSV 형식은 개별 데이터가 어떤 정보를 표현하는지 알기 어렵습니다. 하지만 불필요한 줄 바꿈이나 괄호 등이 생략되어 있어서 데이터의 용량이 상대적으로 작고 가볍다는 장점이 있습니다. 대신 보낸 측과 받은 측 모두 데이터 순서를 기억하고 있어야 하기 때문에 상대적으로 유연성이 떨어지는 편입니다.

XML은 태그로 데이터를 감싸는 오래된 데이터 표현 방식이다

XMLeXtensible Markup Language은 오래된 데이터 표현 방식입니다. 앞서 배운 HTML과 같이 ML이 붙어 있습니다. 이 둘은 모두 마크업 언어로, 여는 태그와 닫는 태그로 구조를 만들 수 있습니다. 여는 태그는 <>로, 닫는 태그는 </>로 표시합니다. 다른 형식과 비교하면 표현 방식 자체가 다소 장황하지만 어떤 데이터가 어디서 시작되고 끝나는지 명확하다는 장점이 있습니다. 분식점의 수기 주문서와 비슷합니다. 키오스크 주문 내용을 XML로 표현하면 다음처럼 표현할 수 있습니다.

XML 형식의 주문 내역

```
<주문> ├──► 여는 태그
  <메뉴>아메리카노</메뉴>
  <사이즈>톨</사이즈>
  <샷추가>1</샷추가>
  <가격>2300</가격>
</주문> ├──► 닫는 태그
```

손님이 아메리카노 톨 사이즈에 샷을 추가했다는 주문 내역은 차이가 없지만 어떤 규격을 사용했는가에 따라 주문을 표현하는 방식은 달라집니다. JSON은 보기 좋게 항목별로 정리된 주문표이고, CSV는 엑셀처럼 길게 나열된 정보의 기록입니다. 정확하지만 다소 장황해 보이는 태그 기반으로 만들어진 XML도 있습니다. 이 세 가지 방식을 통해 주문(데이터) 자체는 같을지라도 전달 방식(규격)이 달라질 수 있다는 점을 이제 이해했을 겁니다.

JSON 형식이 인기 있는 이유는?

JSON은 가볍고 단순한 데이터 규격으로 많은 앱과 웹 앱에서 기본으로 채택되고 있습니다. 엑셀(CSV)은 행 단위 데이터를 간편히 처리할 수 있지만, 복잡한 구조 표현에는 한계가 있으며, XML은 데이터를 자세히 기록할 수 있지만 태그를 이용하고 있어 용량이 크고 복잡합니다. 반면 JSON은 사람이 읽기 쉽고 이해하기 쉬운 구조로 다양한 데이터를 간결하게 표현할 수 있어 데이터 세계의 공용어처럼 사용됩니다. 바이브 코딩으로 앱을 만들 때도 가장 많이 사용되는 데이터 형식이기도 합니다.

데이터베이스는 무엇이고 어떻게 동작할까?

데이터베이스는 데이터를 쌓아둔 창고이다

데이터베이스database, 거창해 보이는 이 용어는 일종의 데이터를 쌓아둔 창고입니다. 단, 그냥 창고가 아니라 잘 정리되어 있는 창고입니다. 정리가 잘 되어 있다는 것은 어떤 의미일까요? 창고형 마트를 생각해 봅시다. 창고형 마트에 가면 구획별로 같은 종류의 물건을 배치하고 번호를 붙여서 원하는 물건을 쉽게 찾을 수 있습니다. 창고형 마트에서 “보조

배터리가 어디 있나요?"라고 직원에게 물으면 "3번 코너에 있습니다"처럼 안내합니다. 이런 답변은 데이터베이스와 무척 닮았습니다.

회사 앞 카페에서 수기 주문서로 주문을 받는다고 생각해 봅시다. 손님이 서너 명일 때는 큰 문제가 없지만, 출근 시간이나 점심시간처럼 손님이 붐비는 시간대에는 누가 어떤 주문을 했는지 찾기가 어렵고 단체 주문이 들어오면 총액을 계산하기도 힘듭니다. 생각만 해도 복잡하고 곤란합니다. 그래서 카페에서는 키오스크나 POS 단말기를 사용합니다. 주문 내역을 자동으로 기록하고, 날짜별, 메뉴별 판매 현황도 확인할 수 있으며, 이전 구매 내역도 찾아볼 수 있습니다. 이러한 주문 내역을 정리한 저장소 혹은 창고가 바로 데이터베이스입니다.

그림 6-3 수기 주문서와 과거에 사용하던 장부

데이터베이스를 창고라고 표현했지만, 이 창고는 단순히 데이터를 쌓기만 하는 곳이 아닙니다. 아무 생각 없이 데이터를 쌓기만 하면 활용할 수가 없기 때문입니다. 데이터베이스는 데이터를 쉽게 구분하고 찾을 수 있도록 날짜, 메뉴, 가격 같은 기준으로 정리해서 저장합니다. 검색 기능이나 보안 장치도 있으며 저장된 모든 데이터를 안전하게 다른 장소로 옮기는 기능도 제공합니다. 이처럼 데이터베이스는 체계적으로 데이터를 저장하고 관리하는 똑똑한 디지털 창고라고 할 수 있습니다.

데이터베이스는 데이터를 생성하고 읽고 갱신하고 삭제한다

데이터베이스가 하는 일은 크게 네 가지로 설명할 수 있습니다. **생성**Create, **읽기**Read, **갱신**Update, **삭제**Delete가 데이터베이스의 주요 네 가지 작업인데, 이 작업의 영문 첫 글자를 따서 **CRUD**라고 부릅니다.

생성Create은 새로운 데이터를 데이터베이스에 저장하거나 만드는 작업입니다. 손님이 아메리카노를 주문했다는 데이터를 데이터베이스에 새로 등록했다면 이 작업이 바로 생성입니다.

주문 내역을 확인하려면 저장된 주문 정보를 읽어야 합니다. 이 작업이 바로 읽기Read입니다. 영업시간이 끝난 뒤 매출을 점검하면서 "오늘 아메리카노가 몇 잔이나 팔렸지?"라는 질문에 대해 데이터베이스는 읽기 동작을 수행해 정보를 보여줍니다.

간혹 손님이 주문을 변경합니다. 음료마다 단가가 다르니 매출을 정확하게 기록하려면 손님의 주문 수정 요청을 처리해야 합니다. 바로 이럴 때 데이터를 갱신Update합니다. 데이터베이스에 저장된 일부 데이터는 필요하면 언제든지 수정할 수 있습니다.

손님이 주문을 취소할 때 활용하는 작업이 바로 데이터 삭제Delete입니다. 정리하면 카페에서 주문을 받고, 확인한 뒤, 필요하면 수정하거나 취소하는 과정을 데이터베이스의 CRUD라고 기억하면 됩니다.

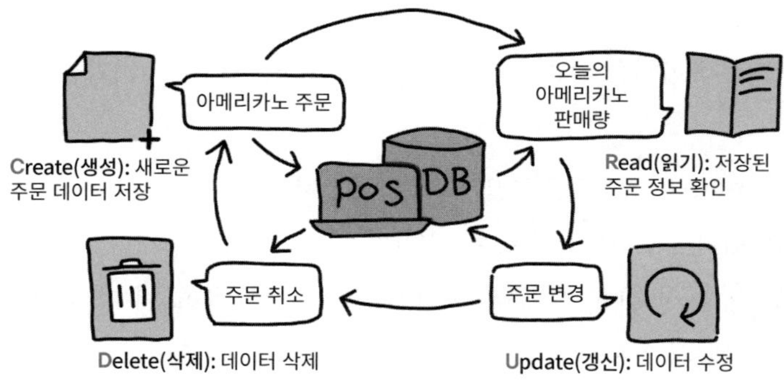

그림 6-4 CRUD는 데이터베이스의 주요한 동작들입니다

데이터베이스에 지금까지의 주문 내역이 저장되어 있기 때문에 카페 사장은 읽기 작업으로 매출 통계를 바로바로 확인할 수 있습니다. 오늘 아메리카노와 초코칩 쿠키가 얼마나 팔렸는지를 쉽게 확인할 수 있는 것은 데이터베이스 덕분입니다. 데이터베이스는 저장 용량이 남아 있다면 얼마든지 긴 기간의 데이터를 보관할 수 있습니다. 작년 동월 대비 매출이 늘었는지 줄었는지를 비교하고 싶으면 데이터베이스에 저장된 데이터를 불러와 손쉽게 비교하고 확인할 수 있습니다. 매출 비교처럼 데이터베이스에 저장된 데이터는 여러 작업을 통해 의미 있는 정보로 가공해 활용할 수 있습니다.

데이터베이스가 아직 낯설다면 여러분의 스마트폰을 봅시다. 스마트폰의 연락처 정보는 가장 자주 접하는 데이터베이스입니다. 연락처 앱에서 이름, 전화번호, 이메일처럼 입력한 정보를 기준으로 정렬하거나 필요한 연락처를 검색한 경험이 있을 겁니다. 스마트폰에 내장된 연락처 데이터베이스가 있기에 검색 창에 이름 일부만 입력해도 쉽게 특정인의 연락처를 찾을 수 있습니다.

데이터베이스는 이름 그대로 데이터data를 다루는 데 가장 기본base이 되는 저장소입니다. 데이터베이스라는 이름이 왠지 어렵게 느껴진다면, 이것을 기술로 바라보지 말고 '데이터 관리를 위한 도구'라고 기억해 둡시다.

많은 데이터를 저장하고 다루는 방법

데이터베이스는 창고와 같다고 했습니다. 창고에 물건을 대충 보관하면 나중에 찾기 힘들 듯이, 데이터를 보관할 때도 일종의 규칙이 필요합니다. 코딩 세계에서는 데이터를 정리하는 다양한 규칙(방식)이 존재합니다. 그 중 대표적인 방식이 리스트list와 딕셔너리dictionary입니다. 이름만 낯설 뿐 알고 보면 우리가 늘 사용하는 정리 방식입니다. 리스트와 딕셔너리를 통해 데이터를 어떻게 다루고 데이터베이스라는 창고에 저장하고 관리하는 것이 중요한지 함께 살펴봅시다.

리스트는 순서가 중요한 주문표이다

리스트는 순서가 중요한 데이터를 다룰 때 유용하게 사용하는 데이터 정리 방식입니다. 카페나 음식점에서는 주문 순서대로 주문지를 벽에 정리하고 음식이나 음료를 만듭니다. 인기 있는 맛집에 가면 번호표를 뽑거나 대기 순번표에 이름을 적고 순서를 기다립니다. 이런 상황처럼 데이터를 순서대로 처리하기 위해 사용하는 대표적인 방식이 리스트입니다.

딕셔너리는 이름표를 붙여 둔 물품 상자이다

카페를 운영하려면 여러 물품이 필요합니다. 차가운 음료와 따뜻한 음료용 컵, 커피, 시럽, 각종 파우더와 토핑 등 재료가 많이 필요합니다. 카페 창고에 이 물품들을 아무렇게나 쌓아두면 필요한 물건을 제때 찾을 수가 없습니다. 또한, 재고 수량을 정확히 파악하기 어렵기 때문에, 영업 중 우유가 부족해 라떼를 품절로 표시해야 하는 상황이 생길 수도 있습니다. 영업이 끝나고 재료를 구분한 다음 "원두: 1kg 5팩", "시럽: 3병", "밀크파우더: 5포"처럼 재료명과 수량을 기재해 두면 찾거나 재고를 파악하기 쉽습니다. 이것이 바로 딕셔너리dictionary입니다.

그림 6-5 창고의 물건을 잘 관리하려면 이름표를 잘 붙여 두어야 합니다

리스트에서 '순서'가 중요했다면 딕셔너리에서는 '이름'이 중요합니다. 이름은 JSON에서 설명했던 키key와 같습니다. 딕셔너리에서는 이름을 이용해서 데이터를 찾는데, 가령 재고 수량을 파악할 때 "시럽이 얼마나 남았지?"처럼 물어보면 됩니다. 창고에 이름표가 붙어 있는 박스가 쌓여 있는 모습을 상상해 보세요. 그것이 바로 딕셔너리입니다.

표 6-1 리스트와 딕셔너리

구분	리스트	딕셔너리
비유	키오스크 주문 순번표	라벨을 붙여 둔 창고의 물품 상자
특징	순서대로 저장, 번호로 찾음	이름표(키)로 저장, 이름으로 찾음
사용 예시	오늘 손님의 주문 내역	재고 현황, 회원 정보

이쯤에서 이런 궁금증이 생깁니다. "데이터를 저장하는 데이터베이스 이야기를 하다가 갑자기 왜 리스트와 딕셔너리를 이야기하지?"

이 셋은 모두 데이터와 연관되어 있습니다. 물론 데이터베이스, 리스트, 딕셔너리는 서로 다른 목적으로 사용됩니다. 리스트나 딕셔너리는 앱(코딩)에서 데이터를 저장할 때 사용되는 개념입니다. 반면 데이터베이스는 앱과 협력하여 데이터를 잘 관리하기 위해 사용하는 별도의 프로그램입니다. 이 차이를 기억해 두면 좋습니다.

리스트와 딕셔너리 이외에도 코딩에서 데이터를 다루는 방식은 다양합니다. 다만 대부분의 프로그래밍 언어에서 리스트와 딕셔너리를 지원하는 터라 이 둘을 기본 데이터 저장 방식이라 생각해도 좋습니다. 이 두 가지를 제대로 이해하면 다른 데이터 저장 방식도 어렵지 않게 이해할 수 있습니다.

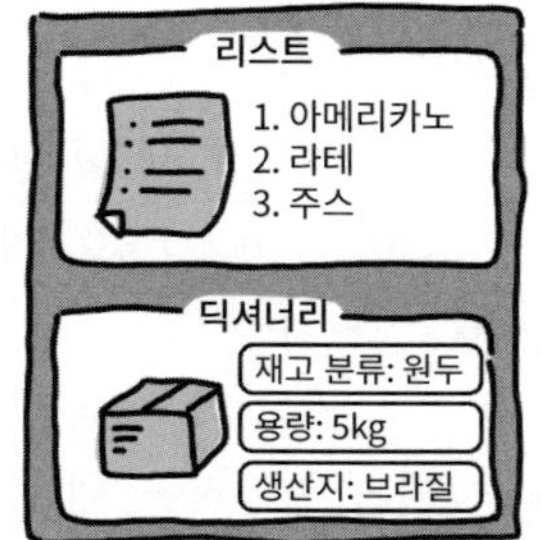

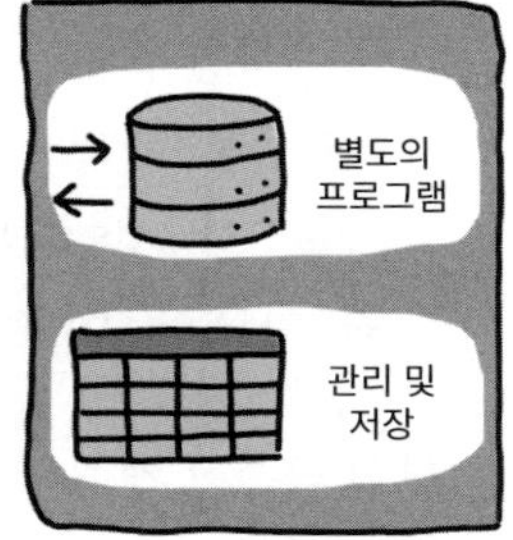

그림 6-6 앱 내부의 데이터 저장 방식과 데이터베이스의 저장 방식 차이

프로그램이 대화하는 법, API

우리는 다른 사람과 문자, 통화, 음성 메시지 등 다양한 방식으로 의사소통을 합니다. 카페에서 "차가운 아메리카노 톨 사이즈 한 잔 주세요"라고 말하면 직원은 주문 내용을 알아듣고 커피를 제조합니다. 그런데 앱은 사람처럼 말하거나 들을 수 없습니다. 대신 앱은 API Application Programming Interface라는 의사소통 방식을 이용해 서로 필요한 대화를 주고받습니다.

API는 카페의 메뉴판과 같다

카페에서 손님이 키오스크의 메뉴를 보고 주문하면 직원이 주문을 확인하고 음료를 제조합니다. 여기서 손님과 직원이 바로 앱이고, 키오스크의 메뉴가 API입니다. 앱은 API를 이용해 다른 앱에 요청을 보냅니다. 손님과 앱의 공통점은 무엇일까요? 바로 메뉴판 혹은 API에 기재되어 있지 않은 것은 주문하거나 요청할 수 없다는 점입니다.

또 다른 공통점은 메뉴의 주문이나 API 호출은 정해진 방식이 있다는 점입니다. "차가운 아메리카노 톨 사이즈 한 잔, 가지고 갈게요"라는 주문 패턴은 메뉴 주문에 필요한 내용이 담겨 있습니다. 간혹 "가지고 간다"고 말하지 않으면 직원이 "매장에서 드시나요, 가지고 가시나요?"라고 되묻습니다. 메뉴 주문 필수 사항으로 마시는 장소가 있기 때문입니다.

API 호출도 똑같습니다. API가 필수적으로 요구하는 정보가 반드시 포함되어야 정상적으로 호출되며, 그렇지 않으면 호출에 실패합니다. 보통 호출에 실패하면 에러가 발생합니다.

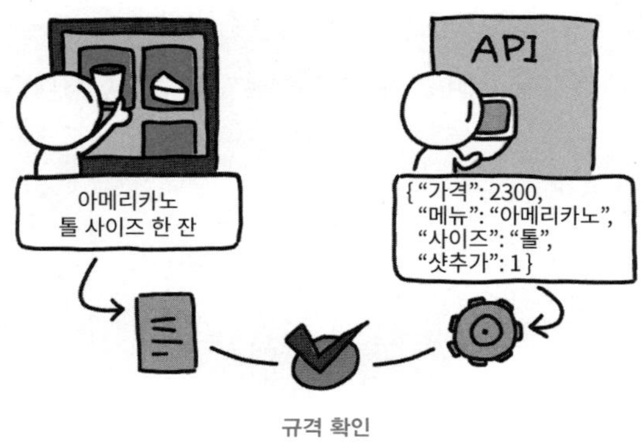

그림 6-7 메뉴 주문과 API 호출 모두 규격이 존재합니다

우리가 사용하는 서비스 대부분은 수많은 API 호출로 이루어져 있습니다. 날씨 앱으로 날씨를 확인할 때는 날씨 앱이 날씨 정보 업체가 제공하는 API를 이용해 정보를 가져옵니다. 웹사이트에서 제공하는 '카카오로 로그인하기' 버튼도 카카오의 로그인 API를 호출해서 사용한 겁니다.

이처럼 앱의 세계에서는 API를 이용해 앱 상호 간에 정보를 주고받고 있습니다. API가 없다면 앱은 서로를 이해하지 못합니다. 나아가 다양한 기능을 복합적으로 제공하는 앱도 존재하기 어렵습니다.

API에는 규격이 있다는 점도 꼭 기억해야 합니다. 카페에서도 손님이 "거, 그거 갈색 쓴 음료! 그거 주세요!"하면 직원이 어리둥절할 수밖에 없는 것도 같은 맥락입니다. 서로 정해진 규칙으로 이야기할 때 필요한 것을 정확히 주고받을 수 있습니다.

- API는 앱 세계의 메뉴판입니다.
- 사람은 말로 주문하고 앱은 API로 요청합니다.
- API를 통해 수많은 서비스가 서로 연결되어 동작합니다.

7

코딩의 기본 블록

지금까지 인터넷을 이용하는 대표 방식인 웹과 웹 안에서 데이터가 어떻게 흘러가는지에 대한 큰 그림을 설명했습니다. 이제부터는 실제로 프로그램을 작성하는 데 필요한 내용을 작은 단위로 나누어 하나씩 살펴보겠습니다. 코딩을 처음 접하는 독자에게는 '코딩' 혹은 '프로그래밍'이라는 말부터 어려울 수 있습니다.

하지만 막상 개념과 내용을 조금만 이해하면 레고 블록을 조립하는 것과 크게 다르지 않습니다. 작은 블록 하나는 별것 없어 보이지만 이 블록을 하나씩 연결하면 건물이나 자동차, 심지어는 우주선도 만들 수 있습니다.

낯선 용어가 많을 수도 있습니다. 하지만 하나씩 살펴보면 우리가 일상에서 늘 경험하는 것과 크게 다르지 않습니다. 이번 장을 읽은 뒤 여러분이 '코드 조각은 사실 그냥 작은 기능 하나야'라고 생각할 수 있으면 좋겠습니다. 그리고 이러한 블록을 이용하여 여러분이 원하는 앱을 만들어 나가는 즐거움을 맛볼 수 있으면 더할 나위 없이 만족스러울 것 같습니다.

코드, 문법, 변수 그리고 데이터 타입

코드는 컴퓨터가 이해할 수 있는 지시문이다

우리는 매일 스마트폰과 컴퓨터를 사용하지만 그 안에서 실제로 무슨 일이 일어나는지 잘 모릅니다. 앱을 실행하고 버튼을 누르고 정보를 입력하지만 내부에서 어떤 과정이 진행되는지는 크게 신경 쓰지 않습니다. 사실 컴퓨터의 모든 동작은 코드라는 지시문이 컴퓨터에 전달되고, 컴퓨터가 이를 실행하는 과정입니다.

노트북이나 데스크톱뿐만 아니라 스마트폰이나 스마트워치도 모두 컴퓨터의 한 종류입니다. 코드는 우리가 일상에서 입력한 명령을 컴퓨터에 전송하고, 컴퓨터에선 그 요청에 맞는 결과를 만들어 내는 역할을 합니다. 예를 들어 이런 지시문이 있습니다.

- 음악 앱을 터치하면 음악 앱을 실행해
- 검색 버튼을 누르면 입력된 키워드로 검색해
- 플레이 버튼을 누르면 음악을 재생해

놀랍게도 이런 간단한 지시가 모여 하나의 앱이나 웹 서비스를 만듭니다. 코드는 사람이 생각하고 원하는 것을 컴퓨터가 이해할 수 있는 컴퓨터의 언어로 바꿔주는 역할을 합니다.

문법은 컴퓨터와 대화할 때 지켜야 할 규칙이다

문법이라는 단어가 나오니 순간 거부감이 듭니다. 사실 저는 학창 시절에 국문법과 영문법 때문에 고생을 많이 했습니다. 하지만 바이브 코딩을 하려고 마음먹은 이상 선입견을 버리고 적극적으로 문법에 구애할 필요가 있습니다.

문법의 본질은 규칙입니다. 누군가와 특정한 언어로 이야기해야 한다면 서로 이해할 수 있는 언어와 문장 구조를 따라야만 소통이 가능합니다. 가령 카페에서 "가지고 한 잔 사이즈 아메리카노 차가운 톨 갈게요"라고 말하면 직원이 이 말을 바로 이해할까요? "다시 말씀해 주시겠어요?"라고 요청하거나 한참 있다가 이해할 겁니다. 우리가 평소 말하던 어순이 아니므로 이해하는 데 시간이 걸릴 뿐만 아니라 때로는 오해할 수도 있습니다.

프로그래밍 언어에도 자연어(사람이 사용하는 언어)처럼 문법이 존재합니다. 어떤 순서로 이야기하고, 마침표는 언제 찍고, 콤마나 세미콜론은 언제 써야 하는지, 시시콜콜하게 보일 수도 있는 모든 것을 프로그래밍 언어의 문법에서 정의합니다. 이러한 문법을 지켜야 컴퓨터는 우리가 작성한 코드를 이해하고 요청한 동작을 수행할 수 있습니다.

문법대로 사용하지 않으면 컴퓨터는 대부분 '문법이 잘못되었습니다' 혹은 '이해할 수 없는 코드가 있습니다'와 같은 에러 메시지를 보여주고 실행을 멈춥니다. 마치 앞서 주문을 이상하게 했을 때 "죄송하지만 다시 말씀해 주시겠어요?"라고 직원이 되묻는 것과 비슷한 상황입니다. 따라서 프로그래밍 언어의 기본 규칙(문법)을 확인하고 준수하는 일이 코딩의 중요한 부분이라는 점을 기억해야 합니다.

변수는 이름표가 붙어 있는 상자이다

카페에서 음료를 주문하면 직원이 종이컵에 스티커를 붙이거나 펜으로 메모를 합니다. 손님이 자신이 주문한 음료를 쉽게 찾을 수 있도록 '35_아메리카노'처럼 주문 내용을 스티커나 펜으로 적습니다. 이렇게 표시된 컵은 이름표가 붙은 데이터 상자와 같습니다.

변수도 이와 비슷합니다. 변수명은 상자에 붙인 이름표이고 변수에 담긴 값은 상자 안의 실제 내용물입니다. 이때는 아메리카노가 내용물이자 변수에 담긴 값입니다. 변수는 프로그램 내에서 데이터를 저장하는 메모리 공간으로, 이름을 통해 쉽게 접근하고 사용할 수 있습니다. 또한 프로그램이 실행되는 동안 데이터값을 저장, 수정, 참조하는 중요한 역할을 수행합니다.

그림 7-1 컵에 부착된 주문 번호와 메뉴 이름

데이터 형식은 상자 속에 들어 있는 물건의 종류이다

빈 상자에 어떤 물건을 담을 것인지 처음부터 정해져 있지는 않습니다. 다만 상자마다 어떤 물건을 담을지 구분해 두면 정리도 쉽고 쉽게 물건을 찾을 수 있습니다. 가령 아이스크림 상자라면 냉동창고로, 책 상자라면 습도가 조절되는 창고로 가져가야 합니다. 코딩 세계에서 변수도 마찬가지입니다. 변수가 어떤 값을 보관할지를 알려 주는 것이 **데이터 형**

식data type입니다. 변수에 데이터 형식이 지정되어 있으면 우리는 변수를 쉽고 정확하게 사용할 수 있습니다. 대표적인 데이터 형식은 다음과 같습니다.

- **숫자**: 정수integer, 소수점이 있는 수float 등
- **글자**: 문자열string
- **논리 판단**boolean: 참/거짓

카페의 키오스크에서 입력된 주문 정보는 어떤 데이터 형식을 사용해 관리할 수 있을까요?

- 아메리카노 → 글자
- 샷 추가 → 논리 판단(추가할지 말지)
- 한 잔 → 숫자

음료를 몇 잔 주문했는지를 표현하는 데는 정수를, 주문 메뉴명은 문자열을, 샷 추가 여부에 대해서는 논리 판단을 할 수 있는 참/거짓을 쓰면 될 듯합니다.

일상생활에서 마주치는 데이터에 어떤 데이터 형식이 어울릴지 생각하면 조금 더 빨리 데이터 형식에 친숙해질 수 있습니다.

일상 속 데이터 형식

집 근처 마트에 저녁 장을 보러 들렀습니다. 오늘 저녁으로는 카레라이스를 만들어 볼까 합니다. 정육 코너에서 돼지고기 600g을 카레용으로 잘게 썰어가야 할 것 같습니다. '카레라이스를 만들기 위한 잘게 썬 돼지고기 600g'을 표현하려면 어떤 데이터 형식이 적당할까요? 아메리카노 주문을 참고해서 생각해 봅시다!

함수, 매개변수, 반환 값

함수는 정형화된 레시피이다

카페에 들르면 "아이스 아메리카노 한 잔 주세요"처럼 간단히 주문합니다. 직원은 이 주문만으로도 커피를 어떻게 만들어야 할지 이미 알고 있습니다. 원두는 어느 정도 분쇄해서 에스프레소 머신에 넣어야 하는지, 어떤 컵에 얼음과 차가운 물을 얼마의 비율로 맞춰야 아이스 아메리카노를 만드는지를 알고 있습니다. 손님이 일일이 설명하지 않아도 이미 정해진 레시피가 있기 때문입니다.

코딩의 함수function는 현실 세계의 레시피와 무척 닮았습니다. 가령 개발자가 `print("안녕하세요")`라고 코드를 작성하면 화면에 "**안녕하세요**"라는 글자가 출력됩니다. 여기서 `print()`가 함수입니다. 컴퓨터는 이 함수가 사용되면 화면에 글자를 출력하고, 글자 출력을 위해 필요한 여러 가지 복잡한 일을 해야 한다는 것을 이미 알고 있습니다. 내부적으로 일어나는 복잡한 과정은 굳이 이해하지 않아도 괜찮습니다. 여기서 중요한 것은 함수가 호출되었을 때 무엇을 해야 할지 이미 컴퓨터가 알고 있다는 점입니다.

매개변수는 샷 추가와 같은 추가 요청 사항이다

집중이 안 되고 졸음이 쏟아지는 날에는 에스프레소 샷을 추가한 진한 아메리카노를 마시고 싶습니다. 야근하는 날에는 평소와 달리 커피를 라지 사이즈로 주문합니다. 이처럼 우리는 상황에 따라 아메리카노에 옵션을 변경하여 주문에 변화를 주곤 합니다. 손님이 직원에게 직접 요청한 내용이나 키오스크 메뉴에서 옵션으로 선택한 내용을 함수로 전달할 방법이 있을까요? 네, 있습니다.

음료의 옵션처럼 함수에 매개변수parameter를 설정해 추가 요청 사항이나 옵션 값을 전달받을 수 있습니다. 기본 레시피는 동일하지만 전달받은 매개변수를 반영하여 평소와 다른 결과물을 내보낼 수 있습니다. **음료만들기()** 함수가 있다고 생각하고 추가 요청 사항을 코드 형식으로 표현해 볼까요?

주문 1 톨 사이즈 아메리카노에 샷 하나 추가해 주세요

```
음료만들기(
    제품=아메리카노, 사이즈=톨, 기본샷=2, 샷추가=있음, 물=300
)
```

주문 2 따뜻한 라테 라지 사이즈 주세요

```
음료만들기(
    제품=따뜻한 라테, 사이즈=라지, 기본샷=2, 샷추가=없음, 우유=400,
    추가공정=스팀
)
```

그림 7-2 카페의 레시피는 함수의 현실 세계 버전입니다

반환 값은 레시피대로 만들어진 결과물이다

레시피대로 커피를 제조한 다음 완성된 커피를 손님에게 건넵니다. 이때, 손님 손에 들린 커피가 바로 **반환 값**return value입니다. 레시피의 결과물이 제조된 음료라면 함수의 반환 값은 함수의 실행 결과입니다. 물론 필요한 경우 반환 값이 없는 함수도 작성할 수 있지만, 일단 함수는 반환 값을 결과물로 내놓는다는 점만 기억해도 충분합니다.

그런데 궁금증이 하나 생깁니다. 함수는 왜 필요할까요? 함수 없이도 결과물을 만들도록 코드를 작성할 수 있습니다. 하지만 반복적으로 코드를 실행해야 할 일이 생기면 상당히 불편합니다.

카페에 정형화된 레시피가 없다면 무슨 일이 생길지 상상해 봅시다. 직원에게 레시피가 없고, 음료를 제조하는 데 필요한 모든 정보를 손님이 직접 직원에게 알려줘야 합니다.

원두를 18g 갈아서 더블 샷으로 추출한 다음 뜨거운 음료를 담는 종이컵에 따뜻한 물 300ml를 넣고 추출한 에스프레소 샷을 넣어 주세요. 그리고 샷을 추가하고 싶으니 원두 9g을 더 갈아서 싱글 샷을 추출해 추가해 주세요.

글만 봐도 피곤합니다. 매번 이런 식으로 설명해야 한다면 얼마나 불편할까요? 게다가 설명이 조금만 달라져도 맛이 제각각일 겁니다.

함수는 이런 불편을 줄이는 역할을 합니다. 복잡한 과정을 하나로 묶어 이름(레시피명)을 지정하고, 필요할 때마다 이름만 찾아서 사용하면 같은 결과를 얻을 수 있습니다. 매일 아침 반복하는 일을 '나만의 아침 루틴' 함수라고 생각해 봅시다. 주중인지 주말인지에 따라 달라지는 부분은 매개변수로 처리하고 공통된 부분은 함수에 레시피로 넣어 두는 것이지요. 결과적으로 반환되는 값은 상쾌한 하루의 시작일 겁니다.

```
나만의 아침 루틴(
  'Ok, 구글 굿모닝' 인사하기, 스트레칭 하기, 샤워하기, 아침 먹기
)
```

조건문과 반복문

조건문은 선택지를 만드는 도구이다

우리의 일상을 가만히 들여다보면 선택과 반복의 연속입니다. 나만의 아침 루틴은 반복이지만, 그 안에서도 선택해야 할 부분이 있습니다. 아침으로 샐러드를 먹을지, 국과 밥을 차려 먹을지, 시리얼을 먹을지 같이 말입니다.

카페에서도 비슷한 일이 계속 일어납니다. 손님이 따뜻한 음료를 주문하면 따뜻한 물을 사용해야 하고, 차가운 음료를 주문하면 찬물과 얼음을 사용해야 합니다. 이렇듯 입력 조건에 따라 서로 다른 다음 행동을 선택하도록 해 주는 것이 바로 조건문if statement입니다. '만약 손님이 아이스 음료를 주문했다면 얼음을 넣어라', '그렇지 않다면, 뜨거운 물을 넣어라'처럼 조건문은 프로그램의 선택지를 만드는 도구입니다.

반복문은 지정된 작업을 여러 번 자동으로 수행한다

이번에는 반복문을 알아봅시다. 카페에 단체 손님이 왔습니다. 연장자가 아메리카노를 주문하자 나머지 손님도 모두 아메리카노로 통일했습니다. 총 15잔의 아메리카노를 제조해야 하는데 제조 담당자에게 매번

"아메리카노를 만들어 줘"라고 이야기하는 건 비효율적입니다. 대신 "제조해야 할 음료가 남아 있는 동안은 계속 음료를 만든다"고 말하면 훨씬 효율적입니다. 이렇듯 여러 번 반복적으로 내려야 하는 명령을 간단하게 만들어 주는 것이 반복문loop입니다. 반복문은 지정된 작업을 여러 번 자동으로 수행해 줍니다.

카페에 손님이 계속 들어옵니다. 주문을 못 한 손님이 줄을 서 있는 동안은 계속 주문을 받아야겠죠? 하지만 어느 정도 주문을 받았으면 음료도 만들어야 합니다. 바로 이때 조건문과 반복문을 함께 사용합니다. 아무래도 대응 규칙이 필요해 보입니다. '주문을 못 한 손님이 남아 있는 동안 계속 주문을 받되, 주문지가 다섯 장이 쌓이면 음료를 제조한다'라는 규칙을 만듭시다. 이 문장 안에는 반복문과 조건문이 모두 들어 있습니다.

```
조건문: 주문을 기다리는 손님이 있으면
    반복문: 주문을 계속 받되,
        조건문: 주문지가 다섯 장이 쌓이면
            음료를 제공한다.
```

조건문은 반복문과 함께 사용할 때 강력하다

반복문을 수행하면서 특정한 조건이나 상황이 발생했는지를 조건문으로 확인하여 필요한 작업을 처리할 수 있습니다. 이러한 반복문과 조건문의 조합을 통해 영업시간(프로그램이 실행 중인 시간) 동안 필요한 모든 작업과 동작을 수행할 수 있습니다. 요약하면 조건과 반복이 결합했을 때, 프로그램은 다양한 상황을 자동으로 처리할 수 있습니다.

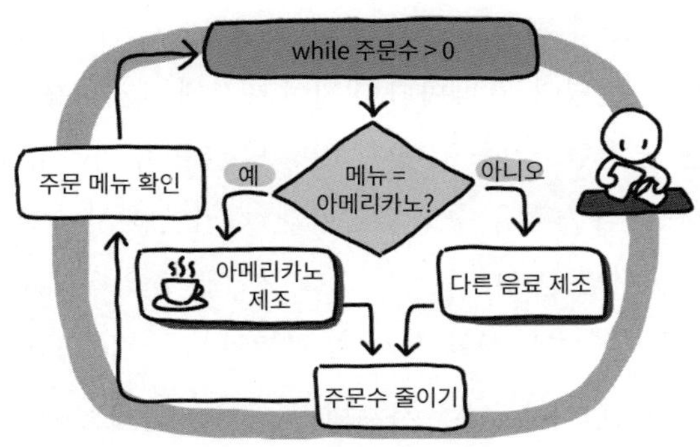

그림 7-3 조건문과 반복문의 대표적인 예

객체와 클래스

어느 날 사장님이 휴게실에 캡슐 커피머신과 캡슐을 준비했습니다. 휴게실에 캡슐 커피머신이 생기니 돈도 아낄 수 있고, 여러 가지 캡슐로 다양한 커피를 즐길 수 있어 직원들은 은근히 만족스러워하는 눈치입니다. 그런데 한 직원이 집에 있던 커피 캡슐을 가져왔는데, 회사 커피머신과는 맞지 않아 사용할 수 없었습니다.

여기서 캡슐 커피머신에 넣을 수 있는 캡슐의 규격이 코딩에서 클래스class와 같습니다. 캡슐은 크기, 모양, 재질 등 제조 규격을 준수해야 커피머신에서 사용할 수 있습니다. 객체object는 이러한 조건을 만족하고 있는 커피머신에 사용할 수 있는 캡슐을 말합니다. 캡슐은 커피머신 제조사에서 공급하는 정품이 기본이지만 제휴를 통해 생산된 호환 캡슐 제품도 존재합니다. 중요한 것은 커피머신이 요구하는 규격인 클래스를 준수한다는 점입니다.

그런데 왜 클래스와 객체를 구분해 둔 것일까요? 카페 직원 입장에서 생각해 봅시다. 손님이 올 때마다 직원이 새롭게 레시피를 만들어야 한다면 카페는 늘 혼란스러울 겁니다. 어떤 날은 물이 너무 많고, 어떤 날은 원두 가루가 너무 적을 수도 있습니다. 하지만 레시피(클래스)가 확실히 정해져 있다면 언제나 일정한 맛을 보장할 수 있습니다. 그리고 레시피를 바탕으로 수많은 음료(객체)를 만들어 낼 수 있습니다.

코딩도 마찬가지입니다. 자주 사용되는 대상을 클래스로 만들어 두면 언제든 필요할 때 클래스에 지정된 모습을 갖춘 객체를 찍어낼 수 있습니다. 그리고 이렇게 만들어진 객체는 일정한 구조와 특징을 갖고 있기 때문에 코드에서 사용할 때 특징이나 동작을 예측할 수 있다는 장점이 있습니다. 또 함수처럼 반복적으로 코드를 작성하지 않아도 된다는 장점도 있습니다.

그림 7-4 레시피는 쿠키를 찍어내는 틀과 같습니다

모듈과 패키지 그리고 프레임워크

코딩은 한계가 없습니다. 내가 구현하고 싶은 만큼 코드를 구현할 수 있고, 시간을 많이 할애한 만큼 더 나은 결과물을 얻을 수 있습니다. 하지만 현실적으로 하나부터 열까지 모든 것을 혼자 만들기는 쉽지 않습니다. 카페 운영도 마찬가지입니다. 직원이 모든 도구를 직접 만들고, 모든 재료를 직접 준비하고, 주방의 설계에서부터 매장의 관리 시스템까지 모두 혼자 하기는 사실상 불가능합니다. 프랜차이즈 가맹점이 아니더라도 부재료 전문 공급 업체나 카페 인테리어, 매장 디자인 전문 업체의 도움을 받는 쪽이 시간과 비용을 아끼는 좋은 방법입니다. 프로그래밍 세계에서는 모듈, 패키지, 프레임워크가 이런 역할을 합니다.

모듈은 가장 작은 도구 하나이다

카페의 주방을 떠올려 봅시다. 그라인더, 에스프레소 머신, 전동 거품기, 블렌더, 온도계, 서버, 주전자, 드리퍼 등등. 이 모든 도구는 각기 다른 기능에 최적화되어 있습니다. 거품기는 거품만 내고 온도계는 온도만 측정합니다. 코딩의 모듈module도 이처럼 단일 역할에 최적화되어 있습니다. 이처럼 특정한 기능 하나를 담은 작은 코드 조각을 모듈이라고 부릅니다.

패키지는 필요한 도구를 모아둔 도구 세트이다

음료 제조나 요리에는 적정량의 재료를 사용하는 일이 중요하므로 계량컵이나 계량스푼이 필요합니다. 이뿐만 아니라 다양한 도구가 필요한데 이런 도구를 하나씩 구입하기도 하지만, 한 번에 여러 도구가 모아진 도구 세트를 구매하기도 합니다. 예를 들어 집에서 핸드드립을 내리려면 서버, 주전자, 드리퍼로 구성된 핸드드립 세트를 구매합니다.

코드를 작성할 때도 이러한 도구 세트의 도움을 받을 수 있습니다. 우리는 이것을 패키지package라고 부릅니다. 패키지에는 서로 관련 있는 모듈이 여러 개 포함되어 있습니다.

프레임워크는 프랜차이즈 시스템이다

카페를 운영하고 싶은데 아무것도 모른다면 어떻게 해야 할까요? 다양한 선택지가 있겠지만 돈을 조금 더 투자해서 노하우를 얻을 수 있는 카페 프랜차이즈 가맹점으로 참여하는 방법도 있습니다. 주방의 배치부터 에스프레소 머신 선택, 시럽 디스펜서, 냉장고 크기, 심지어 메뉴의 운영 방식과 결제 시스템의 지원까지 모든 것이 준비되어 있어 바로 카페 영업을 시작하기에 부족함이 없습니다. 점주와 직원은 프랜차이즈 시스템 안에서 정해진 규칙대로만 움직이면, 언제나 같은 품질과 맛의 커피를 만들 수 있습니다. 이것이 바로 프레임워크framework입니다. 이미 구조와 규칙이 갖춰진 상태에서 코드를 작성할 수 있으며 더 큰 규모의 시스템을 안정적으로 빠르게 만들 수 있게 도와주는 일종의 개발 툴이라고 봐도 무방합니다.

표 7-1 모듈, 패키지, 프레임워크는 어떻게 다를까?

구분	카페	프로그래밍
모듈	온도계, 거품기, 드리퍼, 주전자, 서버 같은 개별 도구	하나의 기능만 담은 코드 조각
패키지	핸드드립 세트	여러 모듈을 묶어 둔 단위
프레임워크	프랜차이즈 표준 주방 시스템	규칙과 구조가 갖춰진 개발 환경

8

AI와 소통하기

AI와 대화하는 일은 마치 외국어를 배우는 일과 비슷합니다. 챗GPT가 나온 뒤로 우리는 사람에게 말하듯 AI에 질문하지만 정작 AI는 사람이 아니라서 조금 다른 방식으로 우리의 말을 이해합니다. 챗GPT와의 대화에서 왠지 모를 이질감이 느껴졌다면 바로 이런 이유 때문입니다. AI와 대화를 할 때는 AI가 잘 이해할 수 있는 방식으로 대화해야 합니다.

질문 또는 지시하는 방법인 프롬프트prompt에 대해 들어 봤을 겁니다. 간단하게 질문해도 AI는 쓸만한 답변을 해주긴 하지만 프롬프트를 잘 작성하면 더 좋은 답변을 제공합니다. 프롬프트를 중심으로 대답하는 방식(모델), 어휘와 지식(토큰과 학습 데이터) 그리고 근간을 이루는 머신러닝, 딥러닝 같은 기술적 원리를 이해한 상태에서 AI와 소통을 한다면 더욱더 만족스러운 답변을 얻을 수 있습니다.

8장에서는 AI에 어떻게 말을 걸어야 원하는 답을 얻을 수 있는지부터 AI가 어떤 과정을 거쳐 대답을 만들어 내는지에 이르기까지 AI와 소통하는 방법을 하나씩 풀어가겠습니다. 왠지 복잡하고 어려울 것 같아 걱정이 들 수도 있겠지만, 키오스크에서 음료를 주문하는 일처럼 하나씩 차근차근 익히면 그리 어려운 내용도 아닙니다.

- **프롬프트 엔지니어링**: 어떻게 주문하면 원하는 음료를 받을 수 있을까?
- **주문받는 사람의 성격과 스타일**: 페르소나와 모델
- **주문을 해석하는 기본 단위**: 토큰과 학습 데이터
- **커피 레시피가 탄생하기까지**: 머신러닝, 딥러닝, 알고리즘
- **카페와 손님을 이어주는 연결고리**: LLM과 API

이번 장을 통해 여러분은 AI와 더 잘 대화하는 방법을 배웁니다. 그리고 AI를 단순히 검색 도구나 보조적인 도구가 아닌, 진짜 대화 상대이자 창조적인 작업의 파트너로 활용하는 방법도 살펴보겠습니다.

프롬프트 엔지니어링

카페에서 손님이 "그거 있잖아요, 그 뭐냐.... 시원한 거 하나 주세요"라고 말하면 직원은 당황합니다. 어떤 음료를 주문하는지 도통 알 수 없기 때문입니다. 시원한 음료에는 아메리카노, 라테, 혹은 과일 스무디도 있습니다. 손님의 요청에는 원하는 음료를 정확하게 제조할 수 있는 단서가 부족합니다.

AI와의 대화도 마찬가지입니다. "A에 대한 보고서를 작성해 줘"라고만 말하면 AI는 어떤 방식으로, 어느 정도의 길이로, 어떤 문장 톤으로 답해야 할지 판단하기가 어렵습니다. 물론 이렇게 모호하게 질문해도 AI는 어떻게든 답변하겠지만, 그 답변이 기대한 수준에 미치지 못하거나 잘못된 답변일 가능성이 높습니다.

사람과 사람 사이에서도 '원하는 것을 명확하게' 이야기하는 대화법이

중요합니다. 그렇지 않으면 원하는 답변을 얻기 힘듭니다. AI와 대화할 때도 원하는 것을 구체적으로 말할 필요가 있습니다. 여기서 '구체적'이란 사람과 대화할 때보다 요청 사항을 조금 더 자세하고 명확하게 이야기하는 것을 의미합니다. 구조화된 방식으로 상세하게 AI와 이야기할 때, AI는 원하는 답변 혹은 그 이상의 답변을 할 수 있습니다. 이처럼 **AI에 원하는 답변을 얻기 위해 질문을 구체화하고 구조화하는 일을 프롬프트 엔지니어링**prompt engineering이라고 부릅니다.[1]

좋은 프롬프트(질문)가 있어야 좋은 답변도 있다

때로는 친구나 동료에게 과제 또는 보고서 작성을 부탁할 일이 종종 생깁니다. 그때 "원두 가격 상승에 대한 보고서를 작성해 줘"라고 부탁하면 어떤 결과물이 나올까요? 보고서가 필요한 상황, 보고서의 목적, 혹은 기대하는 보고서의 톤이나 핵심 내용이 무엇인지에 대한 정보가 없기에 건네받은 보고서가 만족스럽지 않을 겁니다. AI도 사람과 마찬가지입니다. 필요한 요건을 구체적으로 정의하지 않으면, AI는 무작정 아무렇게나 답변할 가능성이 높습니다. 사람에게 업무 요청을 할 때 요구 사항을 구체적으로 명시하는 것처럼 AI에도 요청할 필요가 있습니다.

가령 "원두 가격 상승에 대한 요인을 A4용지 1장 분량으로 작성해 줘. 초등학생도 이해할 수 있는 수준으로 설명하되, '기후 변화' 같은 요인을 정리할 때는 실제 사례를 들어서 작성해 줘"와 같이 요청하면 사람이든 AI든 더 구체적이고 완성도 높은 답변을 내놓을 수 있습니다.

잊지 말아야 하는 점은 질문의 배경, 요건을 AI에 충분히 전달할 때 AI

1 실제 연구 결과 프롬프트에 따라 답변의 정확도가 달라진다는 연구 결과가 있습니다. https://arxiv.org/abs/2312.16171

또한 더 정확하게 답변한다는 점입니다. '콩 심은 데 콩 나고 팥 심은 데 팥 난다'라고 했습니다. 질문이 형편없으면 답변도 형편없는 법입니다. 그렇다면 좋은 질문, 좋은 프롬프트는 무엇일까요?

프롬프트는 맥락을 포함해서 구체적으로 작성해야 한다

좋은 프롬프트는 AI가 이해하기 쉬운 프롬프트입니다. 그런데 AI가 이해하기 쉬운 프롬프트를 작성하는 일은 의외로 쉽습니다. 카페 직원에게 구체적으로 음료를 주문해야 하는 것처럼 AI에도 구체적으로 질문하면 됩니다.

"시원한 거 하나요" 대신 "아이스 아메리카노 톨 사이즈로 샷 추가해 주세요"처럼 필요한 것을 구체적으로 이야기해야 합니다. 여기에 더하여 맥락context을 알려 주면 AI가 알고 있는 지식을 바탕으로 더 좋은 답변을 줄 수도 있습니다. 맥락이란 '질문의 배경, 요건'을 이야기합니다.

"내가 초등학생인데, 학교 수업 시간에 환경 오염에 대해 발표해야 해. 환경 오염에 대한 글을 작성해 줘"처럼 프롬프트를 작성하면 AI는 초등학생의 눈높이에 맞추어 답변을 조정합니다. 또한 "결과를 표로 작성해 줘"나 "세 문장으로 요약해 줘"처럼 응답에 대한 양식도 지정할 수 있습니다. AI는 이러한 지시를 충실히 따르므로 프롬프트는 구체적으로 만드는 게 중요합니다.

"원두 가격 상승에 대한 보고서를 작성해 줘"를 구체적인 프롬프트로 만들어 봅시다. 구체적인 프롬프트는 맥락이 포함되어야 한다고 했습니다. 다음과 같이 수정해 봤습니다.

나는 로스터리 카페를 운영하고 있어. 최근 원두를 팔아달라고 요청하는 개인 카페가 늘어서 아예 로스팅 전문 공장을 세울지 고민 중이야. 그런데 원두 가격이 지속해서 상승하고 있다는 뉴스를 봤어. 내가 로스팅 전문 공장으로 사업을 확장했을 때, 원두 가격이 너무 높아지면 운영하기 어려울 것 같아. 원두 가격 상승 요인을 조사하고, 어떤 방식으로 대응할 수 있는지 대응 전략을 작성해 줘.

여러분은 어느 쪽의 요청 사항이 일하기에 편한가요? 이 책은 프롬프트 작성법을 배우는 책이 아니라서 프롬프트에 대한 더 자세한 설명을 하지 않습니다. 하지만 AI와 어떤 작업을 하든 프롬프트 작성법은 중요하니 아직 프롬프트 작성이 서툴다면 Goos Kim님이 작성한 〈SMART+ER PROMPT〉 문서를 읽어 보기를 권합니다.

- https://github.com/modu-ai/smarter-prompt

프롬프트 엔지니어링은 대화의 기술이다

프롬프트 엔지니어링은 거창한 기술 용어가 아니라 결국 대화의 기술을 지칭하는 말입니다. 덧붙이면 **질문을 잘하는 대화의 기술**을 의미합니다. 대화 상대가 사람일 때와 마찬가지로 질문을 잘해야 원하는 답이 나옵니다. 특히 AI가 이해하기 쉬운 방식으로 설명했을 때 결과의 품질이 높아집니다. 사람 대신 AI가 대답한다는 것 이외에는 모든 것이 동일하다고 생각해도 무방합니다. 프롬프트 엔지니어링은 결국 질문을 잘하는 기술에 관한 이야기라는 것을 기억합시다.

페르소나와 모델

여러 AI를 사용해 보면 질문이 같아도 답변은 다를 때가 종종 있습니다.

또한 답변의 말투도 친절하거나 다소 딱딱하게 하는 등 매번 다릅니다. 어디서 이러한 차이가 올까요? 가장 큰 원인은 AI가 학습한 데이터의 양과 출처에 있습니다. 여기에 더하여 AI가 어떤 입장에서 답변을 하고 있는지가 답변의 수준과 충실함, 말투에 영향을 줍니다. 즉, AI 모델model의 품질은 학습한 데이터의 영향을 받습니다. 그리고 모델은 어떤 답변자, 즉 페르소나persona를 가정하고 있는지에 따라 답변의 온도가 달라집니다.

AI 관련 기사나 소식에는 언제나 모델 이야기가 있습니다. 다만 모델이 무엇인지는 잘 설명하지 않습니다. 쉽게 생각하자면 모델은 AI의 두뇌입니다. 사람들이 경험과 훈련을 통해 특정 분야에서 뛰어난 능력을 발휘하게 되는 것처럼 모델도 훈련 방식과 사용한 학습 데이터의 내용과 양에 따라 다양한 특징을 가지고 있습니다. 어떤 모델은 짧은 대화를 주고받을 때 가장 좋은 답변을 만들어 내고, 어떤 모델은 긴 글이나 복잡한 문제 해결에 강점을 보여줍니다. 마치 카페 직원이 저마다 다른 강점이 있는 것과 같습니다.

구글이나 OpenAI처럼 AI 모델을 만드는 회사는 더 다양한 지식이 있으면서도 사람과 자연스럽게 소통할 수 있는 모델을 만들기 위해 천문학적인 돈을 투자하고 있습니다. AI로 시장에서 경쟁 우위를 점하기 위해서는 AI의 두뇌인 모델이 얼마나 잘 만들어졌고 훈련되었느냐가 중요하기 때문입니다. 양질의 데이터를 많이 학습한 모델이 더 자연스럽게 대화할 수 있는 것은 당연한 이치입니다.

그렇다면 잘 만들어진 모델을 사용하는 것만으로 충분할까요? 그렇지 않습니다. 모델의 성능과 사용자가 느끼는 편안함은 별개입니다.

표 8-1 주요 AI 모델과 특징

모델명	개발사	특징
GPT-5	OpenAI	챗GPT에서 사용되는 플래그십 모델로 다양한 언어, 분야에 적용 가능하며 특히 글쓰기 분야에 뛰어난 답변을 한다
Claude	Anthropic	윤리와 안정성에 주안점을 둔 모델로 긴 문맥의 문서 요약, 정형화된 분석 작업에서 좋은 성능을 보여주고 있다
Gemini	Google	시각 정보나 이미지가 포함된 질문이나 검색 기반의 답변이 필요한 경우 유용하다
LLaMA 4	Meta	대용량 문서 처리에 강점을 보이고 있으며 다양한 형식(텍스트, 이미지, 비디오 등)의 데이터 처리를 위한 기능(멀티모달, Multimodal)이 강조된 모델이다

마치 카페 직원의 태도와 화법이 카페 방문 여부에 영향을 주듯이 AI 세계에서는 이 직원에 해당하는 페르소나를 어떻게 지정하는지가 사용 경험의 차이를 만듭니다. 페르소나는 AI에 부여하는 역할을 의미하며 사용자(손님)는 AI에 어떤 페르소나로 이야기해 줬으면 좋은지를 주문할 수 있다는 점이 다릅니다.

- **선생님처럼 설명해 줘**: 차분하고 자세한 답변을 기대할 수 있습니다.
- **친구처럼 얘기해 줘**: 가볍고 일상적인 답변을 받을 수 있습니다.
- **마케터처럼 아이디어를 내줘**: 듣다 보면 설득력 있는 제안을 할 가능성이 높습니다.

같은 모델을 활용하더라도 어떤 페르소나를 프롬프트로 지정해 사용하는지에 따라 전혀 다른 말투로 답변받을 수 있습니다. 따라서 내가 지금 필요로 하는 AI의 페르소나가 무엇인지 한 번쯤 생각해 볼 필요가 있습니다.

지금까지 이야기한 모델과 페르소나를 정리하면, 모델은 AI의 두뇌이자 능력입니다. 무엇을 알고 있으며 무엇을 잘할 수 있는지는 모델에 달려있고 모델이 무엇을 학습했는지에 따라 달라집니다. 반면 AI가 어떤 역할과 그에 기반한 태도로 답변할 것인지는 페르소나를 어떻게 정의했는가에 달려 있습니다. 카페로 비유하자면 모델은 직원의 전문성이고 페르소나는 직원의 서비스 태도입니다. 같은 모델을 사용하더라도 페르소나가 달라지면 답변의 톤과 스타일이 달라지는 것입니다.

그림 8-1 야누스처럼 달라지는 AI의 인격

토큰과 학습 데이터

AI에 "아이스 아메리카노 한 잔 주세요"라고 입력했을 때 무슨 일이 일어날까요? 인간은 이 문장을 굳이 해석하지 않고 직관적으로 이해하고 받아들이지만, AI는 이 문장을 그대로 이해하지는 못합니다. 대신 AI가 이해하기 좋은 크기로 잘게 쪼개는 과정을 수행합니다. AI가 문장을 이해하기 좋은 크기로 잘게 쪼개어 만든 최소 단위가 바로 토큰token입니다. 토큰은 말 그대로 말의 조각입니다.

카페에서 아메리카노를 주문하고 유심히 제조 과정을 지켜보면 원두를 그라인더로 잘게 가루로 만든 다음, 에스프레소 머신에 옮겨 담아 에스프레소를 추출합니다. 1cm 내외의 단단한 원두에서 바로 커피를 추출하기는 어렵습니다. 원두를 그라인더로 곱게 갈아야 커피를 추출할 수 있습니다. AI도 이와 마찬가지입니다. AI는 토큰 단위로 문장을 잘라서 이해하고, 다음에 어떤 토큰이 이어질 것인지 예측하면서 답을 만듭니다. AI가 이해하기 좋도록 잘게 잘린 문장의 입자가 바로 토큰입니다.

사람의 문장	아이스 아메리카노 한 잔 주세요
토큰화된 AI의 문장	아이스 / 아메리카노 / 한 / 잔 / 주세 / 요

그림 8-2 인간의 문장과 토큰화된 AI의 문장

그러나 토큰으로 쪼갰다고 해서 AI가 자동으로 그 내용을 이해할 수 있는 것은 아닙니다. 원두를 갈아서 가루로 만들었다고 바로 맛있는 커피를 내릴 수 없는 것과 마찬가지입니다. 직원이 수많은 주문을 받고 시행착오를 통해 맛있는 레시피를 만드는 것처럼 AI 역시 데이터를 학습해야만 합니다. 직원이 주문을 통해 경험을 축적한다면 AI는 데이터를 통해 언어의 패턴을 배우고 대답하는 방식을 학습하는 것입니다. 이때, AI가 참고하는 자료를 **학습 데이터**training data라고 합니다. AI는 입력된 토큰과 학습 데이터를 바탕으로 우리의 질문을 이해하고 적절하게 대답합니다. 학습 데이터는 **AI의 경험**과도 같습니다. 여러 기업이 공개한 AI 서비스가 저마다 다른 방식으로 동작하고 답변이 다른 이유는 이러한 학습 데이터가 다르기 때문입니다. 커피를 맛있게 내리는 카페 직원은 아마도 수없이 많은 음료 제조 과정(학습 데이터)을 통해서 탄생했을 것이라고 미루어 짐작할 수 있겠죠?

알고리즘, 머신러닝, 딥러닝

알고리즘은 문제를 해결하는 절차이다

"알고리즘엔 잘 된 사람만 수도 없이 뜨네요~" ♩ ♪ ♩ ♬

데이식스의 'Happy'라는 노래 가사입니다. 어쩌다 보니 '알고리즘'은 대중가요 노랫말에 나올 정도로 모두에게 익숙한 단어가 되었습니다. 흔히들 유튜브나 넷플릭스의 추천 목록을 보면서 우스갯소리처럼 알고리즘 이야기를 하곤 합니다. 그런데 정작 알고리즘이 무엇인지 설명하려고 하면 쉽지 않습니다. 도대체 알고리즘은 무엇일까요?

카페에서 아메리카노를 만드는 과정을 생각해 봅시다. 아메리카노 주문이 들어오면 직원은 가장 먼저 에스프레소 머신을 예열하고 뜨거운 물을 담은 컵을 준비합니다. 그리고 원두를 갈아서 포터필터에 담고 에스프레소 머신을 이용해 커피를 내립니다. 그리고 컵에 에스프레소를 붓습니다. 그다음 손님에게 컵 홀더를 끼워 제공합니다.

그림 8-3 아메리카노 제조 과정

이러한 아메리카노 제조 과정처럼 순서 있는 절차를 알고리즘이라고 합니다. 알고리즘은 아주 특별한 것이 아닙니다. 어떤 문제를 해결하기 위한 단계적인 방법입니다. 요리를 할 때 레시피를 따르는 것도, 수학 문제를 풀 때 이용하는 공식도 넓은 범주에서의 알고리즘입니다.

머신러닝은 경험으로 배우는 카페 직원이다

이번에 카페 근무 경험이 거의 없는 신규 직원이 카페에 들어왔습니다. 일을 시작한 첫 주에는 음료를 제조할 때마다 음료 레시피를 살펴보더니, 2주 차에 들어서자 레시피를 보지 않아도 음료를 만들 수 있었습니다. 이처럼 사람은 반복된 경험(제조 순서)을 통해 학습(레시피 암기)합니다.

아마 경험이 더 많이 쌓이면 매장이 붐비는 시간대나, 시간대별 선호 음료와 같은 정보도 체득할 겁니다. 가령 비가 내리는 날에는 따뜻한 음료가 많이 팔리고 점심시간에는 아이스 아메리카노를 마시러 오는 직장인들이 많다는 사실 말이죠. 이러한 과정을 통해 카페 근무 경험이 없던 직원도 점차 카페 업무에 익숙해집니다.

AI도 카페 직원과 매우 유사합니다. **데이터(경험)를 바탕으로 스스로 규칙을 찾아내는 것**이 바로 **머신러닝**machine learning입니다. 일반적인 프로그램에서는 모든 상황에 대해 '이런 경우에는 이렇게 동작해!'와 같은 방식으로 인간이 지정한 규칙이 들어가 있습니다. 반면 머신러닝은 컴퓨터 스스로 데이터에서 패턴을 통해 어떤 상황에서 무슨 동작을 해야 하는지 학습합니다.

딥러닝은 주변 상황을 고려하여 학습하고 판단하는 능숙한 직원이다

경험을 바탕으로 음료의 제조 방법을 배우고 미리 준비하는 방법이 머신러닝이라면 **딥러닝**deep learning은 더 많은 요소를 고려하여 학습하는 방법입니다. 카페에 방문한 손님의 표정이 밝은지 혹은 피곤해 보이는지를 확인하고, 날씨와 계절은 어떤지를 살펴보고, 단골 손님이 자주 주문하는 음료는 무엇인지와 같은 여러 가지 정보를 동시에 분석해서 결정을 내리는 데 활용하는 것이 바로 딥러닝입니다.

이렇게 많은 고려 사항을 복합적으로 고려해서 의사 결정하는 대표적인 예가 아주 가까운 곳에 있습니다. 바로 우리의 뇌입니다. 뇌의 신경망은 단편적인 정보로 의사 결정을 하지 않고, 셀 수 없이 많은 정보를 바탕으로 의사 결정을 합니다. 이런 **뇌의 신경망을 흉내 낸 방법**이 딥러닝입니다. 즉, 뇌의 복합적 활동을 구현한 딥러닝 기술을 바탕으로 AI는 복잡한 문제를 더 많이 풀 수 있습니다.

정리하면 순차적으로 처리하는 알고리즘이 발전하여 경험으로부터 배우는 머신러닝이 되었고, 더 많은 정보와 복잡한 상황을 고려한 딥러닝으로 진화한 것입니다. 오늘날의 AI는 이러한 진화를 바탕으로 탄생한 결정체라고 생각해도 크게 무리가 없습니다.

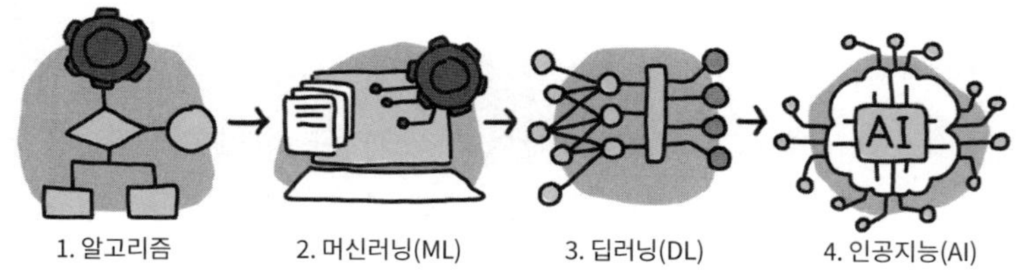

그림 8-4 알고리즘부터 AI까지

LLM과 API

스마트폰으로 챗GPT나 제미나이Gemini 또는 파파고Papago 같은 번역 앱을 이용해 봤을까요? 마치 내 스마트폰 안에서 AI가 동작하고 있는 것처럼 보입니다. 하지만 이러한 AI 서비스가 동작하는 곳은 스마트폰이 아닙니다. 스마트폰은 단순히 질문을 전달하는 클라이언트의 역할만 하고 대부분의 처리는 인터넷 어딘가에 연결된 대규모 서버에서 합니다.

이러한 서버에는 LLMLarge Language Model이라 불리는 거대 언어 모델이 있고, 앱은 APIApplication Programming Interface를 사용해 이 서버에 연결합니다. LLM에도 API를 이용해 접근한다는 점을 꼭 알아 둡시다.

LLM은 초대형 카페 직원이다

아메리카노나 카페라테와 같은 메뉴는 어느 카페에서나 주문할 수 있지만, 특정 카페에 가야만 마실 수 있는 시그니처 메뉴도 있습니다. 보통 이런 시그니처 메뉴는 그 카페만의 독특한 레시피로 제조합니다. 여기 시그니처 메뉴가 유명한 카페 여러 곳에서 근무해 본 경력 직원이 입사했습니다. 보통 이런 직원은 다양한 메뉴를 개발할 수 있는 능력도 있을 겁니다. LLM은 이런 특급 직원과 같은 위치입니다. 더 나아가, 세상의 모든 커피 레시피를 익힌 초특급 직원이라고 봐도 무방합니다. 바로 이 LLM이 AI의 두뇌입니다.

- LLM은 수많은 학습 데이터(책, 기사, 대화 기록 등)를 바탕으로 훈련되어 있습니다.
- 어떤 질문이 들어와도 '가장 그럴듯한' 답을 내놓을 수 있습니다.

API는 뇌와 연결된 주문 창구이다

그런데 문제가 있습니다. 집에서도 이 카페의 음료를 마시고 싶습니다. 하지만 다양한 음료를 제조할 수 있는 이 직원을 집으로 데려오는 일은 불가능하겠죠. 게다가 카페에 있는 다양한 기구를 사용해야만 직원의 역량을 발휘할 수 있습니다. 그렇다면 카페에서 일하고 있는 직원에게 음료 제조를 요청하려면 어떻게 해야 할까요? 이 상황은 내 스마트폰에 설치된 AI 앱이 동작하는 방식과 유사합니다. AI 앱은 어떻게 서버에서 동작하고 있는 AI 모델을 활용할 수 있는 걸까요? 여기에서 등장하는 것이 바로 API입니다.

- API는 주문 창구입니다.
- 카페에서는 키오스크나 배달 앱이 주문 창구 기능을 수행합니다.
- 앱에서는 API를 통해 어딘가에 있는 AI와 연결합니다.

우리가 AI를 활용하는 앱을 만든다는 것은 어떤 의미일까요? 대부분은 LLM을 새로 만드는 것이 아니라 이미 있는 LLM을 내가 원하는 방식으로 활용한다는 의미이며, 이때 연결하는 방법이 바로 API입니다. 카페로 치자면 거대한 주방(LLM)과 배달 시스템(API)을 이용해 집에서도 원하는 커피 혹은 음료를 받아보는 것과 같습니다.

9

개발 환경과 문제 해결

코드를 작성하다 보면 언제나 문제가 생깁니다. 심지어 프로그래밍 도서의 예제 코드를 따라 입력해도 제대로 실행되지 않곤 합니다. 문제가 발생하면 처음에는 당황하지만, '언제나'라는 말처럼 개발자에게는 일상이고 매일 일어나는 일입니다. '버그가 있다', '에러 메시지가 떴다'와 같은 말은 이런 순간에 사용되는 용어입니다. 9장에서는 코드를 다루고 수정하는 과정에서 사용하는 다양한 도구와 개념을 살펴봅니다.

- **터미널**: 코드를 실행하는 창
- **IDE**: 코드를 작성하는 작업장
- **깃과 깃허브**: 다른 사람과 함께 코드를 작성하는 작업 공간
- **배포와 클라우드**: 완성된 앱을 세상에 내놓는 과정과 환경
- **컨테이너와 도커**: 앱을 쉽고 안전하게 포장해 옮기는 기술

코드 개발과 수정에 사용되는 용어가 비단 코드를 직접 작성할 때만 사용되는 건 아닙니다. 단어의 의미를 이해하면 개발자와의 대화 속 맥락을 더 잘 이해할 수 있어 개발자와 협업할 때 또는 바이브 코딩을 할

때에도 도움이 될 겁니다. 지금부터 개발 과정에서 마주치는 다양한 용어를 살펴보겠습니다.

버그, 에러, 에러 메시지

개발자들의 대화에는 '버그가 있네?', '에러가 떴어!' 혹은 '에러 메시지 좀 봐야겠어'와 같은 말이 자주 등장합니다. '에러'라고 하니 마치 큰 사고가 일어난 듯 들리는 '에러'는 개발자들에게는 일상적인 표현입니다. 말 그대로 문제가 생겼다는 의미 그 이상도 이하도 아닙니다. 각 용어를 살펴보도록 하겠습니다.

버그는 코드 속 작은 벌레(문제)이다

버그bug는 프로그램 속에 숨어 있는 작은 문제 혹은 잘못을 뜻합니다. 버그는 벌레란 뜻인데, 이 단어가 프로그램의 문제를 나타내는 용어로 자리 잡은 이유는 진짜 벌레가 프로그램에 문제를 일으킨 적이 있었기 때문입니다. 오래전, 그러니까 1940년대에는 컴퓨터 한 대가 방 하나를 채울 만큼 컸습니다. 수많은 부품으로 이뤄진 이 시절의 컴퓨터는 기계에 가까웠는데, 이 기계장치 사이에 종종 벌레가 끼어들어 문제를 일으키곤 했습니다. 그 상황으로부터 유래되어 프로그램의 문제를 버그라고 표현했고, 오늘날에도 여전히 사용하고 있습니다.

카페의 오전 근무 직원이 바닐라 시럽 통에 실수로 꿀을 넣었습니다. 그걸 모르고 오후 근무 직원이 바닐라 라테를 만들 때 사용해서 손님에게 잘못된 음료를 제공했습니다. 이처럼 예측하지 못한 문제를 일으키는 상황이나 원인을 버그라고 생각하면 이해하기 쉽습니다. 코드 속에 숨어 있는 잘못된 부분, 그것이 바로 버그입니다.

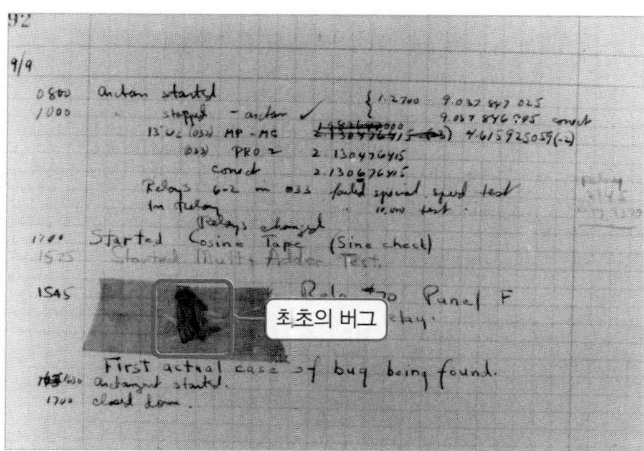

그림 9-1 컴퓨터 역사상 초초의 버그는 정말 벌레였습니다[1]

에러는 밖으로 드러난 버그의 영향이다

코드에 버그가 있다고 해서 바로 문제가 되는 것은 아닙니다. 버그가 있는 부분이 실행되기 전까지는 버그가 있는지조차 모를 수도 있습니다. 그런데 어떤 연유로든 버그가 포함된 코드가 실행되어 실행 결과에 영향을 주는 상황이 발생하면 우리는 그것을 에러error라고 부릅니다. 코드 실행 중에 발생하는 에러는 다양한 형태로 나타납니다. 프로그램의 실행이 중지되거나 계속 실행되더라도 제대로 동작하지 않는 일이 있습니다.

바닐라 라테에 꿀을 넣어 제공한 카페를 다시 떠올려 봅시다. 오후 근무 직원은 손님이 '바닐라 라테가 아닌데요'라고 말하기 전까지 이 사실을 모를 겁니다. 바닐라 시럽 통 속의 꿀처럼, 이처럼 버그는 언제 어떻게

1 https://www.history.navy.mil/our-collections/photography/numerical-list-of-images/nhhc-series/nh-series/NH-96000/NH-96566-KN.html

드러날지 모릅니다. 그리고 버그로 인한 영향 역시 예측하기 어렵습니다.

에러 메시지는 문제를 알려 주는 신호이다

컴퓨터는 사람처럼 말로 설명하지는 못합니다. 그렇다면 에러가 발생한 상황을 어떻게 알려 줄 수 있을까요? 컴퓨터는 화면에 **에러 메시지**error message를 출력해 문제가 발생했다는 것을 사용자에게 알려 줍니다. 에러 메시지는 코딩 환경이나 실행 환경에 따라 여러 가지 형태로 나타날 수 있습니다. 에러 메시지에는 보통 어떤 문제로 인해 에러가 발생했고 어느 지점에서 프로그램의 실행이 멈췄는지 포함되어 있습니다. 또 에러 메시지를 더 자세히 출력하도록 조정할 수도 있습니다. 에러 메시지가 자세히 나오면 버그를 찾기 더 쉽습니다. 처음 에러 메시지를 보면 암호문처럼 보일 수 있지만, 한 줄 한 줄 읽어 보면 문제를 찾아내기 위한 좋은 단서라는 점을 알 수 있습니다. 물론 여러분에게는 아직 암호문이나 외국어와 별반 차이가 없을 겁니다.

```
>>> try:
...     open("database.sqlite")
... except OSError:
...     raise RuntimeError("unable to handle error")
...
Traceback (most recent call last):
  File "<stdin>", line 2, in <module>
    open("database.sqlite")
    ~~~~^^^^^^^^^^^^^^^^^^^
FileNotFoundError: [Errno 2] No such file or directory: 'database.sqlite'

During handling of the above exception, another exception occurred:

Traceback (most recent call last):
  File "<stdin>", line 4, in <module>
    raise RuntimeError("unable to handle error")
RuntimeError: unable to handle error
```

그림 9-2 에러 메시지의 예[2]. 처음에는 이해가 되지 않는 것이 정상입니다

2 https://docs.python.org/3/tutorial/errors.html

에러 메시지를 만나는 횟수가 늘어나면 점차 익숙해지고 이해도도 높아지겠지만 단기간에 친해지기는 어렵습니다. AI는 에러 메시지의 해석에도 발군의 역량을 보여줍니다. 그래서 에러 메시지를 만나면 당황하지 말고 AI에 그대로 붙여 넣고 물어보세요. 친절한 답변과 상세한 설명을 들을 수 있을 겁니다.

디버깅, 로그, 에러 처리

코드를 작성하고 실행하는 동안 에러가 발생하는 일은 피할 수 없습니다. 작성한 코드가 한 번에 잘 동작하면 좋겠지만 모든 경우의 수를 다 고려하는 일은 쉽지 않기 때문입니다. 개발자는 코드의 에러에 어떻게 대응해야 할까요? 단순히 '에러가 발생했으니 고치겠어! 가보자!'하는 의욕 넘치는 태도면 될까요? 아닙니다. 컴퓨터와 코드는 논리적인 장치라서 에러를 해결하는 과정 역시 논리적인 정보 기반의 접근이 필요합니다. 에러가 발생하면 문제를 찾고, 문제의 원인이 되는 단서를 모은 다음, 다시는 같은 문제가 반복되지 않도록 코드를 수정하는 작업을 수행해야 합니다. 이러한 과정에서 등장하는 용어가 바로 디버깅, 로그, 에러 처리입니다.

디버깅은 벌레를 잡는 과정이다

카페에서 아메리카노를 제조해 손님에게 제공했는데 "아메리카노 맛이 좀 이상해요"라고 했을 때 직원은 어떻게 행동할까요? 저라면 다음 순서로 맛이 이상한 원인을 추정할 겁니다.

- 다른 손님과 음료가 바뀌었는지 확인합니다.
- 원두에 문제가 있는지 확인합니다.
- 물의 온도가 적절한지 확인합니다.
- 기계 고장인지 확인합니다.

코드 역시 마찬가지입니다. 의도했던 동작이 제대로 수행되지 않으면 코드의 시작 지점부터 동작을 수행하기까지의 흐름을 확인하고 문제가 될만한 부분이 있는지 체크해야 합니다. 이런 식으로 문제의 **원인을 추적하면서 해결책을 찾는 과정**이 바로 **디버깅**입니다.

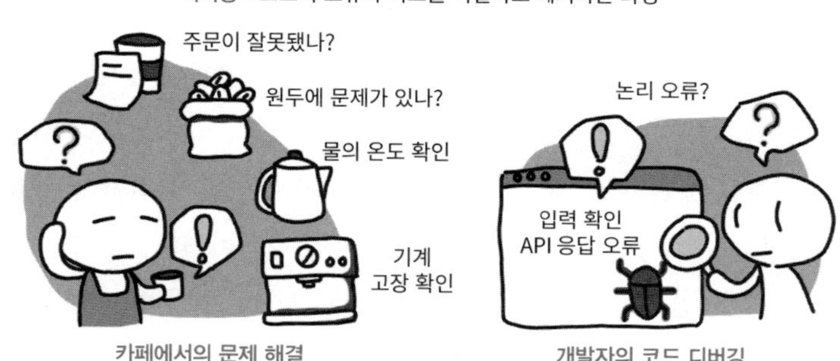

그림 9-3 문제 해결과 디버깅

디버깅debugging을 쪼개서 보면 de+bug+ing입니다. 버그bug를 없애다de라는 단어 의미에서 알 수 있듯이 코딩에서 디버깅은 에러를 일으키는 버그를 찾고 코드를 수정해서 버그를 없애는 과정입니다. 코드를 작성하는 일도 중요하지만 원하는 대로 동작하지 않는 상황을 찾고 수정하는 일도 중요합니다. 코드가 제대로 동작하지 않는 경우 개발자는 그 원인을 찾기 위해 코드를 점검해야 합니다.

로그는 단서를 남기는 기록이다

문제는 언제 발생할까요? 알 수 없습니다. 그러면 문제가 언제 발생할지 모르니 사용자들을 따라다니면서 유심히 관찰해야 할까요? 혹시 넷플릭스처럼 전 세계에 서비스하는 코드라면 어떻게 해야 할까요? 코드를 늘 지켜볼 순 없습니다. 이때 우리가 활용하는 것이 바로 로그log입니다. 로그의 사전적 의미에는 '일지, 여행 일기, 기록'이 있습니다. 컴퓨터 용어 사전에는 '경과 기록, 입출력 정보 등을 기록한 데이터'라고 로그를 정의합니다. 로그를 활용하면 코드에서 문제가 생겼을 때, 프로그램이 예상치 못한 동작을 했을 때 원인을 찾을 수 있습니다.

그림 9-4 로그는 에러 디버깅의 시작점입니다

로그는 프로그램 실행 후 발생한 일을 차곡차곡 기록해 두는 일지입니다. 카페에서 직원이 에스프레소 머신에 문제가 발생하면 사장에게 공유하거나 수리를 맡기기 위해 '월요일 오전 10시 32분, 아메리카노 추출 시 기계 과열로 작동 중단'과 같은 메모를 기록합니다. 비슷한 방식으로 프로그래밍 세계에서는 '2025-09-27 10:32:00AM - 네트워크 연결 실패. 에러 발생 위치: SNS 연결 모듈'과 같은 기록을 남길 수 있습니다.

이렇게 일지를 기록해 두면 에러의 원인을 찾을 때 단서로 이용할 수 있습니다. 로그를 활용하면 에러에 대한 추적 작업을 비교적 쉽게 시작할 수 있습니다. 따라서 **로그는 디버깅의 필수적인 단서**입니다.

에러 처리는 문제에 대응하는 방법이다

에러가 발생할 때를 대비해 로그를 충분히 기록하고 로그를 바탕으로 디버깅을 해야 한다는 점을 이제 다들 이해했을 겁니다. 그런데 문제가 발생하면 프로그램의 실행을 중단시키고 조치가 완료될 때까지 사용자는 기다려야만 하는 것일까요? 카페에서 에스프레소 머신이 고장 나면 그날은 영업을 정지해야 할까요? 저라면 '에스프레소 머신 고장으로 커피 외의 음료만 주문 가능합니다'라고 공지를 붙이고 제조 가능한 음료를 판매할 것입니다.

코드도 마찬가지입니다. 인터넷 연결이 끊겨 특정한 기능 동작이 안된다면 '인터넷 연결이 불안정합니다. 다시 시도해 주세요'라는 메시지를 보여주고, 특정한 기능이 예상치 못한 에러로 동작하기 어려운 경우 '죄송합니다. 예상치 못한 에러가 발생했습니다'와 같은 안내 메시지를 보여줄 수도 있습니다.

이처럼 에러 상황에 대한 처리가 잘 되어 있으면 사용자의 경험[3]도 훼손하지 않으면서 앱을 계속 이용할 수 있도록 대응할 수 있습니다. 당장은 사용자가 불편을 느끼겠지만, 앱이 강제로 종료되거나 안내 없이 동작

3 사용자 경험(UX, User Experience)이란 사용자가 제품, 시스템 또는 서비스를 이용하면서 느끼는 총체적인 경험을 이야기합니다.

을 멈춘 것이 아니고 상황에 대한 안내가 있으므로 사용자도 이해심을 발휘할 수 있습니다. **에러 처리**error handling는 이처럼 코드 작성자뿐만 아니라 사용자를 배려하는 요소로도 활용되므로 중요하다는 점을 인지하고 있어야 합니다.

코드는 작성하는 것도 중요하지만 문제가 발생하지 않도록 하는 것이 더 중요하고, 나아가 발생한 문제를 빠르게 해결할 필요도 있습니다. 그 중심에 로그가 있다는 것을 잊지 맙시다!

터미널과 IDE

저는 컴퓨터에서 글을 작성할 때 MS 워드나 아래아 한글 같은 워드프로세서를 사용합니다. 윈도우의 메모장이나 맥의 노트를 사용하는 독자도 있겠지만, 업무 문서를 작성할 때는 보통 워드프로세서를 이용할 겁니다. 문서 작성에 워드프로세서가 최적화되어 있는 것처럼 코드를 작성할 때도 최적화된 도구가 있습니다. 개발자의 코드 작성 도구는 다양한데, 터미널과 IDE로 크게 구분할 수 있습니다. 각각의 도구로 코드를 작성할 때, 작성 방법에 어떤 차이가 있는지 살펴보겠습니다.

터미널은 글자로만 대화하는 창이다

드라마나 영화에서 해커가 등장하면 곧바로 검은 화면에 여러 색상의 글씨가 빠르게 올라가는 모니터를 클로즈업하는 장면이 이어집니다. 바로 이것이 터미널terminal입니다. 이러한 장면 때문에 터미널이 왠지 어려워 보이지만, 사실 거리를 둘 만큼 어려운 도구는 아닙니다. 그저 컴퓨터와 대화하는 여러 방법 중 하나일 뿐입니다.

윈도우나 맥OS는 기본적으로 마우스로 그래픽 요소를 클릭해서 사용하는 GUIGraphic User Interface를 채택하고 있습니다. 그런데 윈도우나 맥OS에서도 마우스를 사용하지 않고 키보드로만 터미널을 사용할 수 있습니다. GUI와 터미널은 '어떻게 컴퓨터와 이야기를 주고받는가'의 차이만 있을 뿐 근본적으로 '내가 필요한 것을 컴퓨터에 이야기하는 방법'이라는 관점에서 크게 다르지 않습니다.

요즘 어지간한 카페에는 키오스크가 있습니다. 키오스크를 사용해 메뉴를 주문하는 방식이 바로 윈도우나 맥OS에서 GUI를 이용하는 방식입니다. 물론 여전히 주문 메뉴를 종이에 적어 전달하는 곳도 있습니다. 방법에 차이가 있을지언정 두 방식 모두 주문받은 음료를 만들어 손님에게 제공한다는 카페의 본질과 흐름에는 차이가 없습니다.

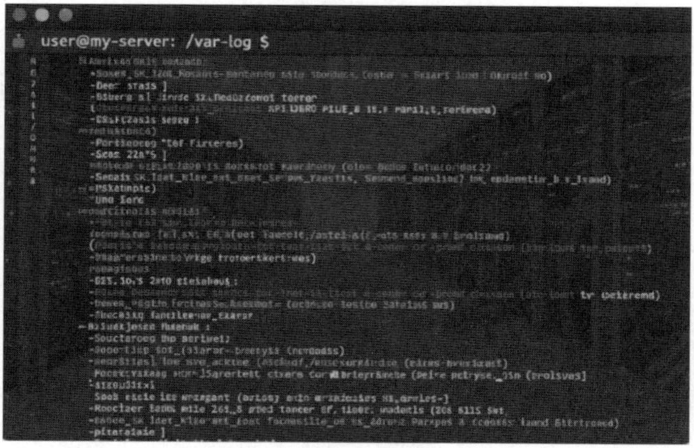

그림 9-5 터미널은 왠지 있어 보입니다

터미널은 투박해 보이지만 수기로 작성한 메뉴 주문표와 비슷한 느낌입니다. 하지만 정확하게 필요한 내용만 기재하므로 제조 담당자와 빠르게 의사소통을 할 수 있습니다. 여전히 터미널을 좋아하는 개발자가 많은 것도 비슷한 이유 때문이지 않을까 싶습니다. 터미널에서도 얼마든지 코드를 작성하고 실행할 수 있습니다. 윈도우에서는 명령 프롬프트(cmd)나 파워셸(powershell)을 사용해서, 맥OS에서는 내장 터미널을 사용해서 터미널 환경을 경험할 수 있습니다.

IDE는 개발 전용 작업실이다

IDEIntegrated Development Environment, 통합 개발 환경는 쉽게 생각하면 모든 개발 편의 기능을 포함한 개발자 전용 워드프로세서입니다. 즉, 코드를 작성하는 데 최적화되어 있는 프로그램입니다. 코드를 작성하고 실행하는 것은 물론이고 에러가 발생하면 문제를 효과적으로 찾을 수 있는 기능을 제공합니다. 그뿐만 아니라 여러 사람이 함께 코드를 작성하는 기능까지 한 자리에 모아 둔 통합 도구입니다.

카페에서 직원이 음료를 제조하기 위해 사용하는 카페 전용 주방을 생각해 봅시다. 에스프레소 머신이 한 켠에 있고 계량스푼과 음료용 컵, 재료가 한 곳에 잘 배치되어 있어 음료를 빠르게 제조해서 손님에게 제공하는 데 최적화된 공간입니다. 통합 개발 환경인 IDE 역시 이러한 주방처럼 코드를 작성하는 사람을 위한 최적화된 공간입니다.

터미널과 달리 IDE는 다양한 유무료 도구가 있습니다. 최근 가장 인기 있는 도구는 마이크로소프트가 만들어 무료로 공개한 비주얼 스튜디오 코드Visual Studio Code(보통 VS 코드로 부릅니다)입니다. 이 외에도 맥이나 안드로이드 개발 등 특정 플랫폼에 최적화된 다양한 IDE가 있습니다.[4] IDE는 호불호가 큰 도구에 속하므로 여러 가지 도구를 직접 설치해서 이용한 뒤 가장 마음에 드는 것을 선택하는 것이 좋습니다. 다만 모든 도구가 개발자에게 최적화된 작업 공간을 제공하는 것이 목적이라는 점은 분명합니다.

터미널 대 IDE

터미널은 상당히 원초적인 방식이지만 강력한 도구입니다. 다만 익숙하지 않으면 낯설고 불편할 수 있는 방식입니다. 반면 IDE는 친절하고 직관적인 환경을 제공합니다. 대신 다양한 기능을 제공하는 만큼 동작이 무겁기도 하고 복잡한 기능을 익히는 데 시간이 걸릴 수 있습니다.

이 두 가지 중 꼭 하나만 선택할 필요는 없습니다. 간단한 명령이나 확인은 터미널에서 하고 복잡하고 방대한 코드 작성 및 관리는 IDE에서 하는 것이 일반적입니다. IDE는 최근에 IDE 내에서도 터미널을 이용하는 방법을 제공하므로 어느 하나만 사용하기보다는 상황에 맞추어 적절한 방식을 이용한다고 보는 것이 정확합니다.

깃과 깃허브

학교에서 과제로 리포트를 제출하든, 회사에서 제안 자료를 작성하든, 문서를 완성하기 위해서는 여러 차례 수정이 필요합니다. 그리고 수정한 문서는 만일을 대비해서 별도의 파일로 복사해서 저장하곤 합니다. 우스갯소리로 최종.pptx, 최종_수정.pptx, 진짜최종.pptx, 이제정말마

4 애플이 맥과 iOS용 앱 개발에 최적화한 엑스코드나 안드로이드 앱 개발을 하는 사람들의 필수품인 안드로이드 스튜디오(Android Studio)나 이클립스(Eclipse) 같은 다양한 IDE가 있습니다.

지막_퇴근버전_v5.pptx와 같은 파일명이 바로 그런 고민의 흔적이며 유산입니다. 이렇게 파일 이름을 바꾸면서 여러 버전의 문서를 관리하고 있다는 것은, 사실 우리 모두가 이미 '버전 관리'의 필요성과 중요성을 알고 있다는 증거입니다.

코딩도 마찬가지입니다. 차이점이 있다면 코드는 문서에 비해 더 자주 변경되고, 여러 사람이 동시에 작업하므로 때로는 수정된 코드가 겹치기도 합니다. 아무래도 문서보다 버전 관리의 복잡도가 훨씬 높습니다. 그뿐만 아니라 코드의 양은 적게는 수백 줄에서 많게는 수천, 수만 줄에 이를 수도 있기 때문에 코드를 관리하는 일 자체도 정말 쉽지 않습니다. 이러한 업종 특성(?)을 감안하여 오래 전부터 코드의 버전을 관리하는 다양한 방법과 기술이 발전했습니다. 근래에는 깃과 깃허브가 사실상 표준으로 자리 잡았습니다.

깃은 코드와 함께 떠나는 시간여행이다

깃은 리눅스라는 운영체제를 만든 리누스 토르발스Linus Torvalds가 코드의 버전 관리를 목적으로 개발한 소스 코드 버전 관리 시스템입니다. 깃은 코드를 수정할 때마다 그 순간을 스냅샷, 일종의 사진으로 기록해 둡니다. 우리가 기억하고 싶은 순간을 사진으로 남기는 것처럼 깃은 특정 순간의 코드 모습을 사진처럼 남깁니다. 그리고 이렇게 기록된 스냅샷을 이용하면 언제든 특정 시점의 코드로 돌아갈 수 있습니다.

평소 아메리카노가 2,300원이던 카페에서 오픈 1주년을 맞이해 행사를 기획했다고 합시다. 직원은 행사를 위해 메뉴판의 아메리카노 가격을 1,500원으로 수정했습니다. 행사가 끝나면 메뉴판의 아메리카노 가격은 다시 2,300원으로 바꿔야 합니다. 손으로 직접 메뉴의 가격을 원래 금액으로 바꿀 수도 있겠지만 이전에 사용했던 메뉴판(스냅샷)이 있다면 기존 가격으로 쉽게 바꿀 수 있겠죠? 깃이 만든 코드의 스냅샷도 마찬가지입니다. 이러한 특징 때문에 흔히들 깃을 코드의 시간여행 장치라고도 합니다. 실험적으로 코드를 수정해 새로운 기능을 넣었다가, 마음에 들지 않으면 언제든 과거의 코드로 되돌릴 수 있습니다.

그림 9-6 깃은 여러 장의 사진을 찍어두고 언제든 과거로 돌아갈 수 있는 시간여행 장치입니다

깃허브는 코드 버전 관리를 위한 협업 공간이다

깃은 보통 **내 컴퓨터에서 동작하는 시간여행 장치**입니다. 그런데 다른 사람과 함께 코드를 만들고 관리해야 한다면 어떻게 할 수 있을까요? 그때 깃허브가 필요합니다.

깃허브는 개인 컴퓨터 환경에 기록해 둔 코드와 그 변경 사항을 인터넷을 통해 다른 사람과 공유할 수 있는 코드 버전 관리를 위한 협업 공간입니다. 깃허브에서는 코드 작성에 참여하고 있는 사람들이 언제, 무엇을, 어떻게 수정했는지를 관리해 줍니다. 그리고 수정 이전과 이후의 코드 변화를 비교하는 기능도 제공합니다. 깃허브에서는 코드의 작성과 수정 정보를 서로 확인할 수 있어서 서로가 수정한 부분이 충돌하거나 문제가 생겼을 때 손쉽게 해결하고 코드가 동작하도록 변경하는 과정도 지원합니다. 깃허브를 사용하면 수십, 수백 명의 사람이 동시에 코드를 수정하더라도 안전하게 코드를 보호할 수 있습니다.

처음 깃과 깃허브를 접하면 헷갈리는 부분이 많습니다. 두 가지 모두 이름에 '깃'이 들어가니 그게 그거 아니냐고 생각할 수도 있습니다. 하지만 둘은 엄연히 다릅니다. 깃은 내 컴퓨터 안에서 코드의 버전을 관리하는 도구이고, 깃허브는 그 기록을 인터넷에 올려 공유하고 협업할 수 있는 공간을 제공하는 도구입니다. 즉, 두 가지는 서로 독립적으로 존재할 수 있습니다. 하지만 같이 사용할 때 그 효용성이 더 높기 때문에 보통 같이 사용합니다. 깃을 이용해서 내가 수정한 코드와 변화를 기록하고 깃허브를 통해 그 기록을 공유하는 겁니다. 깃이 코드의 시간여행 장치라면 깃허브는 협업의 무대라는 점을 기억하기 바랍니다.

표 9-1 깃과 깃허브의 비교

구분	깃	깃허브
역할	코드의 버전을 기록하고 관리	기록된 코드의 버전을 인터넷에 공유, 협업 공간을 제공
카페라면?	메뉴판을 매일 사진으로 찍어둠	메뉴판을 벽에 붙여두고 모두가 함께 수정
사용 장소	내 컴퓨터(로컬)	인터넷(클라우드)
핵심 포인트	되돌리기, 시간여행	협업, 공유, 충돌 관리

배포와 클라우드

대부분 여러분이 작성한 첫 코드는 여러분의 컴퓨터 안에 저장됩니다. 코드를 실행하고 에러가 발생하면 디버깅을 통해 문제점을 수정합니다. 이러한 과정을 통해 완성된 코드가 잘 동작하면 뭔가 만들어 냈다는 뿌듯함이 느껴질 겁니다.

그런데 이렇게 만든 코드를 다른 사람들도 사용하게 하려면 어떻게 해야 할까요? 부모님께 자랑하고 친구들에게도 같이 사용하자고 하려면 무엇부터 해야 할까요? 바로 이 지점에서 필요한 것이 배포deployment라는 절차입니다. 배포는 말 그대로 무언가를 다른 장소로 가져다 놓는 것을 이야기합니다. 마치 깃허브를 사용하는 것처럼 중앙의 어딘가 혹은 인터넷의 어딘가에 코드를 복사해 둘 수 있다면 다른 사람도 쉽게 쓸 수 있을 겁니다.

잠깐! 코드를 온라인 환경인 깃허브에 저장했다면 누구든지 사용할 수 있다고 생각할 수도 있습니다. 하지만 깃허브는 코드를 저장하고 관리하는 공간이지 실행하는 공간은 아닙니다. 컴퓨터가 코드를 실행하기 위해서는 컴퓨터가 이해하기 쉽도록 코드를 처리하는 과정이 필요합니다.

배포는 제조된 음료를 손님에게 내놓는 과정이다

직원은 주문받은 음료를 제조한 다음 손님에게 전달합니다. 주문 번호를 부르기도 하고 직접 테이블에 가져다주기도 합니다. 중요한 것은 음료를 전달한다는 점입니다. 코드도 마찬가지입니다. 내 컴퓨터 안에서만 돌아가는 앱은 그냥 혼자 쓰는 도구에 지나지 않습니다. 앱이 빛을 발하는 순간은 다른 사람도 사용할 때입니다.

배포는 내가 만든 앱을 인터넷에 공개하여 다른 사람도 접근 주소만 알면 사용할 수 있도록 공개하는 과정입니다. 가령 블로그에 글을 작성한 뒤 '비공개' 상태로 놔두면 다른 사람이 읽을 수 없습니다. '공개' 버튼을 눌러야만 비로소 다른 사람들이 읽을 수 있습니다. 개발 역시 마지막 단계로 '배포'를 해야 비로소 사람들과 함께 이용할 수 있는 서비스가 됩니다. 이처럼 완성된 앱을 사용자에게 전달하는 것이 배포입니다.

클라우드는 거대한 공유 주방이다

과거에는 개인이 만든 앱을 다른 사람이 이용하려면 컴퓨터를 하루 종일 켜 둬야 했습니다. 하지만 개인 컴퓨터는 계속 켜 두면 장치에 무리가 갑니다. 그렇다고 회사 자산인 업무용 서버에 개인 앱을 올려서 서비스할 수는 없는 노릇입니다.

다행히 최근에는 클라우드 서비스 제공 업체가 생기면서 무료 또는 저렴한 비용으로 사용할 수 있는 방법이 많아졌습니다. 클라우드는 직접 서버를 소유할 필요 없이 필요한 용량만큼 필요한 기간 동안 빌려 사용할 수 있는 개념의 서버라고 생각하면 이해하기 쉽습니다. 시내 번화가에 나가보면 공유 주방을 이용해 배달 사업을 하는 식당을 많이 볼 수 있습니다. 직접 주방을 소유하는 대신 다른 식당과 주방을 공유하면서 임대 비용을 낮추고 사업 실패에 대한 위험을 분산하는 방식입니다. 공유 주방 이용과 클라우드를 통한 서버 이용은 꽤 많은 부분이 닮았습니다. 이러한 클라우드 서비스를 이용해 개발한 앱을 배포하면 인터넷을 통해 누구든지 서비스를 이용할 수 있습니다.

배포와 클라우드의 관계

배포는 제조 음료를 손님에게 전달하는 것처럼 앱을 사람들에게 공개하는 것이라고 이야기했습니다. 배포를 하려면 앱이 동작할 장소가 필요합니다. 바로 그 장소를 빌려주는 곳이 클라우드입니다. 더 많은 사람에게 내가 만든 앱을 이용하게 하려면 클라우드라는 실행 공간이 필요한 것입니다. 우리가 하루에도 몇 번씩 사용하는 유튜브, 넷플릭스, 네이버와 같은 서비스는 모두 코드를 개발하고 앱을 클라우드에 배포한 다음 사용자가 쓸 수 있도록 만든 것입니다. 누군가 이런 서비스를 사용하는 것처럼 내가 만든 앱을 사용한다는 상상만으로도 기분이 좋아지지 않나요?

그림 9-7 개발과 배포, 클라우드를 통한 서비스

컨테이너와 도커

이번 절의 내용은 다소 어려울 수 있습니다. 하지만 근래 코딩 세계에서는 널리 사용되는 용어 중 하나이니 내용이 어렵더라도 개념을 꼭 읽고 가기를 추천합니다. 유명한 개발자 농담 중에 “제 컴퓨터에서는 잘 동작하는데요?”가 있습니다. 같은 코드, 같은 앱이라도 어떤 컴퓨터에서는 문제없이 실행되고, 또 다른 컴퓨터에서는 에러가 발생하는 일이 종종 생깁니다. 똑같은 운영체제를 사용하고 있고 심지어 세부 버전까지 동일한데도 이런 현상이 발생하곤 합니다. 이유는 무엇일까요? 간단합니다. 바로 환경이 다르기 때문에 발생하는 문제입니다. 단순히 운영체제가 같은 것만으로는 부족합니다. 컴퓨터에 설치되어 있는 다른 앱의 영향을 받을 수도 있고, 세부 설정이 조금 달라도 실행이 안 될 수 있습니다. 이런 문제로부터 고통받던 엔지니어들이 만들어낸 마법 같은 방법이 바로 컨테이너container입니다.

컨테이너는 실행 환경까지 담은 수화물 상자이다

컨테이너 하면 부산항이나 인천항에 쌓인 수많은 컨테이너를 떠올릴 수 있습니다. 이 컨테이너가 그 컨테이너일까요? 네, 개념상으로 같은 컨테이너입니다. 컨테이너는 목적지까지 컨테이너 그대로 이동합니다. 공장에서 항구로 이동하고, 항구에서 컨테이너 선에 실어 다른 항구로 갑니다. 그리고 다시 컨테이너를 운반 차량에 옮겨 목적지까지 이동합니다. 코딩 세계에서도 동일합니다. 컨테이너 안에 앱이 실행되는 데 필요한 환경까지 통째로 묶어 담습니다. 그리고 어디서 실행하든지 간에 이 컨테이너를 그대로 가지고 가서 실행합니다. 컨테이너는 독립적으로 만들어진 환경이기 때문에 어디서든 컨테이너 안에 담긴 앱을 문제없이 실행할 수 있습니다.

그림 9-8 바닷가 항구에서 흔히 볼 수 있는 컨테이너

도커는 컨테이너를 만드는 표준 포장 기계이다

이제 여러분은 컨테이너에 실행 환경을 잘 정리해서 담아 두면 문제가 해결된다는 점을 이해했습니다. 그런데 컨테이너는 어떻게 만들까요? 컨테이너를 만드는 방법은 정말 다양합니다. 그중에서도 가장 널리 사용되고 있는 것 중 하나가 **도커**docker입니다. 도커는 일종의 표준 포장 기계라고 생각하면 됩니다. 포장 기계이지만 단순히 컨테이너를 만드는 것뿐만 아니라, 컨테이너를 실행하거나 조작할 때 필요한 다양한 기능을 갖고 있습니다.

중요한 점은 어떤 앱이든 동일한 규격의 상자에 담아 준다는 것입니다. 그리고 도커가 설치되어 있는 곳이라면 어디에서든 컨테이너를 이용해 앱을 실행할 수 있습니다. 카페에서도 모든 음료를 같은 규격의 컵에 담아 손님에게 제공하면 일정한 크기의 캐리어를 이용하기에도 편하고, 다 마신 컵을 정리하고 버리는 데도 용이합니다. 도커는 프로그래밍 세계에서 그런 역할을 합니다.

03

바이브 코딩 실습하기

10

젠스파크로 만드는 카페 웹사이트

지금까지 꽤 많은 이야기를 나눴습니다. 바이브 코딩의 시작부터 컴퓨터와 웹이 동작하는 방식을 살펴봤고 개발자들만의 전유물 같았던 API, 데이터와 같은 기술 용어도 살펴봤습니다. 이제 바이브 코딩과 개발에 대한 거리감이 어느 정도 사라지고 처음보다는 확실히 편해졌을 겁니다. 하지만 눈으로만 읽고 머릿속으로만 아는 지식은 진짜 지식이 아닙니다. 실제로 AI와 함께 코드를 만들고 실행하면서 바이브 코딩을 직접 하는 것이 중요합니다. 드디어 진짜 바이브 코딩을 할 시간입니다.

10장에서는 젠스파크Genspark를 이용해 문장 몇 줄을 입력해서 카페 웹사이트를 만들 겁니다. 젠스파크는 프레젠테이션 생성 AI로 널리 알려져 있는데 최근에는 영역을 넓히고 있습니다. 젠스파크에서 제공하는 슈퍼 에이전트, 'AI 개발자'는 사용자가 프롬프트만으로 원하는 코드를 작성하고 인터넷에 공개할 수 있는 방법을 제공합니다. 첫 실습으로 젠스파크의 AI 개발자 에이전트를 이용해 카페 웹사이트를 만들고 공개(배포)하겠습니다.

⚠ 젠스파크는 매일 100 크레딧이 무료 충전되며 크레딧을 모두 소진하면 무료 크레딧이 초기화된 이후에 사용할 수 있습니다.

미리보기 최종 결과물

뭔가를 만들 때는 최종 결과물을 미리 보면 무엇을 할지 정리하기 쉽습니다. 개발 또한 마찬가지입니다. 회사에서는 기획자나 디자이너가 최종 결과물 시안을 미리 보여주지만, 우리에겐 기획자도 디자이너도 없습니다. 대신에 제가 만든 결과물을 먼저 보여주겠습니다.

그림 10-1 QR로 이번 장에서 만들 웹사이트를 확인하세요

'카페 인사이트'의 웹사이트에는 메뉴, 위치, 영업시간을 보여줍니다. 디자인이 멋진 웹사이트는 아니지만, 카페의 기본 정보를 제공하는 데에는 부족함이 없습니다. 상단의 메뉴 구성이나 히어로 이미지 등은 모두 AI가 직접 만든 결과물입니다. 지면으로는 확인이 어렵지만 보는 환경에 따라 크기가 변하는 반응형 웹사이트로 만들었습니다. 전체 웹사이트를 만들고 실제 접근 가능한 도메인 주소를 만들기까지 대략 10~15분 정도가 소요되었습니다. 지금부터 이 웹사이트를 같이 만들겠습니다.

AI에 물어보기

- 웹사이트에서 의미하는 히어로 이미지가 뭐지?
- 환경에 따라 변하는 반응형 웹사이트가 뭐지? 대표적인 국내 사이트를 알려줘.

⚠ 'AI에 물어보기'는 챗GPT의 무료 계정으로도 충분합니다. 다른 브라우저 창에서 https://chatgpt.com에 접속한 뒤 질문하세요.

스텝 1 젠스파크 사용자 등록하기

젠스파크는 본래 프레젠테이션 생성에 최적화된 도구였습니다. AI 서비스의 경쟁이 날로 치열해지자 젠스파크는 개발, 디자인 등 다양한 영역으로 기능을 확장해 서비스 경쟁력을 높이고 있습니다.

커서 AI, v0 등 다양한 도구로 웹사이트를 만들 수 있지만, 개발자가 아닌 여러분이 바이브 코딩을 시작하기에는 젠스파크가 제공하는 AI 개발자 에이전트가 가장 부담 없고 쉽습니다. 10장 실습의 목표는 여러분 모두가 바이브 코딩에 자신감을 얻어가는 겁니다.

01 브라우저에서 https://www.genspark.ai에 접속한 다음 오른쪽 아래의 [가입하기] 버튼을 클릭합니다.

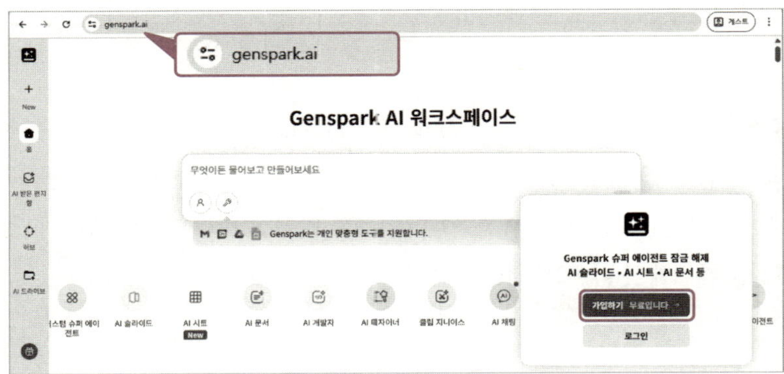

02 가입 방법이 다양한데 [Google]을 클릭해서 구글 메일로 가입하세요.

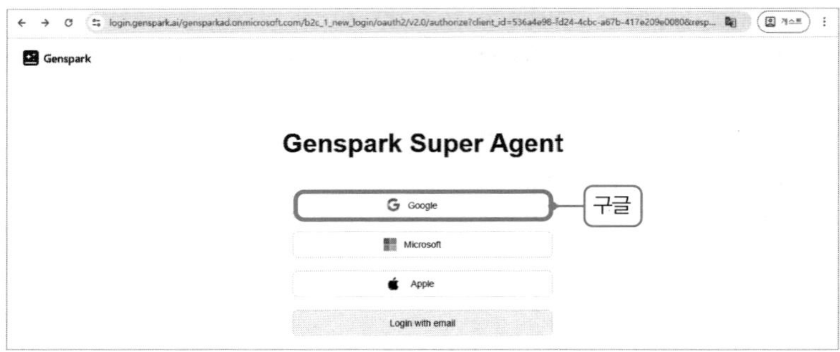

03 가입 후 첫 화면은 다음과 같습니다. 가운데에 프롬프트 입력창이 있고, 그 아래로 젠스파크가 제공하는 다양한 AI 기능이 나열되어 있습니다.

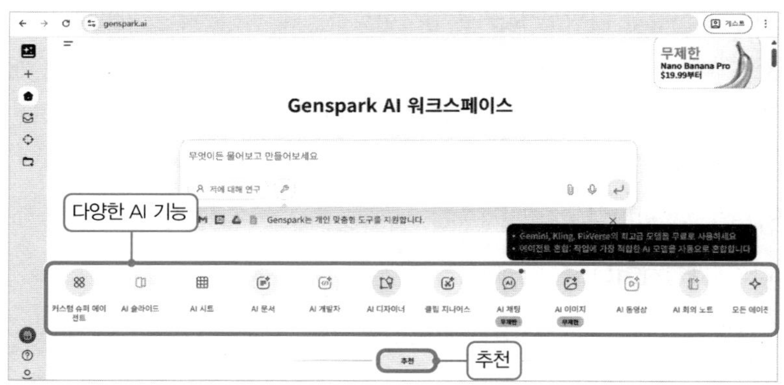

04 다양한 AI 기능에 마우스를 올리면 각 기능에 대한 짧은 설명 글이 보입니다. 또 화면 아래쪽 '추천'에는 AI 기능으로 만들어진 다양한 공개 결과물이 있습니다. 다른 기능은 직접 익히길 바라며 이제 'AI 개발자'를 클릭해서 바이브 코딩을 본격적으로 시작해 봅시다.

잠깐! 'AI 개발자' 기능에 마우스를 올리면 '하나의 프롬프트로 완전한 웹사이트와 웹 앱을 즉시 구축하세요. 완벽하게 자율적인 코딩 경험을 위해 Claude Code 아키텍처를 재구현했습니다'라는 설명이 보입니다.

스텝 2 AI 개발자 에이전트로 웹사이트 개발 시작하기

따라 하기 전에 앞서 배운 AI의 특성을 잘 기억해야 합니다. 여러분과 제가 같은 프롬프트를 입력하더라도 같은 결과가 나오리라는 보장은 없습니다. 따라서 제가 하는 과정 중 프롬프트는 여러분의 상황에 맞게 수정해야 합니다. 여러분의 결과물이 제 것보다 더 좋을 수 있습니다.

01 젠스파크 초기 화면에서 [AI 개발자]를 클릭하면 다음 그림과 같은 '시작점 선택' 창이 보입니다. '시작점 선택'에서는 어떤 방식으로 웹사이트를 만들지 선택할 수 있습니다. 이중 '간단한 웹사이트 또는 웹 앱'을 선택하고 [빌드 시작] 버튼을 클릭해서 정적인 웹사이트를 만들겠습니다.

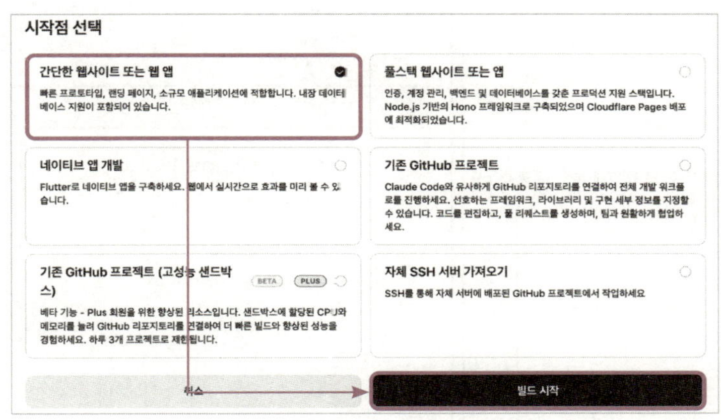

잠깐! 이 책의 실습 범위는 아니지만, 모바일용 앱을 만들 수 있는 '네이티브 앱 개발'이나 인증, 계정 관리, 백엔드 및 데이터베이스까지 활용하여 웹 앱을 개발하는 '풀스택 웹사이트 또는 앱'도 꼭 사용해 보기 바랍니다.

02 창이 닫히고 새 화면이 보입니다. 세 개의 가로 화면 중 가장 왼쪽은 ① **공통 메뉴**, 가운데는 AI와 대화를 주고받는 ② **대화 영역**, 오른쪽은 ③ **AI 개발자 영역**입니다. 대화 영역 아래의 'Kimi K2 0905+Groq'은 ④ **AI 모델 선택 옵션**인데 기본 모델을 사용하겠습니다. AI 개발자 영역의 ⑤ **세부 메뉴**로는 웹사이트를 미리 볼 수 있는 '미리보기', AI 개발자가 생성한 웹사이트의 구성 파일을 확인할 수 있는 '파일 탐색기', 데이터베이스를 사용할 때 관련된 내용이 있는 '데이터베이스', 만든 웹사이트를 다른 사람에게 공유할 수 있는 URL을 생성할 수 있는 '게시', 중간중간 흐름도를 비롯해 바이브 코딩에 도움 될 만한 내용이 정리되어 있는 '튜토리얼'이 있습니다. 생성된 파일의 내용을 수정하려면 '파일 탐색기'에서 합니다.

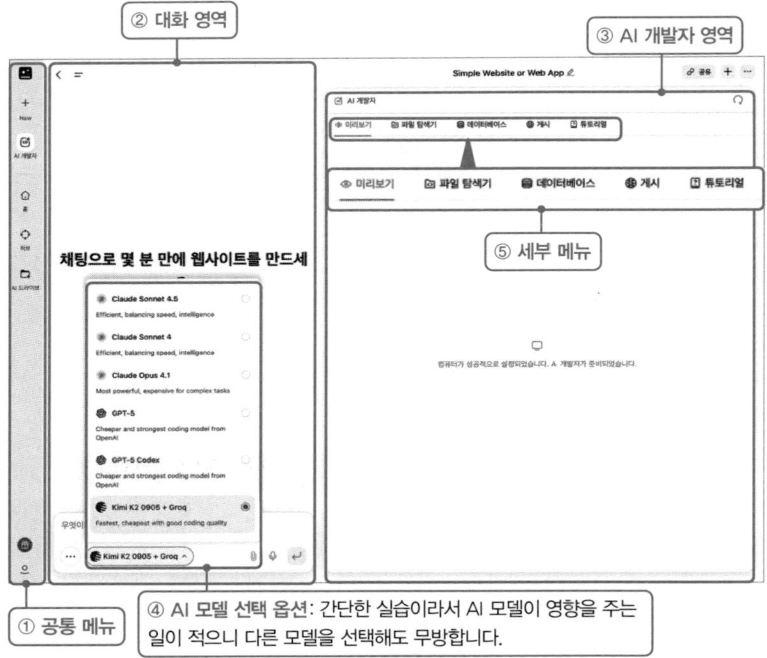

03 첫 번째 프롬프트를 입력해 봅시다. 예시와 똑같이 입력할 필요는 없습니다. 오히려 조금 다르게 입력하거나 더 세부 내용을 추가하여 결과물이 어떻게 달라지는지 살펴봐도 좋습니다. 제가 입력한 프롬프트는 다음과 같습니다.

프롬프트의 필수 내용은 '무엇을 만들고, 어떤 내용을 담을 것인가'입니다. 새로 오픈한 카페의 홍보용 홈페이지를 만들며, 내용에는 위치, 메뉴, 영업시간 안내 등이 포함되어야 합니다.

프롬프트 10-1

'카페 인사이트'라는 이름으로 카페를 새로 오픈 했어. 사람들에게 카페의 위치와 주요 메뉴, 영업시간을 안내할 수 있는 홍보용 홈페이지를 만들고 싶어. 카페 홈페이지이기 때문에 따뜻한 분위기가 느껴지는 편안한 색상을 이용하고 싶어. 감성이 느껴질 수 있도록 단순하면서도 미려한 분위기면 좋을 것 같아. 카페 메뉴는 나중에 변경할 수 있도록 임의의 메뉴(아메리카노, 카페라테 등)로 준비해 줘. 그리고, PC나 모바일 환경에서 모두 잘 보일 수 있도록 만들어야 해.

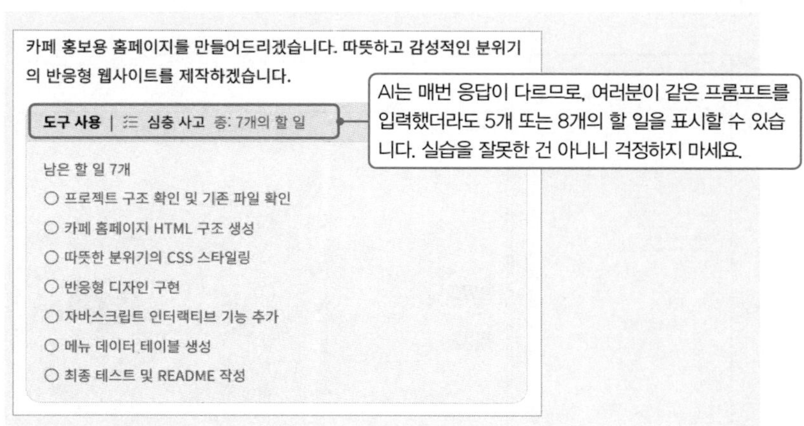

프롬프트를 입력받은 AI 개발자는 내용을 분석하여 '총: 7개의 할 일'을 도출했습니다. 프로젝트의 구조 확인에서부터 따뜻한 분위기를 연출할 수 있는 CSS 스타일의 생성, 반응형 디자인의 구현은 물론이고 자바스크립트를 이용한 인터랙티브 기능까지 웹사이트 개발 및 출시에 필요한 다양한 작업을 스스로 설계했습니다. 설계 및 해야 할 일이 도출되었다면 이제 우리가 할 일은 기다림뿐입니다.

04 AI는 할 일을 스스로 진행하며 왼쪽 '대화 영역'에는 웹사이트를 만드는 과정을 계속 설명하고, 오른쪽 'AI 개발자' 영역에는 작업 중간 결과물을 변경합니다. 이 과정을 살펴보면 'AI 개발자'가 어떤 순서로 웹사이트를 만들고 작업을 수행하는지 확인할 수 있습니다. 마치 인간 개발자가 웹사이트를 만드는 순서와 크게 다르지 않습니다. 중간에 개발을 멈추면 여러분은 그저 '계속 작업해 줘'라고 명령하면 됩니다. 개발이 완료되면 최종 결과물을 '미리보기' 화면에 출력하고 작업 종료를 안내합니다.

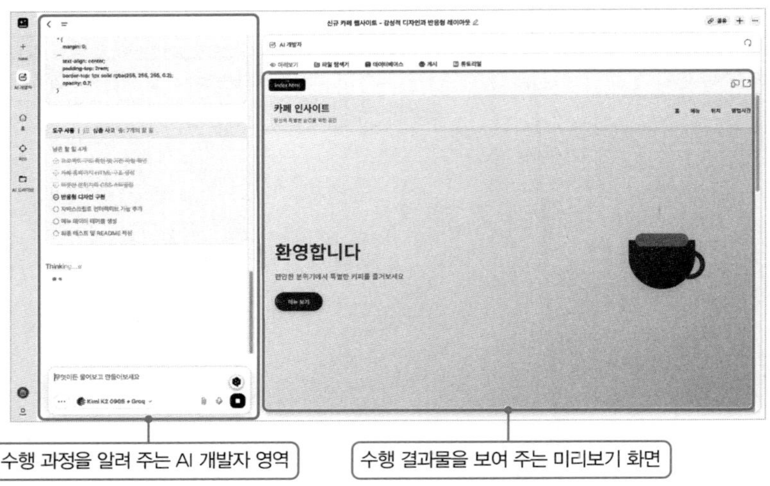

스텝 3 검수하고 수정하기

웹사이트가 완성되었고 이제 결과물을 검수할 차례입니다. AI는 훌륭한 동반자이지만 간혹 덤벙거리기도 합니다. 따라서 항상 결과물이 나오면 요구 사항들이 잘 반영되었는지 확인할 필요가 있습니다. 카페 홈페이지를 처음 봤을 때는 "오, 생각보다 잘 만들었는데?"라고 생각했습니다.

01 다양한 화면에서 확인하기 반응형 웹사이트를 만들 목적이니, 여러 화면에서 제대로 보이는지 확인하려면 '미리보기' 화면에서 'index.html'이라고 적힌 줄의 오른쪽에 있는 화면 변경 버튼( )을 클릭합니다. 전체 너비, 태블릿(1024px), 모바일(390px), 세 가지 화면을 볼 수 있습니다. 태블릿이나 모바일은 괜찮아 보이는데, 전체 너비로 보니 히어로 섹션이 왼쪽으로 치우쳐 오른쪽이 비었습니다.

전체 화면이 왼쪽으로 치우쳐서 오른쪽이 비어 보입니다.

02 AI에 프롬프트를 입력해 수정하겠습니다. 수정 프롬프트는 처음 프롬프트보다 더 구체적으로 설명해야 합니다. 정확히 어느 지점에서 발생한, 무슨 문제를 해결할지 전달해야 AI가 정확히 파악할 수 있습니다. 저는 화면에 표시된 안내문을 직접 알려 주고, 그 안내문을 바탕으로 문제점과 수정할 내용을 알려 주었습니다. 수정 내용을 입력한 프롬프트는 다음과 같습니다.

프롬프트 10-2

'미리보기' 화면에서는 괜찮아 보였던 "환영합니다" 메시지와 커피잔, 간단한 인사말이 있는 영역이 전체 너비에서 봤을 때는 왼쪽으로 정렬되어 있어. 위쪽 메뉴와 마찬가지로 가운데 정렬이 되도록 수정해야 할 것 같아.

잠깐! 바이브 코딩에서는 원하는 결과물이 나올 때까지 끈기 있게 프롬프트를 작성하는 일이 중요합니다. 수정 요청 내용을 AI가 이해할 수 있도록 자세히 적어 주세요.

03 수정 프롬프트를 입력했더니 AI 개발자는 잠시 분석 작업을 진행한 뒤 정렬에 문제가 있다는 반응을 보였습니다. 그리고 전문 용어인 '히어로 섹션'을 이용한 작업 계획을 공유하고 수정 작업을 시작했습니다. 정렬 문제이기 때문에 화면의 배치에 관련된 내용을 담고 있는 CSS 파일을 수정했습니다. 하지만 안타깝게도 수정 결과물은 제 기대와는 다소 달랐습니다. 첫 프롬프트로 만든 웹사이트에서 히어로 섹션의 정렬만 가운데로 바꿔 달라는 것이 의도였는데 AI 개발자는 배경 이미지를 삭제했습니다.

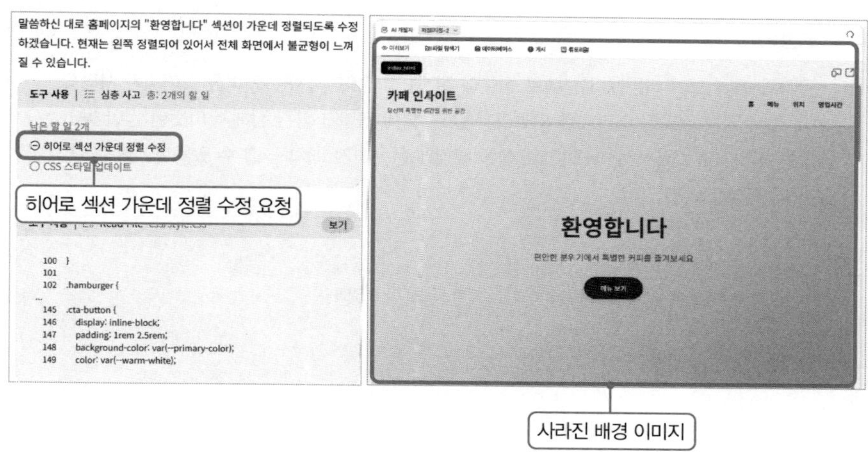

AI와 작업하다 보면 흔히 발생하는 현상입니다. 제가 입력한 두 번째 프롬프트를 동료 개발자가 읽었다면 배경 이미지는 유지하고 정렬 방식만 바꿨을 겁니다. 하지만 AI는 사람과 동일하게 받아들이지 못합니다. '배경의 커피잔 이미지는 그대로 유지해'라는 내용을 추가했으면 아마도 배경 이미지를 유지했을 겁니다. 이처럼 AI와 프롬프트로 대화하는 일은 생각보다 더 신중해야 하고, 조금 더 신경 써야 원하는 결과물을 만들 수 있습니다.

04 AI 개발자가 커피잔 이미지를 다시 복구해 줄 수 있는지 확인하기 위해 프롬프트를 한 번 더 작성했습니다. 이번에는 좀 더 정확하게 원하는 이미지를 프롬프트에 추가했습니다. 입력된 프롬프트를 바탕으로 AI 개발자는 세 가지 추가 작업을 정의했고 이미지 생성, 배경 이미지 적용, CSS 스타일 적용 작업을 시작했습니다.

프롬프트 10-3

글자와 메뉴 보기 버튼은 가운데로 정렬이 잘 된 것 같아. 하지만 커피잔 이미지가 사라졌어. 원래 있던 커피잔 이미지를 되돌리지 말고, 실제 커피가 담긴 잔에서 따뜻한 김이 올라오는 이미지를 새로 만들어 히어로 섹션 배경에 은은하게 배치해 줄 수 있을까? 홈페이지가 더 풍성해질 것 같아.

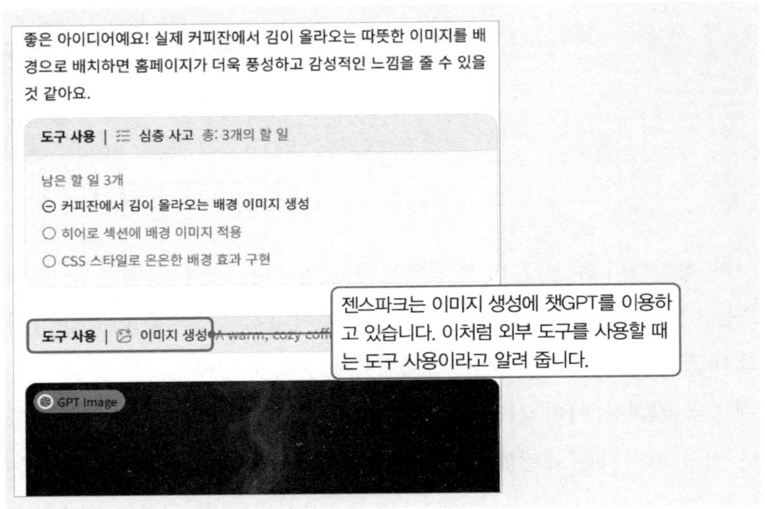

05 여러분도 이미지 생성을 요청했다면 결과를 받기까지 시간이 좀 걸렸을 겁니다. 제 결과물은 그림처럼 모바일 화면에서 상단 메뉴와 히어로 영역이 붙어 있는 느낌이 있지만 카페 홍보용 웹사이트로 사용하기에 무리 없어 보입니다. 프롬프트 작성에 조금 더 신경 쓴다면 이런 부분까지도 수정할 수 있으리라 기대합니다.

다시 한번 강조하지만 AI의 답변은 매번 다르기 때문에 여러분과 제가 생성한 웹사이트나 이미지는 다릅니다. 여러분이 자세하게 프롬프트를

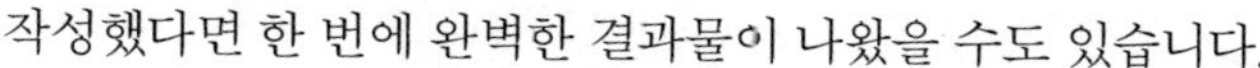

작성했다면 한 번에 완벽한 결과물이 나왔을 수도 있습니다.

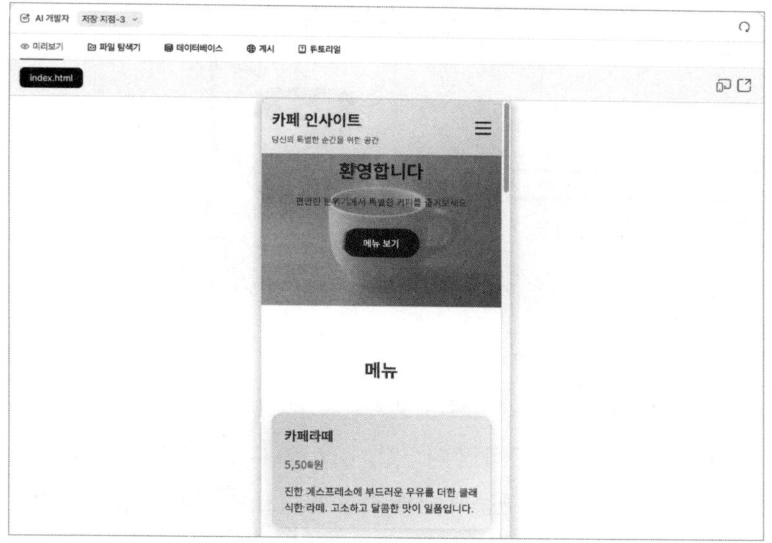

스텝 4 웹사이트 공개하기

이제 화면 오른쪽 AI 개발자 영역의 '게시' 메뉴를 사용해서 완성된 결과물을 다른 사람과 공유해 봅시다.

01 '게시'를 누르면 '친구와 공유하기' 화면이 열립니다. 오른쪽에 바로 [웹사이트 게시] 버튼을 클릭하면 다른 사람에게 공유하는 고유 URL을 받을 수 있습니다. URL 주소의 오른쪽에 [공개 액세스로 설정] 버튼을 클릭하면 [초대 전용 액세스로 설정]으로 버튼이 바뀌면서 이제 누구나 접근할 수 있는 상태로 변경됩니다. URL을 복사해 SNS나 문자 메시지로 다른 사람에게 공유하면 여러분이 만든 웹사이트를 살펴볼 수 있습니다.

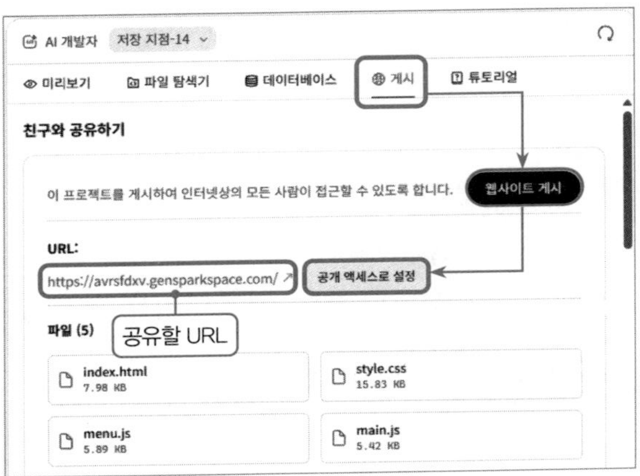

02 제가 만든 카페 웹사이트의 결과물은 https://gnigogzx.gensparkspace.com 주소로 접근하면 확인할 수 있습니다. 아쉬운 점은 URL이 브랜드 역할을 한다고 했는데 카페 이름과 다르고 길어서 쉽게 입력하기 어렵습니다. '게시' 메뉴 아래의 '사용자 지정 도메인(CloudFlare에 게시)'을 사용하면 클라우드플레어 플랫폼을 통해 도메인을 연결할 수 있습니다. 이 부분은 이 책의 범위를 넘어섭니다. 어려운 작업은 아니니 직접 시도해 보기를 바랍니다.

젠스파크 요금제 안내

젠스파크에서 많은 요청을 하려면 유료 결제가 필요합니다. 실제 운영할 웹사이트가 아니라면 무료 크레딧을 활용하거나 적당한 수준에서 수정 작업을 마무리하세요.

요금제 안내

- 무료: 매일 100 크레딧 자동 충전
- 플러스: 월 25달러
- 프로: 월 250달러

정리

10장에서는 정말로 프롬프트만 사용해서 웹사이트를 만들었습니다. 의도했던 방향으로 결과물이 나왔다면 다행이지만, 원하는 수준만큼 결과물이 나오지 않았을 수도 있습니다. 원하는 방향으로 수정하도록 프롬프트를 입력하거나 AI 모델을 바꿔서 결과물을 수정할 수도 있습니다. AI와 대화하다 보면 친구에게 말하듯이 "왜 이렇게 말귀를 못 알아들어?"라고 입력하는 순간도 있습니다. 그만큼 답답한 순간도 있지만, 친숙해지도록 반복해서 연습하는 일이 가장 중요합니다.

부디 10장에서 여러분이 기대한 웹사이트가 나올 때까지 프롬프트를 수정했기를 바랍니다. 이러한 시행착오를 통해 여러분은 AI에 작업을 지시하는 방법을 배우고, AI 역시 계속되는 학습과 개선 작업을 통해 인간의 언어를 더 잘 이해하도록 진화합니다. 시간이 지나면 이 과정은 더욱 자연스러워질 겁니다. 제가 작성한 젠스파크 프롬프트를 참고하여 여러분의 프롬프트를 작성하고 결과가 다르게 나온 이유도 분석해 보면 유익할 것입니다.

- **10장 젠스파크 프롬프트**: https://www.genspark.ai/agents?id=8fbc925a-9857-4ff6-9651-cfef5081cf76

11

카페 AI 챗봇 만들기

10장은 브라우저 단독 환경에서 젠스파크만으로 웹사이트를 만들었습니다. AI와 코드를 생성하고 외부 사용자에게 공유하는 것까지 모두 젠스파크에서 진행한 덕에 결과물을 쉽게 만들 수 있었습니다.

11장에서는 한 걸음 더 나아가 다양한 서비스를 활용해 조금 더 쓸모 있고 어려운 결과물을 만들 겁니다. 걱정되나요? 걱정할 필요 없습니다. 이미 여러분이 일상에서 자주 사용하고 있는 서비스와 AI의 도움을 받아 바이브 코딩으로 목표한 기능을 만들어 나갈 겁니다.

이번 장에서 만들 결과물은 '카페 AI 챗봇'입니다. 카페를 운영하다 보면 '몇 시부터 몇 시까지 오픈하나요?'와 같은 반복되는 질문에서부터 '오늘은 왠지 커피 맛이 평소와 다른 것 같아요. 원두를 바꿨나요?'처럼 단골만이 할 수 있는 질문까지 다양한 문의를 받고 답변해야만 합니다. 이 중에서 반복되는 문의는 왠지 AI가 잘 처리해 줄 수 있을 것 같지 않나요? '카페 AI 챗봇'은 이러한 반복 질문을 대화하듯 손님에게 답변하는 역할을 수행하는 챗봇 형태의 웹 앱입니다.

⚠ 11장 실습에서는 OpenAI API를 사용하기 위해 5달러를 결제해야 합니다.

미리보기 최종 결과물

이번 장에서는 세 가지 서비스를 주로 활용합니다.

- **구글 시트**: 마이크로소프트 엑셀과 비슷하며 데이터베이스의 역할을 합니다.
- **버셀**Vercel: 웹 앱 실행 환경으로 이용할 수 있는 무료 클라우드 서비스입니다.
- **챗GPT**: 다른 AI 서비스를 사용해도 좋습니다. 저는 챗GPT 서비스를 사용했습니다.

이번 장을 따라 하다가 '난 누구, 여긴 어디'와 같은 상황에 빠질 수 있습니다. 이런 상황을 막아주는 것은 바로 목표에 대한 집중입니다. 우리가 만들 결과물이 무엇인지 먼저 살펴보고 머릿속에 잘 기억해 두길 바랍니다!

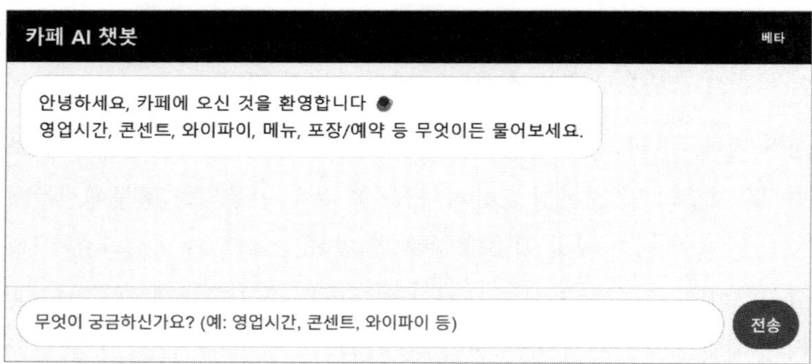

그림 11-1 AI 기반의 카페 AI 챗봇을 만들어 봅시다

문제 정의 해결할 문제와 나의 지식 수준 정의하기

바이브 코딩을 시작하기 전에 목표를 정확하게 문장으로 정리해야 합니다. AI는 여러분이 제공하는 프롬프트만으로 상황을 인지하므로 무엇을 전달하는가, 즉 프롬프트가 굉장히 중요합니다.

- **문제 상황 정의**: 카페에 손님이 많을 때 손님의 질문에 답하기 어려울 때가 있습니다. 또한 대부분의 질문은 반복되는 질문입니다.
- **목표 정의**: 손님이 웹에 접속해서 질문하면 카페 운영 정보를 AI가 대화 형식으로 답변하는 챗봇 웹 앱을 바이브 코딩으로 만듭니다.
- **도구 정의**: 구글 시트와 버셀, 구글 앱스 스크립트를 활용하고 싶습니다.

사실 도구 정의는 굳이 필요 없습니다만, 되도록 여러분이 비슷한 바이브 코딩을 경험하기를 바라는 마음으로 정의했습니다. 아무것도 모를 때는 그냥 AI와 대화하며 도구를 추천받아 앱을 만들어도 좋습니다. 이 세 가지만 가지고 프롬프트를 작성해도 되지만, 하나를 덧붙이면 좀 더 쉽게 원하는 답변을 얻을 수 있습니다. 바로 여러분의 IT 지식과 코딩에 대한 수준입니다.

- **나의 지식 수준**: 저는 구글 시트를 사용할 수 있는 정도의 컴퓨터 사용 능력이 있고, 코딩을 전혀 할 줄 모릅니다.

이 내용을 기초로 여러분의 프롬프트를 작성해 보세요. 저는 이 내용을 그대로 프롬프트로 작성했습니다.

프롬프트 11-1

- 문제 상황 정의: 카페에 손님이 많을 때 손님의 질문에 답하기 어려울 때가 있다. 또한 대부분의 질문은 반복되는 질문이다.
- 목표 정의: 손님이 웹에 접속해서 질문하면 카페 운영 정보를 AI가 대화 형식으로 답변하는 챗봇 웹 앱을 바이브 코딩으로 만든다.
- 도구 정의: 구글 시트와 버셀, 구글 앱스 스크립트를 활용하고 싶어.
- 나의 지식 수준: 나는 구글 시트를 사용할 수 있는 정도의 컴퓨터 사용 능력이 있고, 코딩은 전혀 할 줄 몰라.

아마 여러분이 받은 답변도 비슷할 텐데 제가 작성한 11장의 전체 프롬프트와 실습 자료를 노션으로 공유합니다. 노션에는 구글 시트에 입력할 데이터, 복사해서 사용할 코드 그리고 11장에서 사용한 19개의 프롬프트와 AI의 답변이 있습니다. 책과 동일한 순서로 프롬프트는 정리되어 있으며, 노션의 링크만으로 바이브 코딩을 진행해도 좋습니다. **실습을 진행하는 동안 노션 페이지를 닫지 마세요.**

- **11장 실습 자료**: https://www.notion.so/2bf863f609e7805db21df8643865a919

또는 https://theties.insightbook.co.kr/의 '더 타이즈가 만든 콘텐츠' 섹션에서 도서명을 클릭하고 '파일과 미디어'를 선택하면 관련 URL을 확인할 수 있습니다.

잠깐! 바이브 코딩의 결과물은 저마다 다르며 실패와 성공을 예측하기 어렵습니다. 먼저 책의 과정을 따라 하며 작은 성취감을 느껴보세요. 이후에는 여러분이 직접 프롬프트를 작성해 바이브 코딩에 도전해 봅시다. 같은 작업을 요청했을 때 생성된 코드를 책의 코드와 비교해 보는 과정도 분명 흥미로운 경험이 될 겁니다.

스텝 1 사전 준비

도구에 대해 언급했더니 제가 요청한 도구를 어떻게 사용할지 '전체 아키텍처(구조)'를 AI가 정리했습니다.

- **구글 시트**: 카페 FAQ(영업시간, 메뉴, 리필 규칙, 콘센트, 예약 등)를 표로 정리
- **구글 앱스 스크립트(백엔드+간단한 프런트엔드)**: 시트를 읽고 OpenAI에 '이 시트 내용을 참고해서 손님 질문에 답해 줘'라고 요청하면 결과를 웹 페이지로 보여주는 웹 앱 배포
- **손님 사용 흐름**: 카페에서 QR 코드로 웹 앱 링크를 제공하고 손님이 휴대폰으로 접속해서 질문하면 AI가 답변
- **버셀**: 도메인/UI/배포 자동화

여전히 모르는 단어가 많겠지만, 당황하지 말고 **언제든지 AI에 질문**하세요.

1단계: 데이터 준비, AI의 머릿속 채우기

이제 다시 바이브 코딩으로 돌아갑시다. 단계별 로드맵을 보면 구글 시트에 **카페 FAQ 데이터베이스**를 만들라고 합니다. 앱의 외관이 아무리 멋져도 내용물이 부실하면 사람들이 사용하지 않습니다. 대부분의 멋진 앱은 충실한 데이터를 기반으로 합니다. 우리가 만들 앱도 마찬가지입니다.

잠깐! 데이터는 어떤 사실을 표현하기 위해 기록한 모든 것입니다(58쪽).

AI 챗봇을 만들어 바쁜 시간대에 손님들의 문의에 답하면 좋겠다는 아이디어로 시작했지만, AI 챗봇은 이 카페에 대해 아무것도 모릅니다. 카페와 관련된 정보를 기반으로 답변하는 챗봇을 만들려면 먼저 챗봇이 활용할 수 있는 데이터를 준비해야 합니다. 이 데이터는 곧 챗봇의 두뇌 역할을 합니다.

구글 계정 만들기

만일 아직 구글 계정이 없다면 다음 URL로 접속해 구글 계정을 먼저 만듭니다. 이후 나오는 서비스를 가입할 때는 [Continue with Google] 버튼을 클릭해서 구글 연동으로 가입하기를 권합니다.

- 구글 메일 계정 생성: https://gmail.com

구글 시트는 무료이며 데이터베이스처럼 활용할 수 있다는 장점이 있습니다. 구글 시트 자체는 웹 앱이므로 다양한 방식으로 인터넷에서 활용할 수 있습니다. 여기에 구글 앱스 스크립트 기능까지 사용할 겁니다.

먼저 구글 시트에 카페 정보를 입력합니다. 데이터는 코드에서 가져다 쓰기 좋게 규격을 잘 정의하고 지켜야 합니다. 어려운 일이 아닙니다. '질문'과 '답변'을 정확하게 분리하는 것만으로도 충분합니다. 필요한 정보를 다음과 같이 만들어 채웁니다. 질문과 답변은 많을수록 좋습니다.

잠깐! 여러분은 노션에서 질문과 답변을 복사해 사용하면 됩니다.

표 11-1 구글 시트에 입력할 질문과 답변 예시

id	question	answer	tags	last_updated
1	텀블러(개인컵) 할인되나요?	개인 텀블러 이용 시 음료 1잔당 300원 할인해 드립니다.	텀블러, 할인, 개인컵, 용기	
2	지역화폐(OO페이) 사용 가능한가요?	네, 서울페이 및 제로페이 결제 가능합니다. 카운터의 QR 코드를 이용해 주세요.	지역화폐, 페이, 상품권, 결제	
3	포인트 적립이나 쿠폰이 있나요?	음료 1잔당 도장 1개를 찍어드립니다. 10개를 모으시면 아메리카노 1잔을 무료로 드립니다.	쿠폰, 적립, 도장, 스탬프, 무료	

데이터를 구글 시트에 어떻게 입력해야 할지 감이 잡혔나요? AI는 방대한 데이터를 기반으로 학습하여 뛰어난 논리력과 지식을 갖추고 있지만 여러분의 카페에 대해서는 모릅니다. 챗봇의 두뇌 역할을 할 수 있게 카페에 대한 정보를 구글 시트에 정리합시다. 이때 중요한 것은 가능한 다양한 정보를 작성해야 AI 챗봇이 만족스러운 답변을 해준다는 점입니다.

11장은 여러 도구를 오가며 작업합니다. 실습 중에 도구가 바뀔 때마다 여러분이 헷갈리지 않게 **브라우저/서비스** 와 같이 명시하겠습니다.

01 **브라우저/구글 시트** 데이터 입력을 위해 구글 시트(https://docs.google.com/spreadsheets)에 접속해 로그인합니다. 화면에 보이는 여러 링크 중 [빈 스프레드시트]를 클릭해서 문서를 만들겠습니다.

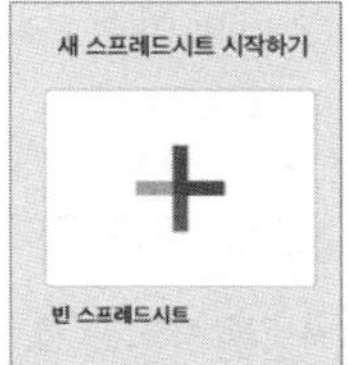

02 [+] 버튼을 클릭하면 엑셀과 비슷한 화면이 브라우저에 뜹니다. 왼쪽 위에 있는 '제목 없는 스프레드시트'를 클릭해서 이름을 '카페 FAQ'로 수정합니다. '카페 FAQ'의 내용은 노션의 데이터를 이용합니다. **노션**에서 '[스텝 1] 1단계 - 02: 구글 시트 데이터'의 펼침 버튼(▶)을 클릭하고 표의 내용을 복사해서 '카페 FAQ'에 붙여 넣으세요.

- **노션 URL**: https://www.notion.so/2bf863f609e7805db21df8643865a919

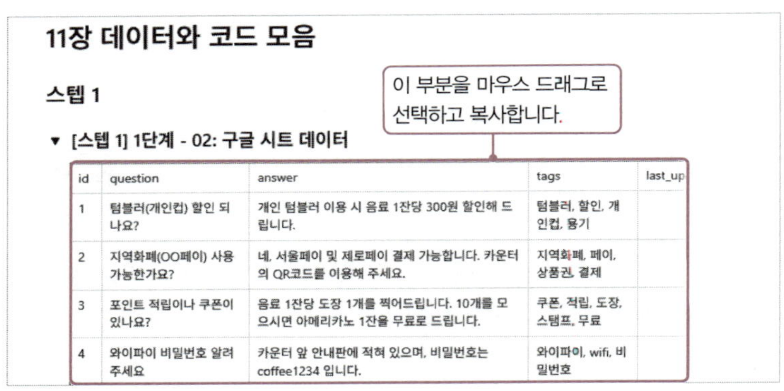

id	question	answer	tags	last_up
1	텀블러(개인컵) 할인 되나요?	개인 텀블러 이용 시 음료 1잔당 300원 할인해 드립니다.	텀블러, 할인, 개인컵, 용기	
2	지역화폐(OO페이) 사용 가능한가요?	네, 서울페이 및 제로페이 결제 가능합니다. 카운터의 QR코드를 이용해 주세요.	지역화폐, 페이, 상품권, 결제	
3	포인트 적립이나 쿠폰이 있나요?	음료 1잔당 도장 1개를 찍어드립니다. 10개를 모으시면 아메리카노 1잔을 무료로 드립니다.	쿠폰, 적립, 도장, 스탬프, 무료	
4	와이파이 비밀번호 알려주세요	카운터 앞 안내판에 적혀 있으며, 비밀번호는 coffee1234 입니다.	와이파이, wifi, 비밀번호	

잠깐! 구글 시트는 거의 실시간으로 자동 저장됩니다.

데이터 준비를 끝냈습니다. 우리가 해야 할 작업 중 가장 첫 번째 작업을 마무리했습니다.

2단계: 계정 준비

자, 본격적으로 코딩을 시작하기 전에 흐름이 끊기지 않도록 두 가지 계정을 먼저 등록해 둡시다. 이 모든 과정은 AI와 대화하면서 중간중간에 해도 됩니다만, 저는 여러분이 마지막까지 코딩에 집중할 수 있도록 사전에 등록하고 시작하기를 권합니다.

버셀과 OpenAI를 이미 사용하고 있다면 스텝 2 149쪽로 넘어가도 좋습니다.

버셀 계정 만들기

11장에서 작성한 코드는 버셀에 업로드할 겁니다. 버셀은 웹 앱을 서비스할 수 있도록 다양한 기능을 제공하는 클라우드 플랫폼입니다. 웹에서 앱을 실행하려면 서버가 필요한데, 그 서버 역할을 버셀이 모두 해줍니다. 무료 계정만으로도 꽤 쓸만해서 개인 프로젝트나 간단한 앱 실행을 위한 환경에 적합합니다. 버셀은 구글 계정으로 쉽게 등록할 수 있습니다. 버셀을 통해 API 중계 서버인 프록시 서버와 웹 프런트엔드 UI를 실행한다는 점을 기억해 둡시다.

브라우저에서 버셀(https://vercel.com/signup)에 접속하면 계정의 목적을 물어봅니다. 두 번째 개인 프로젝트(Hobby)를 선택하고 이름을 입력한 다음 [Continue] 버튼을 클릭합니다. 계정 생성 방식을 물어보는 화면에서는 [Continue with Google] 버튼을 클릭합니다.

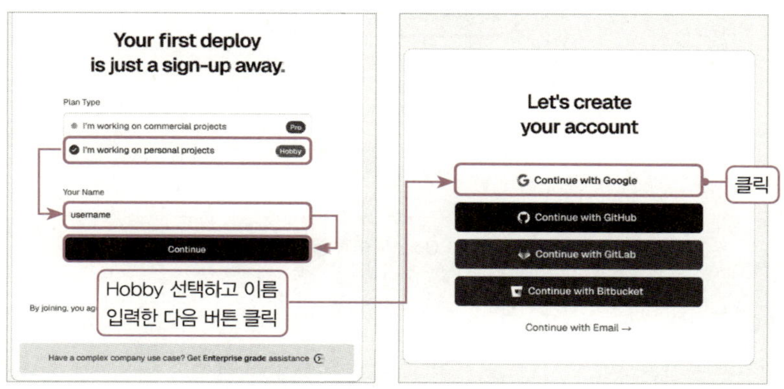

그림 11-2 버셀 계정 등록 화면

OpenAI 계정 만들기

OpenAI는 챗GPT를 만든 회사이며 챗GPT 계정이 이미 있다면 그 계정을 사용하면 됩니다. OpenAI에서는 챗GPT 외에도 AI를 API로 사용하는 방법을 유료로 제공합니다. 11장을 실습하려면 OpenAI API 요금제 중 최저 비용인 5달러를 결제해야 합니다. 실제 서비스를 만든다면 API 이용량에 따라 비용이 많이 발생할 수도 있겠지만, 이 책에서 다루는 수준의 API 통신은 최저 비용으로도 충분합니다. 결제 방식은 나중에 설명할 테니 지금은 계정만 생성합니다. OpenAI의 계정을 생성할 때도 마찬가지로 [Google로 계속하기] 버튼을 클릭해서 구글 메일 계정과 연동하는 방법을 권합니다.

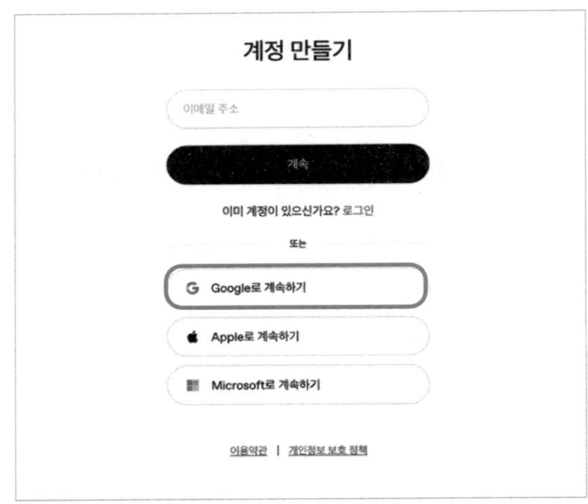

그림 11-3 OpenAI 이용 등록 화면

- **OpenAI API 회원 가입**: https://auth.openai.com/log-in
- **OpenAI 모델별 API 이용 요금 안내**: https://platform.openai.com/docs/pricing

계정을 만들다가 문제가 생겼다면 AI에 물어보고 답을 얻도록 합니다.

스텝 2 API 서버 만들기

AI와 대화할 때는 항상 여러분이 무엇을 어디까지 진행했는지 설명하고 가능한 많은 정보를 전달해야 합니다. 저는 다음과 같이 프롬프트를 입력해 다음 단계를 물어봤습니다.

프롬프트 11-2

'카페 FAQ'로 구글 시트를 만들고 데이터를 입력했고, 버셀과 OpenAI의 계정을 만들었어. 다음 단계로 무엇을 해야 하지?

어떤 흐름으로 진행할지 설명하고 다음 단계를 알려 줍니다.

1단계: OpenAI API 키 발급하기

이번에는 OpenAI API 키를 발급받은 다음에 구글 앱스 스크립트와 연결하는 방법을 안내합니다. 먼저 OpenAI API 키를 발급받습니다.

01 **브라우저/OpenAI** https://platform.openai.com/api-keys에 접속합니다.

잠깐! 때로는 구글 인증을 한 번 더 요청할 수도 있습니다.

02 로그인한 다음에 오른쪽 위 [+ Create new secret key] 버튼을 클릭합니다.

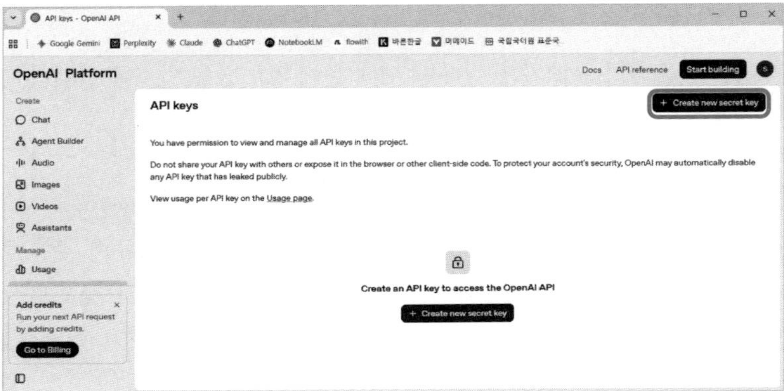

03 API 키를 발급받는 화면이 나오면 Name에는 'cafe-faq-bot-dev-key'를 입력하고 Project는 'Default project', Permissions은 'Restricted', Model capabilities은 'Request', Assistants는 'Read', Files는 'Read'를 선택합니다.

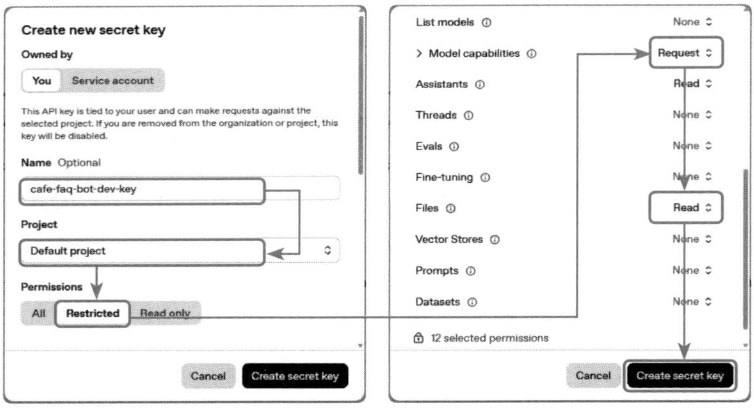

04 키를 복사해서 메모장 등에 꼭 저장하고 [Done] 버튼을 클릭합니다. 보통 OpenAI의 API 키는 sk-로 시작합니다.

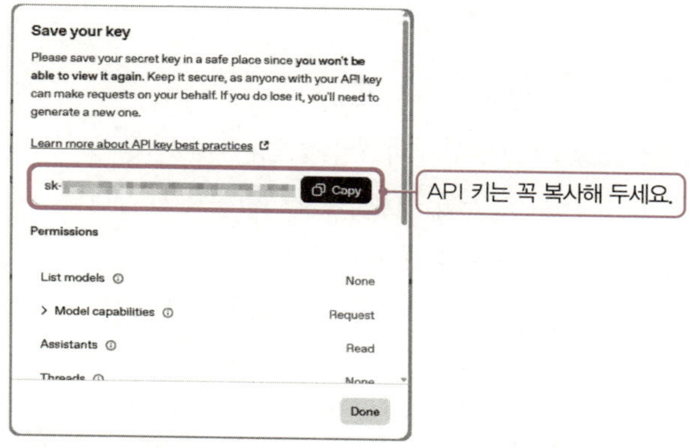

2단계: 구글 앱스 스크립트 열기

'카페 FAQ' 구글 시트를 앱에서 사용하려면 API 서버를 만들어 구글 시트에 접근해야 합니다. 이번 실습에서는 구글 앱스 스크립트로 구글 시트의 내용에 접근하겠습니다. 우리가 만들 API 서버의 역할은 다음과 같습니다.

- 구글 시트의 데이터를 JSON 형식의 정보로 변환하여 반환합니다.

잠깐! API는 프로그램 사이의 소통 창구입니다(70쪽).

잠깐! JSON은 데이터의 이름을 나타내는 키와 내용을 쌍으로 묶은 표입니다(60쪽).

이게 전부라고요? 네, 지금은 이게 전부입니다. RAGRetrieval-Augmented Generation, 검색 증강 생성나 MCPModel Context Protocol와 같은 기술을 이용해서 더 복잡도 높은 앱도 개발할 수 있지만, 우리에게는 아직 이릅니다. 이번 장의 예제를 따라 해 보고 책의 후반부에서 이야기할 앞으로의 성장 방향성을 읽고 나면 RAG, MCP 등을 도전하는 독자가 있을 거라 믿습니다. 바이브 코딩과 함께하면 RAG나 MCP도 결코 어려운 기술이 아닙니다.

구글 앱스 스크립트 개발 환경을 열어 봅시다.

01 **브라우저/구글 시트** **스텝 1** 의 1단계에서 만들었던 '카페 FAQ' 구글 시트를 열고, 메뉴에서 [확장 프로그램] - [Apps Script]를 선택합니다. 새 창에 구글 앱스 스크립트의 개발 환경이 열립니다.

잠깐! 구글 시트에 접근하는 방법은 브라우저에서 https://drive.google.com에 접근한 다음 '카페 FAQ'를 검색해서 사용하면 됩니다.

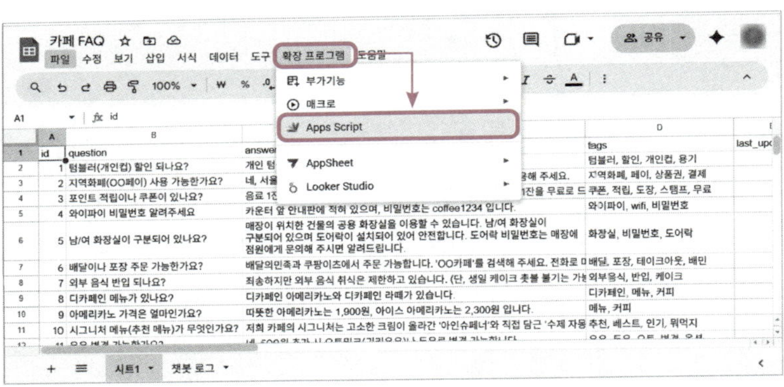

02 왼쪽에는 메뉴와 파일, 라이브러리, 서비스 탭이 보입니다. 오른쪽에는 코드 입력창이 있고 기본으로 제공하는 코드 `function myFunction() {}`이 있습니다. 무엇부터 해야 할지 감이 잡히지 않는, 당황스러운 화면입니다. 하지만 겁먹을 필요 없습니다. AI와 바이브 코딩으로 하나씩

시작하면 됩니다.[1]

바이브 코딩을 시작하기 전에 '제목 없는 프로젝트'를 클릭해서 프로젝트 이름을 'FAQ ChatBot'으로 변경합니다. 그대로 사용해도 좋지만, 어떤 일을 하든 쉽게 식별할 수 있는 이름을 붙여줘야 나중에 헷갈리지 않습니다.

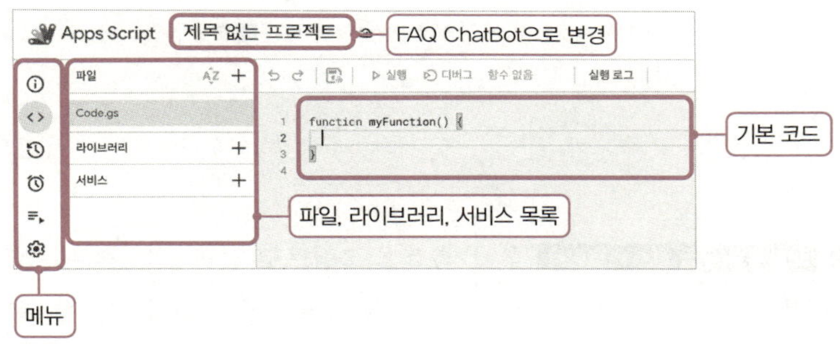

3단계: 구글 앱스 스크립트에 코드 붙여넣기

이 과정은 간단합니다. 다만, 여러분의 프롬프트가 저와 같든 다르든 AI가 제공하는 코드는 완벽히 같을 수는 없습니다. 따라서 저는 여러분에게 제가 제공한 URL의 코드를 사용할 것을 권장합니다. 그래야 이후 과정을 동일하게 사용할 수 있으니까요.

1 11장 예제는 OpenAI API 이용을 전제로 하고 있기 때문에 챗GPT를 사용했지만, 이용 중인 다른 AI 서비스를 이용해도 무방합니다.

01 **노션** 코드 1의 펼침 버튼(▶)을 클릭한 다음 오른쪽의 복사하기 버튼(⧉)을 클릭해서 코드를 복사합니다.

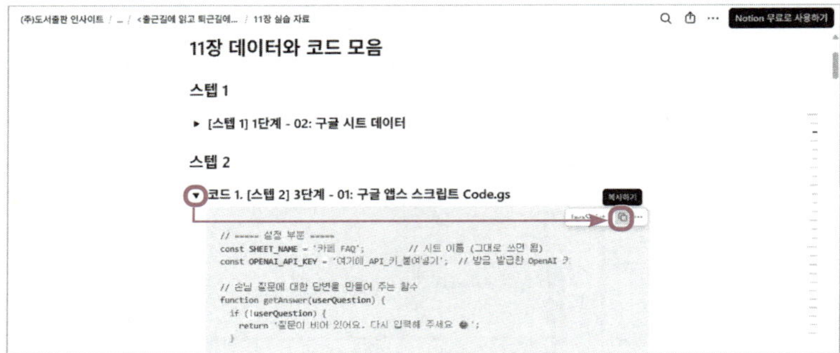

02 **브라우저/구글 앱스 스크립트** 구글 앱스 스크립트 파일의 Code.gs에 있는 내용을 모두 삭제하고 Ctrl + V 를 눌러 복사한 노션의 코드를 붙여 넣습니다.

03 코드 세 번째 줄의 '**여기에_API_키_붙여넣기**'에 앞선 1단계 **04**에서 복사해 둔 OpenAI API 키를 붙여 넣고 저장 버튼(💾)을 클릭합니다.

잠깐! 구글 앱스 스크립트는 자동 저장되지 않습니다. 반드시 입력한 다음에 저장 버튼을 클릭해서 저장하도록 합시다.

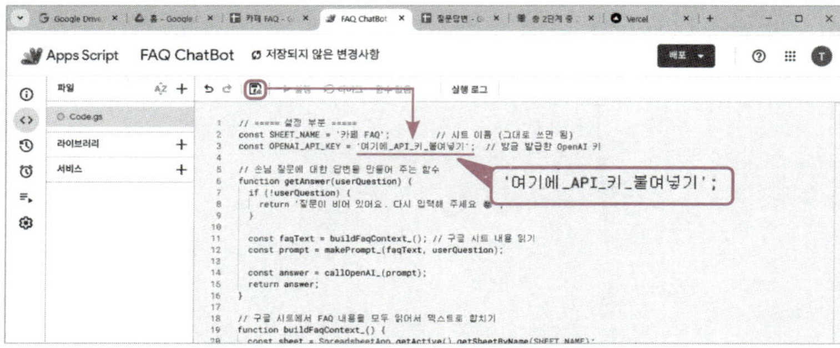

4단계: HTML 파일 만들어 대화창 UI 붙이기

이제 사용자가 볼 화면을 작성해 보겠습니다. 여러 방법이 있지만, 가장 간단하게 구글 앱스 스크립트 내에 만들겠습니다.

01 **브라우저/구글 앱스 스크립트** 화면에서 왼쪽 파일 옆 [+] 버튼을 클릭하고 [HTML]을 선택합니다. 이름은 'index'를 입력합니다. '제목 없음'으로 생성되어도 마우스를 올리면 파일 이름 오른쪽에서 수정할 수 있는 버튼이 보입니다.

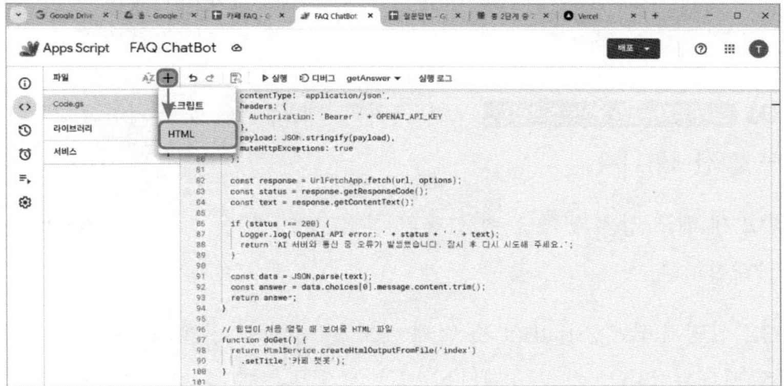

02 **노션** 코드 2를 연 다음 복사하기 버튼( )을 클릭하여 HTML 코드를 복사합니다.

03 **브라우저/구글 앱스 스크립트** index.html의 전체 내용을 삭제하고 Ctrl + V 를 눌러 복사한 코드를 붙여 넣습니다.

04 저장 버튼( )을 클릭해 파일을 저장합니다.

5단계: 웹 앱으로 배포하기

이어서 저장된 코드를 배포해 봅시다. 웹사이트처럼 외부에서 사용하도록 만드는 단계입니다. 구글 앱스 스크립트로 만든 코드가 외부(버셀)에서 호출 가능하도록 하려면 '배포'라는 절차를 거쳐야 합니다.

아직 개발 환경의 UI가 익숙하지 않은 여러분을 위해서 그림을 덧붙여 순서대로 설명하겠지만, 이 과정에서 모르는 점이 있다면 바로바로 AI에 질문하도록 합시다. 예를 들어 '유형 선택을 어디에서 하는지 모르겠어'와 같은 질문을 하면 친절하게 위치를 알려 줍니다. 다음을 따라 배포해 보세요.

01 **브라우저/구글 앱스 스크립트** 오른쪽 위의 [배포] 버튼을 클릭하고 '새 배포'를 선택합니다.

02 새 배포 창의 왼쪽 유형 선택의 설정 버튼(⚙)을 클릭하고 '웹 앱'을 선택합니다.

03 설명에 'FAQ ChatBot 첫 번째 배포'를 입력하고, 웹 앱의 사용자 인증 정보는 '나'로, 액세스 권한이 있는 사용자는 '모든 사용자'로 선택하고 [배포] 버튼을 클릭합니다.

잠깐! 설명에는 코드의 수정 사항을 적는 습관을 들입시다. 설명을 적어 두면 나중에 왜 배포를 새로 했는지 알 수 있습니다.

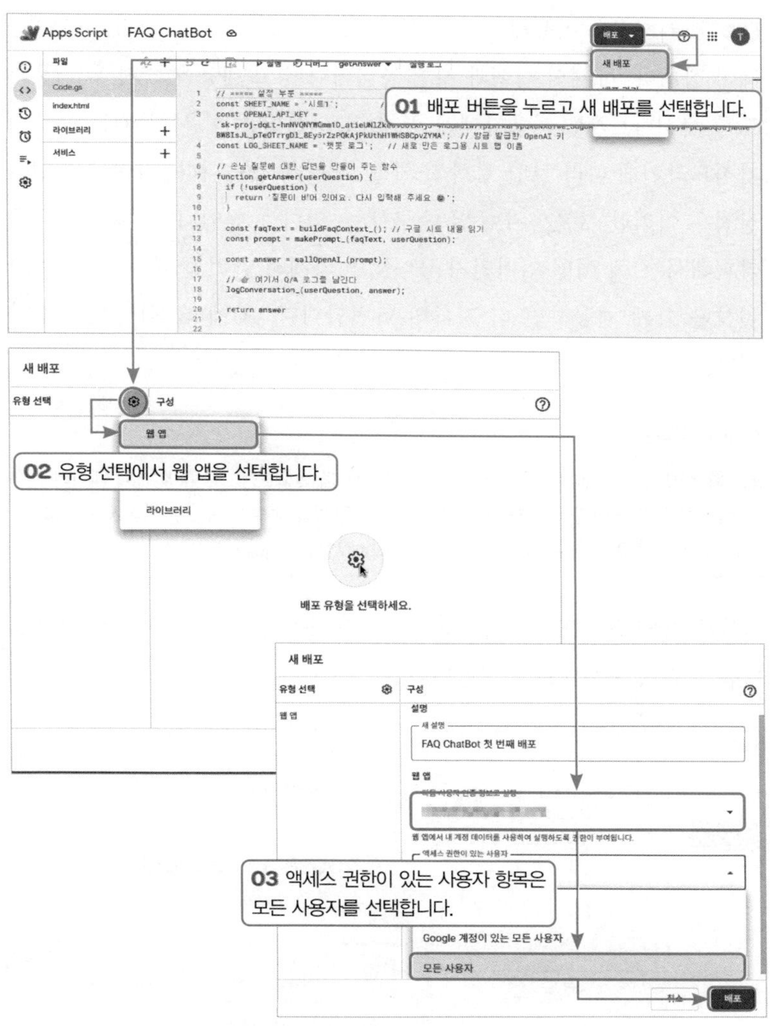

Apps Script FAQ ChatBot
배포
새 배포
01 배포 버튼을 누르고 새 배포를 선택합니다.
파일
Code.gs
index.html
라이브러리
서비스
새 배포
유형 선택
구성
웹 앱
02 유형 선택에서 웹 앱을 선택합니다.
라이브러리
배포 유형을 선택하세요.
새 배포
유형 선택
구성
웹 앱
설명
FAQ ChatBot 첫 번째 배포
웹 앱
03 액세스 권한이 있는 사용자 항목은
모든 사용자를 선택합니다.
Google 계정이 있는 모든 사용자
모든 사용자
취소
배포

04 구글 계정을 이용해 권한을 부여하므로 배포하려면 '액세스 승인'을 해야 합니다. 예제의 실행과 시험 목적이니 경고 내용을 숙지 후 허용하도록 합시다. 외부 사용자에게 공개(코드 실행을 허용)할 때는 구글의 가이드라인에 따라 보안 강화 조치를 하는 게 좋습니다. 바이브 코딩의 장점은 이러한 부분까지도 답을 구할 수 있다는 점입니다. 해당 내용을 카피해서 AI에 어떤 의미인지 물어보면 자세히 알려 줍니다. 화면 스크린샷을 함께 제공하면 더 정확히 답변합니다. AI에 숨 쉬듯이 질문하세요.

AI에 물어보기

코드를 배포하려고 해. 배포 버튼을 누르고 새 배포를 눌렀는데 "웹 앱에서 내 데이터에 대한 액세스 권한 부여를 나에게 요청합니다."라는 안내와 액세스 승인 버튼이 있는 창이 나왔어. 승인 버튼을 눌러도 괜찮은 것일까? 안내 메시지의 의미를 알려줘.

액세스 승인을 해도 안전한 것 같습니다. [액세스 승인] 버튼을 누르고 다음 그림의 순서대로 작업합니다.

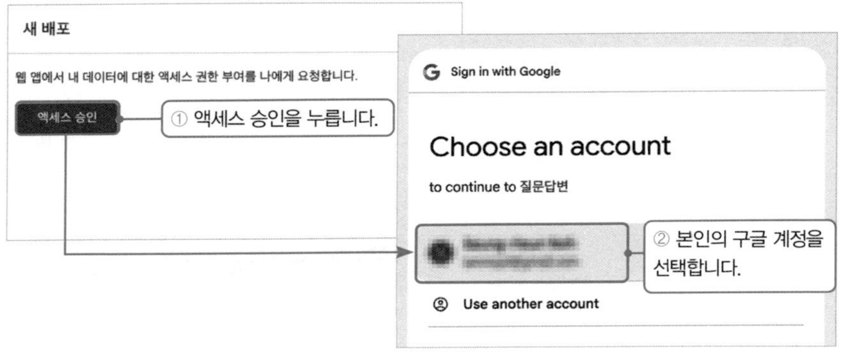

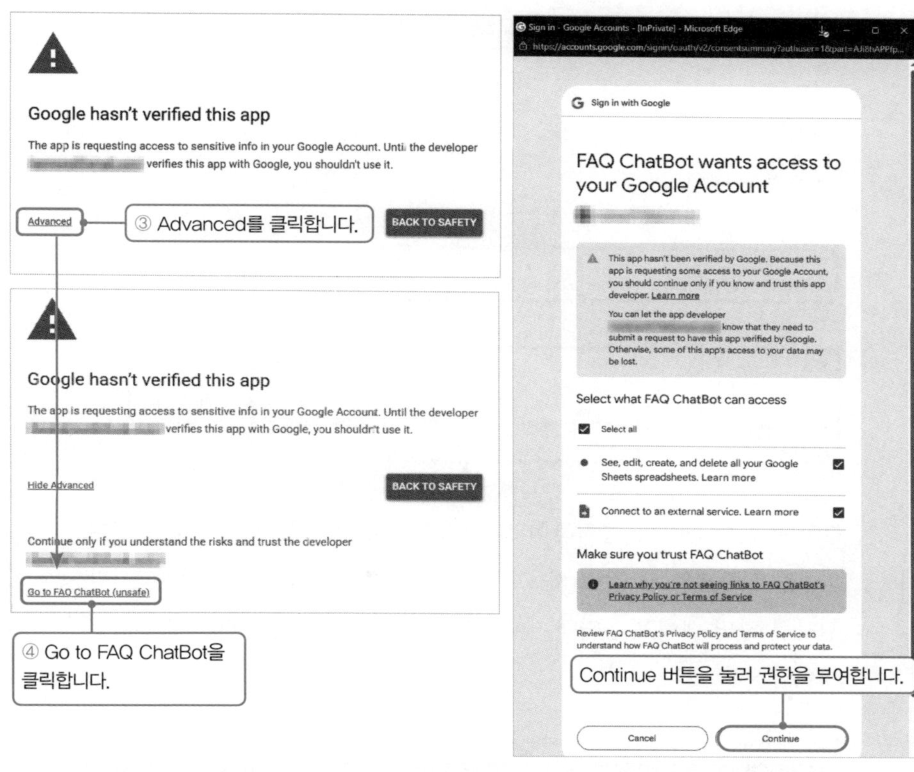

05 정상적으로 배포되면 다음 화면이 보입니다. 이 화면에 있는 배포 ID와 웹 앱은 중요한 정보입니다. 웹 앱은 지금 배포한 웹 앱에 접근할 수 있는 URL 주소입니다. 이 주소를 클릭하거나 복사해 브라우저에 붙여 넣으면 실제 웹 앱이 실행되며 그 결과가 JSON 형식으로 브라우저 화면에 표시됩니다.

잠깐! 이 창은 구글 앱스 스크립트에서 오른쪽 위 [배포] – [배포 관리] 메뉴에서 언제든 열 수 있습니다.

06 웹 앱의 URL을 클릭하여 새 브라우저 창에 뜨는 화면을 확인합니다. 운이 좋게도 제 첫 번째 코드의 화면은 정상으로 보입니다. 하지만 질문을 하면 제대로 동작하지 않을 겁니다. 놀라지 말고 다음 스텝으로 넘어갑시다.

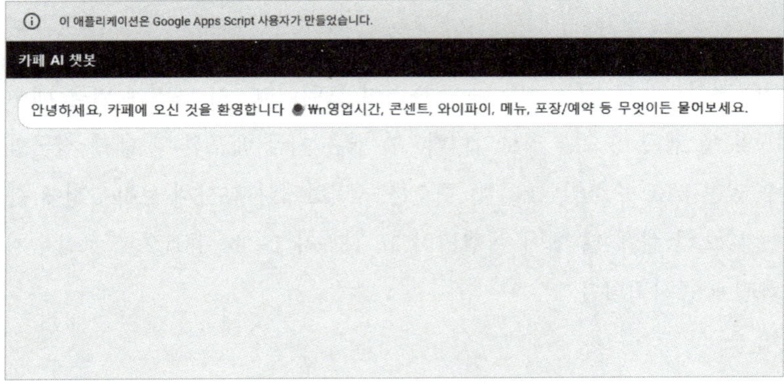

스텝 3 바이브 코딩으로 코드 수정하기

보이는 화면은 그럴듯하지만 이 웹 앱은 제대로 동작하지 않습니다. 이제 이 웹 앱이 제대로 동작하도록 수정할 겁니다. 간단한 수정과 복잡한 코드 수정으로 나눠서 진행하며, 프롬프트를 어떻게 작성하는지 유심히 보기를 바랍니다. 여전히 노션 페이지는 꼭 필요합니다.

- **노션 URL**: https://www.notion.so/2bf863f609e7805db21df8643865a919

1단계: 화면 메시지 수정

첫 코드였는데 그럴듯한 화면이 뜨자 정말 행복합니다. 그런데 화면의 환영 메시지에 있는 '₩n'이 눈에 거슬립니다. 우선 이 문제부터 수정해 보겠습니다.

프롬프트 11-3

지금까지 Code.gs와 index.html을 작성하고 배포하는 것까지 완성했어. 그런데 다음처럼 환영 메시지가 보이는데 ₩n이라고 나오는 부분이 마음에 걸려. 이 부분을 지우고 싶어.

\---

안녕하세요, 카페에 오신 것을 환영합니다 😊₩n영업시간, 콘센트, 와이파이, 메뉴, 포장/예약 등 무엇이든 물어보세요.

이 부분은 책에 설명하지 않아도 여러분이 충분히 수정할 수 있는 부분입니다. 프롬프트 11-3의 AI 답변을 보고 수정해 봅시다. 아, 저는 구글 앱스 스크립트의 index.html에서 207~211행에 있는 코드를 다음처럼 수정했습니다. 몇 번째 행인지는 조금씩 차이가 있을 수 있으니, 여러분은 Ctrl + F 로 이 코드와 같은 코드를 찾아서 수정하기를 바랍니다.

₩를 하나 삭제합니다

```
// ✅ 처음 안내 메시지
    addBubble(
      '안녕하세요, 카페에 오신 것을 환영합니다 ☕₩₩n영업시간, 콘센트, 와이파이, 메뉴, 포장/예약 등 무엇이든 물어보세요.',
      'bot'
    );
```

수정한 다음 저장하고 다시 새 배포를 해야지 웹 앱에 반영됩니다. 배포할 때는 설명에 변경 사항도 적기를 권합니다.

2단계: 디버깅

다시 배포한 웹 앱 URL을 클릭하면 ₩n은 사라지고 줄 바꿈이 된 걸 확인할 수 있습니다. '영업시간을 알려줘'라고 물어봤는데 'AI 서버와 통신 중 오류가 발생했습니다. 잠시 후 다시 시도해 주세요.'라고 답변합니다. 네트워크 문제일 수 있으니 잠시 후 다시 시도해 보았습니다만 답변은 동일합니다. 뭔가 문제가 생긴 듯합니다. 이제 진짜 코드를 수정하는 디버깅을 바이브 코딩으로 진행해 봅시다.

다른 에러 메시지: 이 정보는 현재 등록되어 있지 않습니다.

분명 이런 메시지가 뜨는 독자도 있을 겁니다. 이 메시지를 만난 독자는 **01**이 아니라 **07**(167쪽)부터 따라 하면 됩니다. 그 외 다른 에러 메시지가 뜨더라도 당황하지 말고, 165쪽 프롬프트 11-5를 참고해서 AI에 물어봅시다.

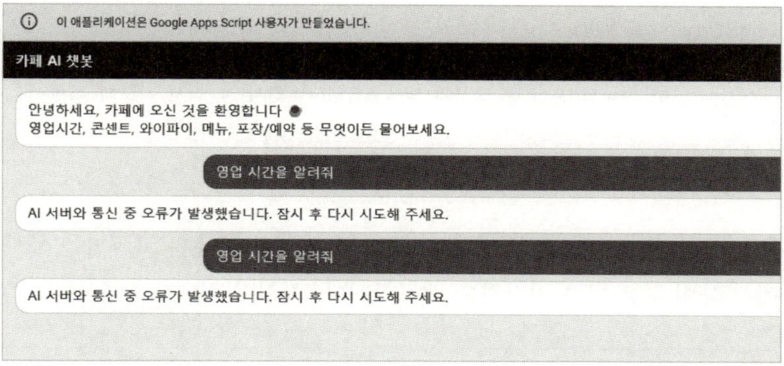

ⓘ 이 애플리케이션은 Google Apps Script 사용자가 만들었습니다.

카페 AI 챗봇

안녕하세요, 카페에 오신 것을 환영합니다 ☕
영업시간, 콘센트, 와이파이, 메뉴, 포장/예약 등 무엇이든 물어보세요.

영업 시간을 알려줘

AI 서버와 통신 중 오류가 발생했습니다. 잠시 후 다시 시도해 주세요.

영업 시간을 알려줘

AI 서버와 통신 중 오류가 발생했습니다. 잠시 후 다시 시도해 주세요.

잠깐! 미리 이야기하자면 이건 결제 문제입니다. 혹시 이미 결제한 독자라면 정상 동작할 겁니다.

01 **브라우저/챗GPT** 다음처럼 프롬프트를 입력하면 AI는 원인을 파악하고 해결 방법을 제안합니다. 그중 가장 간단한 방법부터 시도하면 됩니다.

프롬프트 11-4

₩을 하나 지워서 코드를 수정하고 재배포했어. 그런데 챗봇에 "영업시간을 알려줘"라고 질문했더니 "AI 서버와 통신 중 오류가 발생했습니다. 잠시 후 다시 시도해 주세요."라고 답변해. 시간을 두고 재질문해도 답변은 같아. 뭐가 문제일까?

세 가지 방법을 안내했는데, 첫 번째와 두 번째 방법으로 해결하지 못했습니다. 아무래도 세 번째 방법인 디버깅을 시도해야 할 거 같습니다. 실은 여러분이 본 에러 메시지는 코드에 그대로 있는 내용이라서 정확하게 어떤 에러인지 불분명합니다. 디버깅하려면 에러 메시지를 정확하게 알 수 있도록 코드를 수정해야 합니다. Code.gs에서 다음 코드를 검색하거나 86행 부근으로 이동합니다.

잠깐! 노션에서 **프롬프트 11-4**를 클릭해서 모든 방법을 직접 따라 해 봐도 좋습니다.

```
if (status !== 200) {
  Logger.log('OpenAI API error: ' + status + ' ' + text);
  return 'AI 서버와 통신 중 오류가 발생했습니다. 잠시 후 다시 시도해 주세요.';
}
```

02 **브라우저/구글 앱스 스크립트** 앞의 코드를 지우고 **노션**의 코드 3을 복사해서 붙여 넣은 다음 저장하고 배포합니다. 직접 입력해도 좋습니다.

```
if (status !== 200) {
  Logger.log('OpenAI API error: ' + status + ' ' + text);
  return 'AI 서버 오류 코드: ' + status + '\n세부 내용: ' + text;
}
```

03 배포 후 보이는 웹 앱 URL을 클릭하고 질문했습니다. 이번에는 '**서버 오류 코드: 429**'라며 좀 더 긴 에러 메시지가 보입니다. 조금 진도를 나간 듯합니다.

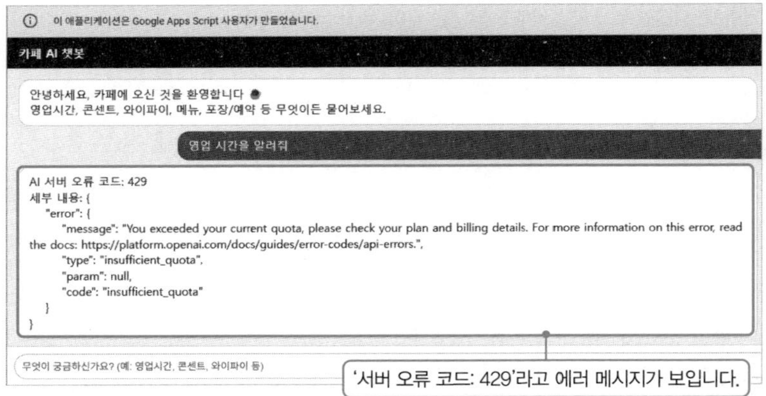

04 **브라우저/챗GPT** 다시 프롬프트를 다음과 같이 입력합니다. AI와 대화할 때는 내가 한 일을 정확하게 입력하고 에러 메시지를 붙여 넣어 주는 일이 굉장히 중요합니다. 단순히 '동작하지 않아'와 같이 불분명한 프롬프트를 입력하는 일이 없도록 주의하세요.

프롬프트 11-5

세 번째 디버깅 방법을 사용해서 코드를 수정하고 배포한 뒤에 재실행하니 다음과 같은 에러 메시지가 보여. 어떻게 해야 하지?

```
AI 서버 오류 코드: 429
세부 내용: {
    "error": {
        "message": "You exceeded your current quota, please check your plan and billing details. For more information on this error, read the docs: https://platform.openai.com/docs/guides/error-codes/api-errors.",
        "type": "insufficient_quota",
        "param": null,
        "code": "insufficient_quota"
    }
}
```

05 **브라우저/OpenAI** AI는 OpenAI 결제에 문제가 있다고 안내했습니다. 브라우저에서 새 창을 열고 https://platform.openai.com/api-keys에 접속하여 로그인하면, 왼쪽 아래에 'Add credits'가 보이나요? 이 메시지가 보이면 여러분도 결제 수단을 입력하지 않았다는 의미입니다. API 키는 생성되지만 결제 방법을 등록하지 않았기에 호출을 할 수 없었던 겁니다. [Go to Billing] - [Add Payment details] 버튼을 클릭하여 결제 정보를 입력합니다.

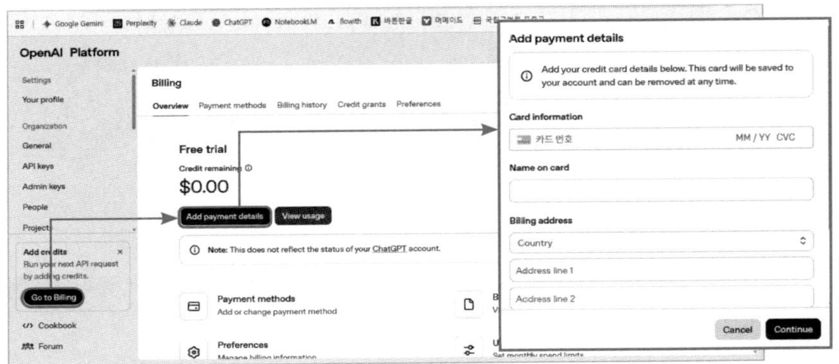

06 결제 정보를 입력하면 충전 금액을 설정하는 화면이 나오는데, 초기 충전금은 최저 5달러 이상 결제해야 합니다. 5달러를 초기 충전금으로 결제하고, 자동 충전은 해제하고 [Continue] 버튼을 클릭했습니다. **자동 충전을 해제하지 않으면 이후 큰 비용을 지불할 수 있으니 반드시 해제하세요.**

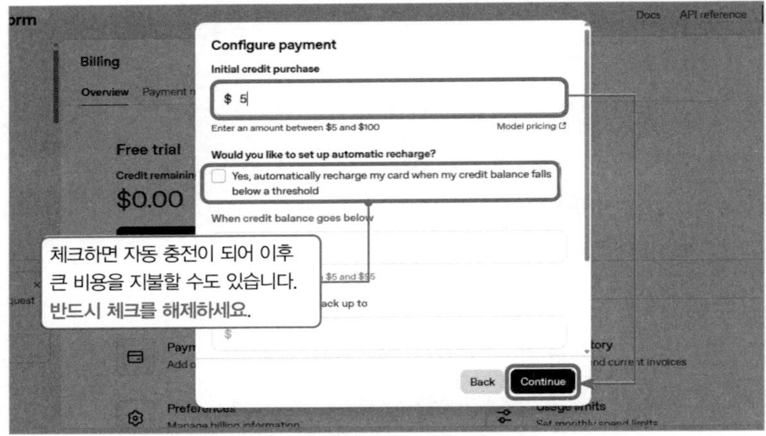

07 **브라우저/웹 앱 URL** 다시 웹 앱 URL로 돌아가서 '영업시간을 알려줘'라고 질문했더니 이번에는 다른 답변을 내놓습니다만 여전히 제대로 동작하지 않습니다. 프롬프트를 다시 입력해서 무엇이 잘못되었는지 확인합니다.

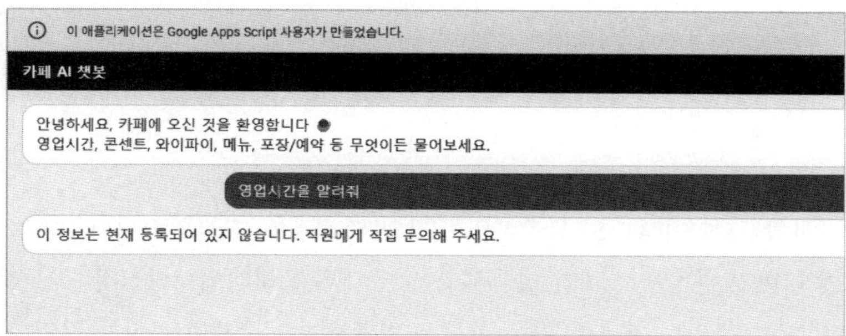

프롬프트 11-6

OpenAI에 카드 정보를 등록한 다음에 다시 웹 앱 URL에 접속해서 "영업시간을 알려줘"라고 했더니 "이 정보는 현재 등록되어 있지 않습니다. 직원에게 직접 문의해 주세요."라고 답변했어. '카페 FAQ' 구글 시트의 id 14에 영업시간이 있어. 왜 제대로 동작하지 않는 걸까?

08 **브라우저/구글 앱스 스크립트** 이번에는 Code.gs 코드의 2행에 있는 '**const SHEET_NAME = '카페 FAQ';**'에 에러가 있다고 알려 줍니다. 구글 시트를 생성할 때 파일명은 '카페 FAQ'로 바꿨으나, 탭 이름은 그대로 '시트1'이었습니다. 다음처럼 Code.gs 코드에서 '**카페 FAQ**'를 '**시트1**'로 수정하고 저장한 다음 재배포합니다. 이제 저장과 배포 과정은 설명하지 않아도 잘하리라 믿습니다.

```
const SHEET_NAME = '시트1';
```

09 다시 웹 앱 URL을 클릭해서 '영업시간을 알려줘'라고 질문하니 잘 대답합니다.

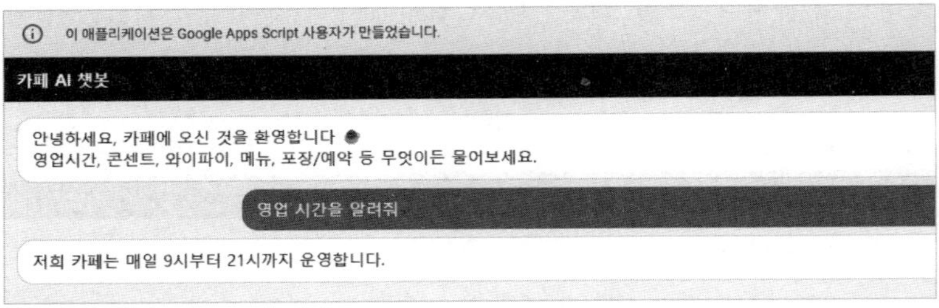

ⓘ 이 애플리케이션은 Google Apps Script 사용자가 만들었습니다.

카페 AI 챗봇

안녕하세요, 카페에 오신 것을 환영합니다 ☻
영업시간, 콘센트, 와이파이, 메뉴, 포장/예약 등 무엇이든 물어보세요.

영업 시간을 알려줘

저희 카페는 매일 9시부터 21시까지 운영합니다.

축하합니다! 여러분은 성공적으로 첫 번째 챗봇을 만들었습니다. 첫 번째 디버깅 과정에서 제가 전달하고 싶은 내용은 하나입니다. **'내가 무엇을 했고, 무엇이 안 된다'라는 사항을 명확하게 전달해야 한다**는 점입니다. 프롬프트를 살펴보면 어디까지 실행했으며, 무엇이 안 된다는 점을 적어둔 것을 확인할 수 있습니다.

프롬프트 작성 꿀팁

1. 질문을 할 때 내가 모른다는 것에 부끄러워하지 말고 질문합니다.

저는 "최종 코드가 전체 코드인 거지? 그 내용 다 붙인다?"와 같은 질문도 해 봤습니다. AI가 답변한 내용을 따라 하다가 모르는 단어가 나오거나 어디서 해야 할지 모르면 그 상황을 그대로 물어보고 다시 답변을 구하면 됩니다. 창피할 필요가 전혀 없습니다. 솔직하게 물어봐야 빠르게 실력이 늘고 빠르게 프로그램이 완성됩니다.

2. 정보를 많이 전달할수록 정확한 답변을 받을 수 있습니다.

'나는 구글 앱스 스크립트를 처음 작성해 봐'라든가 '나는 코드를 전혀 몰라. 그냥 따라 할 수 있는 수준으로 알려줘'처럼 내 상황을 정확하게 묘사하세요. 그리고 여러 가지 항목을 전달해야 할 때에는 행을 나누어 번호를 붙여 AI가 내용을 쉽게 파악할 수 있도록 해 주세요.

3. 그림을 추가해도 좋습니다.

애플리케이션의 흐름을 말로 설명하기 어렵다면 스크린샷으로 찍어서 전달해도 AI는 잘 이해합니다. 그림에 여러 가지 사물이나 내용이 포함되어 있다면 프롬프트에 그림 설명을 포함하면 더욱 좋습니다.

4. 에러 메시지는 그대로 모두 입력하세요.

'오류가 생겼고 동작하지 않는다'처럼 입력하면 AI는 이해하지 못합니다. AI는 내가 무엇을 했는지 어떤 화면을 보는지 전혀 모릅니다. 일을 시키려면 내가 AI의 눈과 손이 되어야 합니다. 정확하게 어떤 오류가 발생했으며 이를 해결해 달라고 요청해야 합니다. 이때, 가장 중요한 것은 에러 메시지를 있는 그대로 모두 입력하는 것입니다. 자의적으로 중요한 부분을 판단하지 말고 AI에 맡기세요.

5. 다양한 선택지 중 무엇을 선택했는지 정확히 전달하세요.

오류를 수정할 때 보통 두 개 이상의 답변을 줍니다. 내가 이 중 무엇을 사용해서 오류를 수정했는지 알아야지, AI는 정확히 내가 한 일을 이해합니다.

프롬프트를 작성하고 답변을 받았다면 이후에는 답변 내용을 허투루 넘기지 말고 다 읽기를 권합니다. 꽤 다양한 지식을 더 배울 수 있습니다.

지금까지 구글 시트의 정보를 API로 응답하는 구글 앱스 스크립트를 작성했습니다. 이로써 API 서버의 개발이 끝났습니다.

스텝 4 실사용 테스트와 로그 기록하기

바이브 코딩을 하면서 저는 제가 주도하지 않습니다. AI가 하자는, 그 흐름에 맡깁니다. 그게 바이브 코딩이니까요. 코드를 수정하는 데 열중했던 탓에 다음 단계로 무엇을 해야 할지 잊었습니다. 저는 부담 없이 어디까지 진행했고 다음 단계는 무엇인지 AI에 물어봅니다.

프롬프트 11-7

코드에서 '카페 FAQ'를 '시트1'로 바꿨더니 질문에 정확한 답변을 해 줘. 코드를 수정하다가 다음 단계가 무엇인지 잊었어. 이제 다음으로 무엇을 해야 하지?

1단계: 실사용 테스트

이번에는 스마트폰과 QR 코드로 테스트하라고 안내합니다. QR 코드를 만드는 일은 바이브 코딩과는 크게 연관이 없어서 건너뛰고 바로 스마트폰으로 테스트하겠습니다.

01 **브라우저/구글 앱스 스크립트** [배포] - [배포 관리]를 클릭하면 웹 앱 URL을 확인할 수 있습니다. 이 URL을 스마트폰으로 보내서 동작하는지 확인합니다. 정상적으로 동작하지만 글씨가 너무 작아서 잘 보이지 않습니다. 10장에서 만들었던 웹사이트는 스마트폰에서도 문제없었습니다. 다시 프롬프트를 입력해서 이 부분을 잘 보이도록 해달라고 요청했습니다.

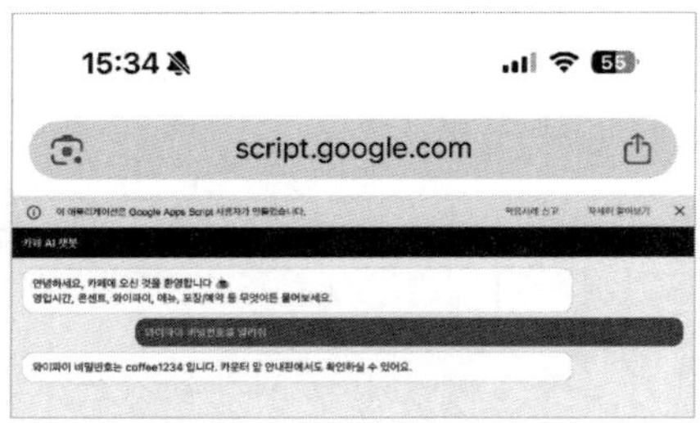

프롬프트 11-8

스마트폰에서 확인하니 너무 작아서 제대로 보이지 않아. 반응형 웹으로 스마트폰에서 앱처럼 볼 수 있는 크기로 수정하면 좋겠어.

02 이번에는 반응형 웹으로 index.html 파일의 전체 코드를 제공합니다. 구글 앱스 스크립트에서 index.html의 내용을 모두 삭제하세요. 그리고 AI가 제공한 **노션**의 **코드 4**를 복사해 붙여 넣습니다. 이어서 [저장] 버튼을 누르고 코드를 재배포한 다음 다시 스마트폰에서 확인해 보겠습니다.

잠깐! 보통 바이브 코딩을 할 때 전체 코드를 제공하지 않고 수정 코드만 제공하는 일이 많습니다. 앞서 **프롬프트 11-1**에서 나의 지식 수준을 '코딩은 전혀 할 줄 몰라'라고 정의했기에 전체 코드를 제공해 줬을 겁니다. 전체 코드를 제공하지 않을 때는 '전체 코드를 제공해 줘'라고 요청하면 받을 수 있습니다.

03 처음보다 가로 폭은 줄었지만 세로 길이가 여전히 너무 길어서 스마트폰에서 보기에는 불편합니다.

프롬프트 11-9

반응형 웹을 만들어 달라고 요청했는데 스마트폰의 크롬 앱에서 확인하니 가로 폭은 줄었지만 세로로 너무 길어서 여전히 글씨가 작게 보여. 상단에 '이 애플리케이션은 Google Apps Script 사용자가 만들었습니다.' 때문인지 처음 화면이 가로로 꽉 찬 화면이 아니야. 스마트폰에서 볼 때는 세로 높이를 일반 스마트폰 앱 크기로 줄이고 글자를 더 키워줘.

---

04 다시 전체 index.html 파일을 지운 다음에 AI가 제공한 코드(**노션**의 **코드 5**)를 모두 붙여 넣고 저장하고 재배포한 뒤 테스트합니다. 이번에도 불만족스러운 화면이지만, AI의 답변 중에 '완전히 배너 없는 순수 웹 앱을 만들려면 버셀에서 배포하라'는 내용이 있어서 이 정도에서 마무리합니다.

잠깐! 사실 저는 **프롬프트 11-9**를 여러 번 수정했습니다. 프롬프트를 새로 입력할 수도 있지만, 새로 입력하면 곁가지가 너무 많아져서 AI가 제대로 이해하지 못할 수 있습니다. 그래서 저는 챗GPT에서 **프롬프트 11-9**에 마우스를 올리면 나타나는 메시지 편집 버튼(✎)을 클릭해서 프롬프트의 내용을 수정했습니다. 이렇게 하면 이후 과정에서 오류를 줄일 수 있습니다.

2단계: 로그 기록하기

스마트폰에서 보이는 화면을 집중해서 수정하다 보니 또 다음 할 일을 잊었습니다. 지금까지 한 일을 알려 주고, 다음 할 일을 AI에 물어봤습니다.

프롬프트 11-10

버셀에서 다시 웹 앱처럼 보이도록 수정할 수 있다고 했으니 지금 제공한 index.html 코드를 최종으로 사용할게. QR 코드는 바이브 코딩의 일부가 아니라서 건너뛰고 다음 단계를 진행하고 싶어. 무엇을 해야 하지?

이번에는 로그를 기록하라고 알려 줍니다. 9장에서 '로그는 단서를 남기는 기록'이라고 했습니다. 혼자서 가끔 사용하는 서비스라서 큰 문제가 없겠지만, 여럿이 함께 사용하는 서비스에서는 문제 상황을 분석해야 하는 순간이 있습니다. 로그는 문제가 발생한 순간에 문제 상황을 푸는 열쇠로 작동합니다.

01 **브라우저/구글 시트** '카페 FAQ' 구글 시트에서 왼쪽 가장 아랫줄을 보면 [+] 버튼이 있습니다. 탭을 추가하는 버튼입니다. [+]를 클릭하여 탭을 추가한 다음 '챗봇 로그'로 이름을 수정합니다.

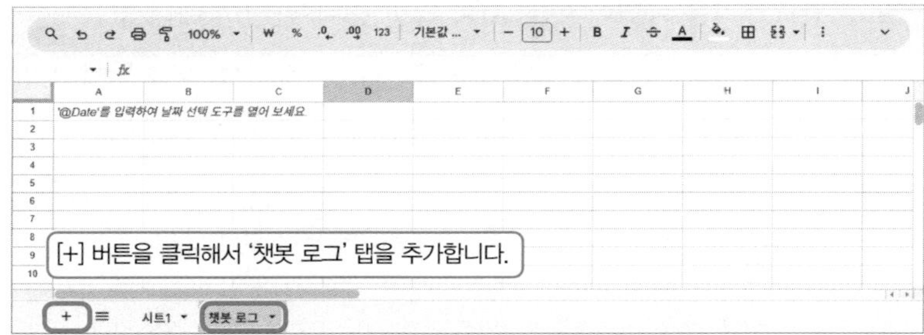

02 1행에 'timestamp, question, answer'를 순서대로 입력합니다. 각각 A1, B1, C1의 값입니다.

	A	B	C
1	timestamp	question	answer

03 메뉴에서 [확장 프로그램] - [Apps Script]를 클릭해서 구글 앱스 스크립트를 엽니다.

04 **브라우저/구글 앱스 스크립트** 지금까지의 과정을 잘 따라왔다면 2행과 3행은 `const`로 시작하고 4행이 비어 있을 겁니다. 비어 있는 4행에 다음 코드를 입력하고 엔터 키를 누릅니다. 이 코드는 로그 탭에 이름을 붙여주는 코드입니다. 만일 4행이 비어 있지 않다면 1행에서부터 `const`라고 적혀 있는 부분 맨 마지막에 한 줄 추가하면 됩니다.

```
const LOG_SHEET_NAME = '챗봇 로그';    // 새로 만든 로그용 시트 탭 이름
```

05 이번에는 로그를 기록하는 동작을 코드로 추가합니다. **노션** 의 코드 6에서 복사하기 버튼을 클릭합니다. Code.gs의 맨 마지막 줄에서 엔터를 입력하고 Ctrl + V 를 눌러서 코드를 붙여 넣습니다.

06 다음은 AI의 답변을 로그로 남기도록 하는 동작을 추가합니다. Code.gs에서 '`getAnswer`'를 검색한 다음에 `return answer;`가 있는 16행 앞에서 엔터 키를 누르고 다음 코드를 입력합니다. 그리고 엔터 키를 눌러 빈 줄을 하나 추가합니다. 이렇게 빈 줄을 추가하는 이유는 코드 간에 하는 일이 다르다는 것을 구분하는 의미입니다. 문단 나누기라고 생각하면 쉽습니다.

```
// ☞ 여기서 Q/A 로그를 남긴다
logConversation_(userQuestion, answer);
```

07 코드 수정은 모두 마쳤으니 저장을 누르고 다시 배포한 뒤에 웹 앱 URL에서 질문했습니다. 답변을 받은 뒤 '카페 FAQ' 구글 시트의 '챗봇 로그' 탭을 확인하니 다음과 같이 질문과 답변이 기록되어 있습니다.

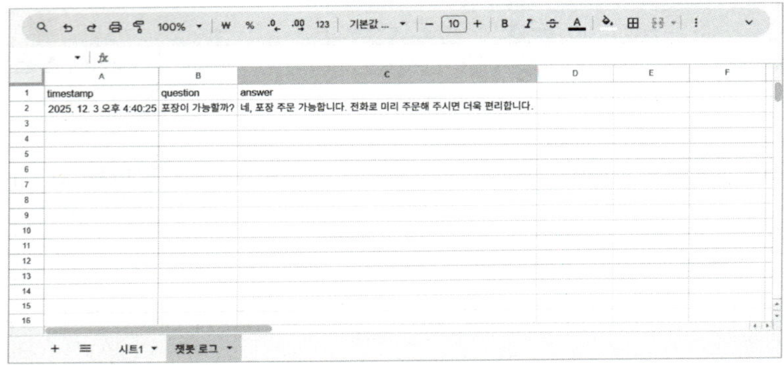

	A	B	C
1	timestamp	question	answer
2	2025. 12. 3 오후 4:40:25	포장이 가능할까?	네, 포장 주문 가능합니다. 전화로 미리 주문해 주시면 더욱 편리합니다.

축하합니다! 챗봇 하나를 뚝딱 만들었습니다. 물론 이 상태로 사용해도 되지만, 우리의 목표는 버셀에서 배포하는 과정까지입니다. 이어서 해 봅시다.

스텝 5 버셀을 사용해 API와 프런트엔드 분리하기

지금부터는 과정이 조금 복잡합니다. 브라우저 외의 도구를 사용하니 집중해서 따라 해 보세요. 저는 AI에 지금까지 한 일을 알려 주고 다음 동작을 요청했습니다.

프롬프트 11-11

'카페 FAQ'에 '챗봇 로그' 시트를 추가하고 Code.gs의 코드를 수정해서 재배포한 뒤 로그 기록이 남는 것까지 확인했어. 이제 버셀을 사용하고 싶어.

AI는 버셀로 프런트엔드를 만들고 구글 앱스 스크립트는 두뇌(구글 시트)와 시트 연결 백엔드로 활용한다고 합니다. 차례차례 바이브 코딩을 해 봅시다.

1단계: 구글 앱스 스크립트를 API로 사용하기

01 **브라우저/구글 앱스 스크립트** Code.gs에서 'doGet'을 찾아봅시다. 여러분이 지금까지 잘 따라왔다면 101~105행쯤에 해당 코드가 있을 겁니다. 이 부분을 모두 지우세요. doGet을 지우라는 건 다음 4행을 모두 지우라는 말입니다.

```
function doGet() {
  return HtmlService.createHtmlOutputFromFile('index')
    .setTitle('카페 챗봇');
}
```

AI에 물어보기

바이브 코딩을 하다가 doGet을 지우라는데 왜 한 줄이 아니라 여러 줄을 지우는 거지? 지우라는 코드는 다음과 같아.

```
function doGet() {
  return HtmlService.createHtmlOutputFromFile('index')
    .setTitle('카페 챗봇');
}
```

02 **노션** 의 코드 7에서 복사하기 버튼을 클릭한 다음 Code.gs에서 doGet 코드를 지웠던 101행에 Ctrl + V 로 붙여넣기를 합니다. 다음이 복사해서 붙여 넣은 코드입니다. 코드를 수정한 다음에는 항상

저장 버튼을 클릭하고 코드를 재배포합니다. 배포 후 웹 앱 URL을 복사합니다.

```
function doGet(e) {
  // 1) q 파라미터가 있으면 API 모드로 동작 (JSON 반환)
  if (e && e.parameter && e.parameter.q) {33
    const userQuestion = e.parameter.q;
    const answer = getAnswer(userQuestion);333

    const output = {
      answer: answer
    };

    return ContentService
      .createTextOutput(JSON.stringify(output))
      .setMimeType(ContentService.MimeType.JSON);
  }

  // 2) 그게 아니면 기존처럼 HTML 페이지 반환 (Apps Script 웹 앱용)
  return HtmlService.createHtmlOutputFromFile('index')
    .setTitle('카페 챗봇');
}
```

03 **새 브라우저** API로 잘 동작하는지 확인해 볼 차례입니다. 새 브라우저 창에 복사한 URL을 붙여 넣고 뒤에 '?q=영업시간을%20알려줘'를 입력한 다음 엔터 키를 누릅니다. 질문에 다음처럼 JSON 형식으로 답하면 제대로 동작했다는 의미입니다.

```
{"answer":"저희 카페는 매일 오전 9시부터 오후 9시까지 운영합니다."}
```

AI에 물어보기

URL 뒤에 입력한 ? 이후의 내용이 무엇인지 알려줘.
https://script.google.com/macros/s/....../exec?q=영업시간을%20알려줘

2단계: 버셀에서 사용할 index.html 만들기

01 앞 단계에서 사용했던 웹 앱 URL(https://script.google.com/macros/s/....../exec)을 복사해서 메모장에 저장합니다.

잠깐! ......이라고 된 부분의 주소는 모두 다릅니다. 각자의 웹 앱 URL에서 확인하세요.

02 **파일 탐색기** cafe-chatbot-vercel 폴더를 하나 만듭니다. 저는 D:\source\ 폴더 아래에 cafe-chatbot-vercel 폴더를 만들었습니다.

03 새로 만든 cafe-chatbot-vercel 폴더로 이동한 뒤 빈 공간에서 마우스 오른쪽 버튼을 클릭한 다음에 [새로 만들기] - [텍스트 문서]를 클릭합니다. html을 만들어야 하는데 여러분의 컴퓨터에는 html 편집기가 없으리라 가정하고 편법으로 우선 텍스트 문서로 만들 겁니다.

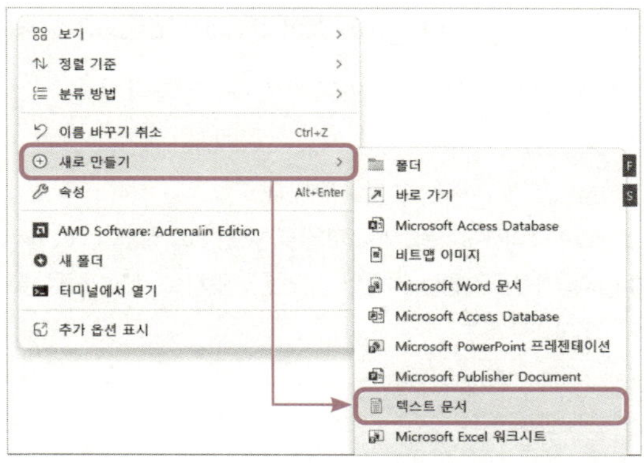

04 '새 텍스트 문서'를 더블 클릭해서 연 다음 **노션**의 코드 8을 복사해서 '새 텍스트 문서'에 붙여 넣습니다.

05 '새 텍스트 문서'에서 Ctrl + F 를 눌러 'const APPS_SCRIPT_URL'을 찾습니다. **'여기에_본인_웹앱_URL_붙여넣기'**를 **01**에서 저장한 URL로 변경하고 저장한 다음에 창을 닫습니다.

06 이제 '새 텍스트 문서'에서 마우스 오른쪽 버튼을 클릭하고 [속성]을 클릭합니다. 파일 이름을 index.html로 변경합니다.

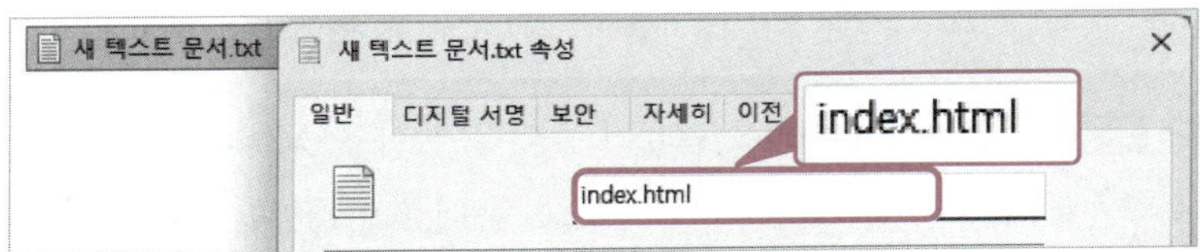

3단계: 깃허브 계정 만들기

깃허브 계정을 만들지 않고 사용하는 방법을 안내하려 여러 프롬프트를 작성해 보았습니다. 깃허브 없이 사용하려면 더 많은 프로그램을 여러분의 컴퓨터에 설치해야 해서 복잡도가 많이 올라갑니다. 따라서 깃허브 설치 과정을 좀 더 자세히 요청하는 프롬프트를 입력했습니다.

프롬프트 11-12

D:\source\cafe-chatbot-vercel 폴더에 index.html 파일을 만들었고, 웹 앱 URL까지 수정해서 저장했어. 다음 단계 설명을 보니 깃허브 계정이 필요한데 깃허브 계정 등록부터 친절하게 설명해 줘.

01 **브라우저/깃허브** https://github.com/signup에 접속한 다음 [Continue with Google] 버튼을 클릭하고 구글 계정 정보를 입력합니다.

02 'Sign up for GitHub' 페이지에서 Username을 입력하고 지역을 선택한 다음 [Create account] 버튼을 클릭합니다.

03 로그인 후 왼쪽 화면에 [Create repository] 버튼을 클릭합니다. 리포지터리를 생성하는 단계로, 리포지터리는 말 그대로 저장소입니다. [Create repository]를 클릭하면 깃허브(코드 관리 협업 공간)에 새 저장소를 만듭니다.

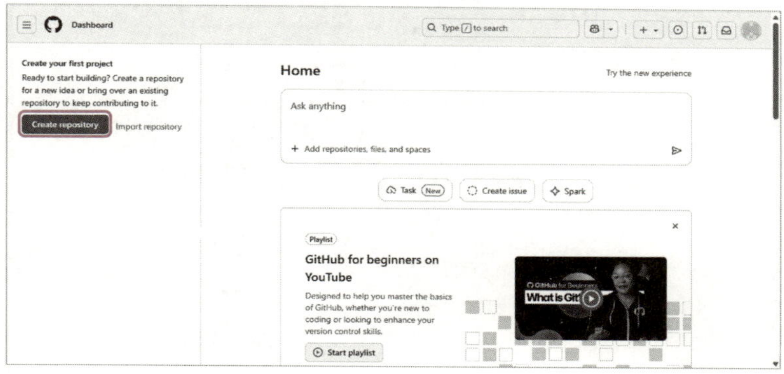

잠깐! 깃허브 계정이 이미 있는 독자라면 깃허브 화면 왼쪽의 [New] 버튼을 클릭합니다.

04 다음 내용을 순서대로 입력한 다음 [Create repository] 버튼을 클릭합니다. 이 리포지터리는 공개 상태로 두어야 버셀에서 사용할 수 있습니다. 올라오는 모든 코드가 공개됩니다.

- **Repository name**: cafe-chatbot-vercel
- **Description**: 카페 AI 챗봇 버셀 프런트엔드

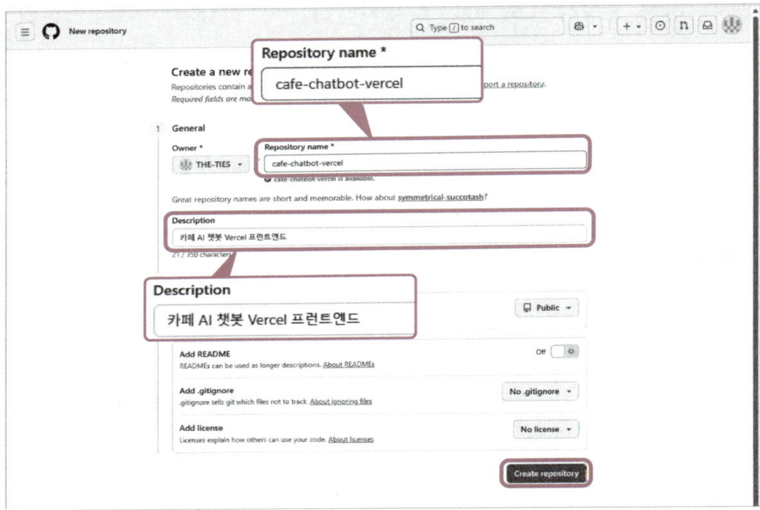

4단계: 깃 설치하고 사용하기

깃허브 계정까지 만들었다면 다음으로 할 일을 다시 AI에 물어봅니다.

프롬프트 11-13

깃허브에 가입했고, cafe-chatbot-vercel 리포지터리까지 만들었어. 다음 할 일을 알려줘.

01 깃을 설치해야 합니다. 브라우저에서 https://git-scm.com/install/에 접속해 각자 사용하는 운영체제를 선택해 파일을 내려받습니다.

02 파일을 다 내려받으면 깃을 설치합니다. 대부분 [Next] 버튼을 클릭하는데, 다음 화면이 나왔을 때는 두 번째 'Override the default branch name for new repositories'를 선택하고 [Next] 버튼을 클릭합니다.

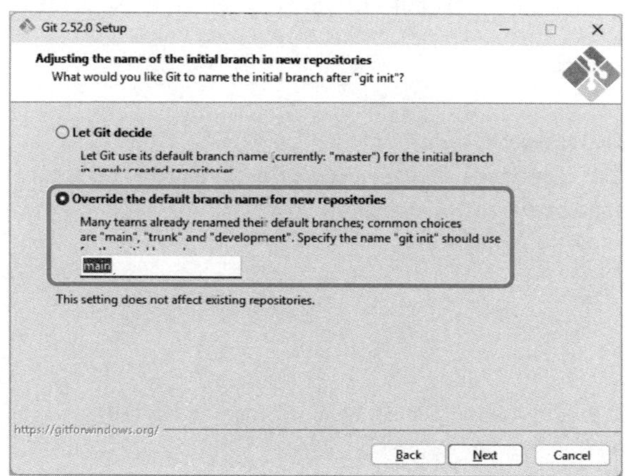

AI에 물어보기

깃 설치 과정에서 왜 'Override the default branch name for new repositories'를 선택해야 할까?

03 **파일 탐색기** 앞서 만든 cafe-chatbot-vercel 폴더에서 마우스 오른쪽 버튼을 클릭하면 '터미널에서 열기'가 보입니다. 이 메뉴를 선택해서 파워셸을 실행한 뒤 '`git --version`'이라고 입력합니다. `git version 2.52.0.windows.1`처럼 버전 정보가 나오면 잘 설치된 것입니다.

```
PS C:\Users\user> git --version
git version 2.52.0.windows.1
```

명령어는 다른 색상으로 표시했습니다. 직접 입력하세요.

잠깐! 파워셸을 직접 실행했다면 cd 명령어로 2단계에서 만들었던 cafe-chatbot-vercel 폴더로 반드시 이동합니다. 저는 'cd D:\source\cafe-chatbot-vercel'을 사용했으며 여러분의 폴더와 위치가 다를 수 있으니 위치를 잘 확인하길 바랍니다.

04 **파워셸** `git init` 명령어를 사용해서 git을 사용할 수 있게 초기화하고 `git status` 명령어로 상태를 확인합니다. 명령 후 내용을 보면 이 폴더에는 'index.html' 파일 하나만 존재한다는 걸 알 수 있습니다. 파워셸 창을 닫지 마세요.

```
PS D:\source\cafe-chatbot-vercel> git init
Initialized empty Git repository in D:/source/cafe-chatbot-vercel/.git/
PS D:\source\cafe-chatbot-vercel> git status
On branch main

No commits yet

Untracked files:
  (use "git add <file>..." to include in what will be committed)
        index.html

nothing added to commit but untracked files present (use "git add" to
track)
```

05 **브라우저/챗GPT** 이제 AI의 안내에 따르면 파일을 업로드할 차례입니다. 업로드하면 index.html은 누구나 볼 수 있습니다. 문득 정말 이 코드를 공개했을 때 문제가 없는지 확인할 필요가 있어 보입니다. 공개하기 전에는 다음과 같은 프롬프트를 입력해서 보안을 한 번 더 검토하기를 권유합니다.

프롬프트 11-14

파워셸에서 git init까지 했고 다음 단계를 할 차례인데 index.html이 공개되어도 보안이나 다른 부분에 문제가 없을까? 나는 잘못된 정보나 개인정보가 공개될까 봐 걱정돼. 확인해야 할 사항을 체크리스트로 만들어 줘.

답변으로 총 4단계에 대해 검토하라고 합니다. 이 중 2단계 답변은 13장에서 다시 한번 이야기합니다.

- **1단계**: 모델 이름 먼저 바꿔보기 (가장 간단한 수정)
- **2단계**: API 키 확인 (가장 많이 틀리는 부분)
- **3단계**: 실제 에러 메시지를 화면에 띄워서 원인 잡기 (디버깅용)
- **4단계**: 에러 코드별로 바로 처리하는 법

06 저는 AI의 답변을 읽고 검토했으나 별문제가 없다고 판단했습니다. 이어서 다음 프롬프트를 입력했습니다. 커밋을 하라고 알려 줍니다.

프롬프트 11-15

확인하니 민감 정보는 없어. 이제 다음 단계를 알려줘.

07 **파워셸** 다음 명령을 입력하여 새 파일 index.html을 추가하고, 현재까지의 작업 내용을 저장합니다.

```
PS D:\source\cafe-chatbot-vercel> git add index.html
PS D:\source\cafe-chatbot-vercel> git commit -m "Initial commit"
```

이 과정에서 에러가 발생하면 어떤 명령어를 사용했는데 이런 에러가 발생했다는 내용과 에러 메시지를 그대로 AI에 물어보면 됩니다. 부디 여기까지 무사히 도착했기를 바랍니다.

5단계: 깃허브에 푸시하기

4단계에서 여러분은 컴퓨터에 있는 파일을 깃허브에 올릴 준비를 완료했습니다. 이어서 깃허브에 올려보겠습니다. 파워셸 창은 닫지 마세요.

프롬프트 11-16

git commit -m "Initial commit" 명령어까지 무사히 완료했어. 이제 다음 단계를 알려줘. 나는 깃허브와 깃을 잘 모르니까 친절하게 순서대로 설명해 줘.

01 **브라우저/깃허브** https://github.com/본인아이디/cafe-chatbot-vercel에 접속합니다.

02 중간에 Quick setup이라는 파란 부분의 URL을 복사하기 버튼을 클릭해서 복사합니다. 본인아이디 부분만 다르고 주소는 다음과 같습니다.

• https://github.com/본인아이디/cafe-chatbot-vercel.git

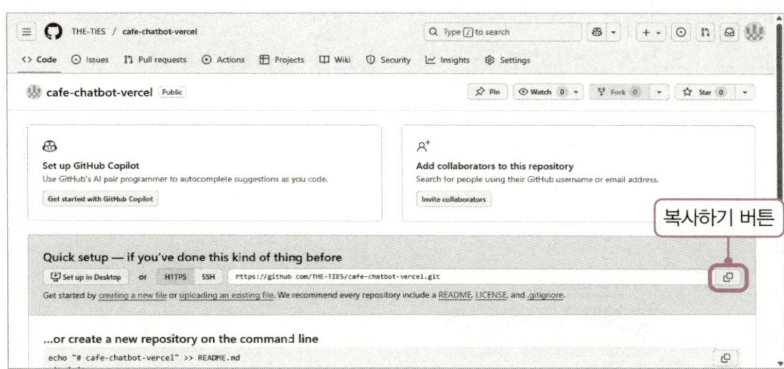

03 **파워셸** 다음과 같이 명령어를 실행합니다. 첫 번째는 내 컴퓨터의 깃 저장소와 깃허브의 원격저장소를 연결하는 명령입니다. 두 번째는 깃허브에 푸시하는 명령입니다.

```
PS D:\source\cafe-chatbot-vercel> git remote add origin https://github.
com/본인아이디/cafe-chatbot-vercel.git
PS D:\source\cafe-chatbot-vercel> git push -u origin main
```

잠깐! 파워셸에서 입력하는 명령은 지면상 줄이 바뀌었을 뿐 모두 한 줄에 적어야 합니다. 특별한 표시가 없다면 빈칸 없이 모두 이어서 적으세요.

AI에 물어보기

git remote add origin 깃주소, git push –u origin main이라는 명령어를 사용했는데, 뭔지 잘 모르겠어. 깃을 처음 써보는데 자세히 설명해 줘.

04 갑자기 다음처럼 브라우저 창이 나타납니다. [Sign in with your browser] 버튼을 클릭하고 계정을 선택하는 화면에서 [Continue with Google] 버튼을 클릭하고 구글 계정 정보를 입력합니다.

05 브라우저 [Authorize git-ecosystem]을 클릭해서 깃허브에 연동합니다. 'Authentication Succeeded' 메시지를 확인하면 성공적으로 깃허브에 연동되었다는 의미입니다. 이후에는 자동 로그인합니다.

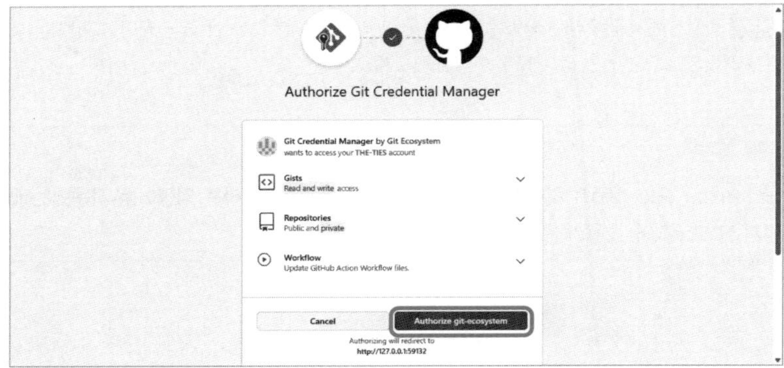

06 **파워셸** 파워셸 화면에 다음 메시지가 보이면 업로드가 성공했다는 뜻입니다.

```
branch 'main' set up to track 'origin/main'.
```

6단계: 버셀에서 배포하기

잘 따라왔나요? 뭔가 대단한 일을 한 듯 뿌듯한 감정이 드나요? 당연합니다! 스스로를 칭찬합시다. 다시 지금까지의 작업 내용을 전달하고 다음에 무엇을 해야 하는지 AI에 물어봅니다. AI는 여러분의 상황을 알 수 없으므로 항상 지금 어디까지 작업했는지와 요청 사항, 이 두 가지를 모두 전달해야 한다는 점을 잊지 말기를 바랍니다.

프롬프트 11-17

branch 'main' set up to track 'origin/main'. 메시지가 뜬 것까지 확인했어. 다음으로 할 일을 알려줘.

AI는 버셀에 배포하는 단계를 설명해 줍니다.

01 **브라우저/버셀** https://vercel.com에 접속한 다음 로그인합니다.

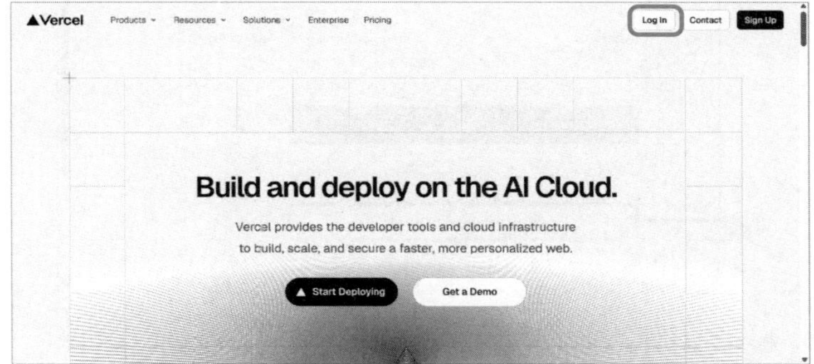

02 다음 화면에서 [Continue with GitHub] 버튼을 클릭하고 다시 [Continue with Google] 버튼을 클릭한 다음 구글 계정 정보를 입력합니다.

잠깐! 이 과정에서 깃허브에 한 번에 로그인이 되지 않는 일이 발생할 겁니다. 원인은 다양합니다만 그중에 [Continue with Google]로 계정을 생성하지 않아서 발생하는 일이 잦습니다. 다시 한번 어떤 방식으로 계정을 생성했는지 확인하고 로그인해 보세요.

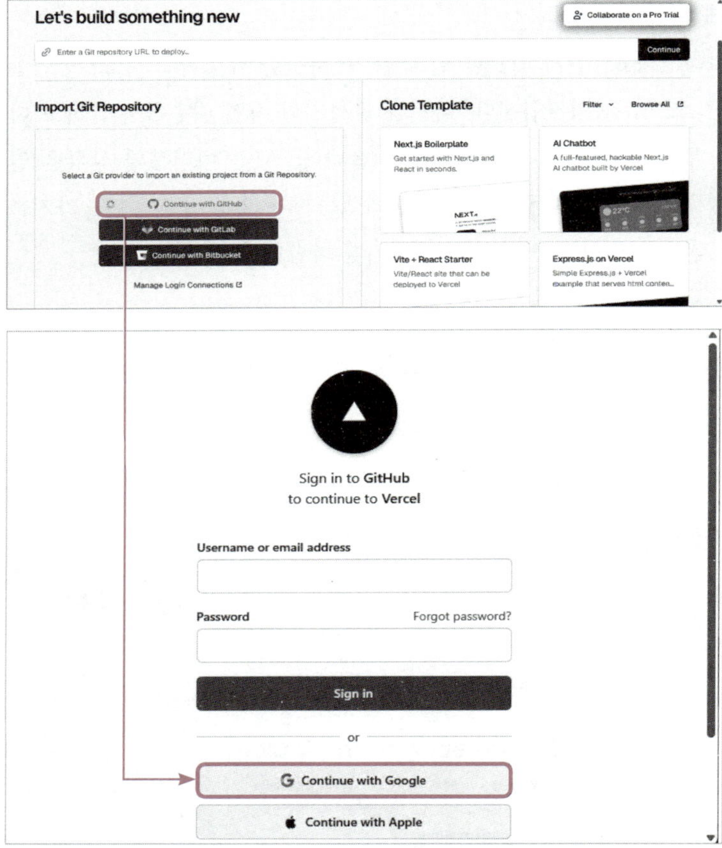

03 AI가 안내한 순서대로라면 'cafe-chatbot-vercel'이 보여야 합니다. 보이는 화면에서 [Import] 버튼을 클릭하고 **05**191쪽 과정을 진행합니다. 만일 화면에 'cafe-chatbot-vercel'이 보이지 않는다면 **04-1**을 진행합니다.

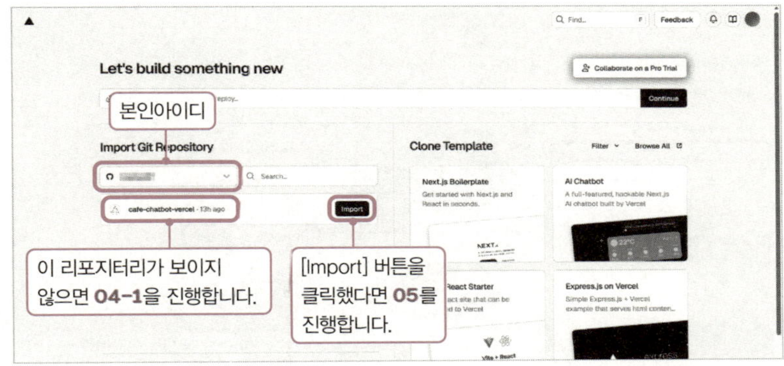

04-1 저는 'cafe-chatbot-vercel'이 보이지 않습니다. AI에서 안내하는 메뉴나 버튼이 보이지 않을 때는 스크린샷을 AI에 제공하고 다시 물어보면 됩니다. 이 방법을 사용하면 내 환경을 정확히 AI에 공유할 수 있습니다. 저는 스크린샷과 함께 다음 프롬프트를 입력했습니다.

잠깐! 최근에 AI를 도입한 서비스는 화면 구성을 자주 변경하는 경향이 있습니다. 이럴 때는 스크린샷을 제공하면 훨씬 정확한 답변을 얻을 수 있습니다.

프롬프트 11-18

버셀에 로그인했는데 이 다음에 무엇을 해야 할지 모르겠어. 네가 알려준 내용과 달라.

04-2 AI는 제가 첨부한 스크린샷을 보고 제 상황을 파악하더니 해야 할 일을 알려 줬습니다. [Adjust GitHub App Permissions →]을 클릭하고

새로 뜨는 창에서 'Applications'의 'Repository access'를 찾아 'All repositories'를 선택하고 [Save] 버튼을 클릭합니다.

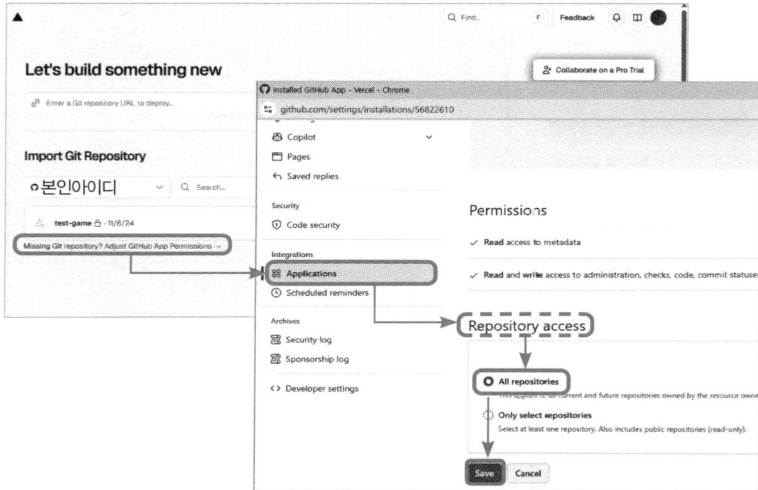

04-3 버셀 화면을 보면 이제 'cafe-chatbot-vercel'이 보입니다. 옆에 있는 [Import] 버튼을 클릭합니다.

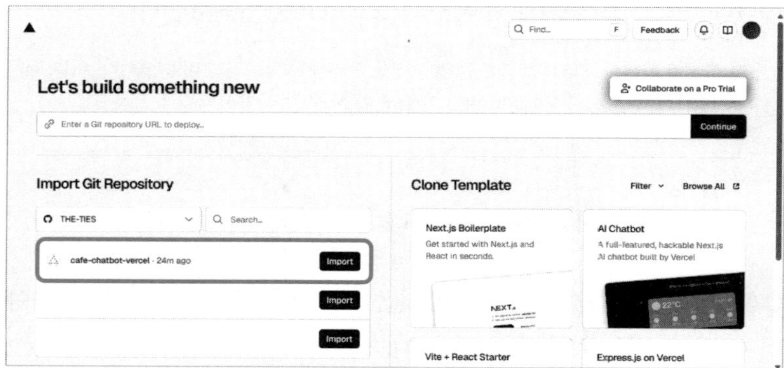

05 화면의 내용은 그대로 두고 [Deploy] 버튼을 클릭합니다. 성공 축하 메시지가 보이면 [Continue to Dashboard] 버튼을 클릭해서 대시보드로 이동합니다.

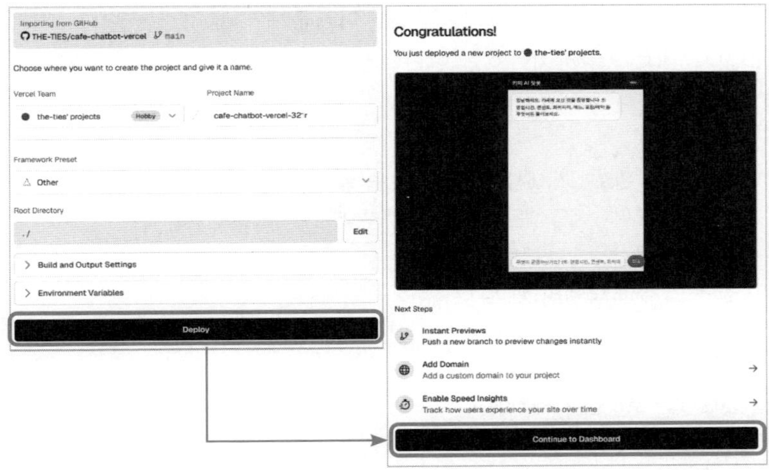

06 대시보드 화면에서 Domains에 보이는 주소가 바로 여러분이 지금 배포한 웹 앱의 주소입니다. 클릭해서 확인해 보세요.

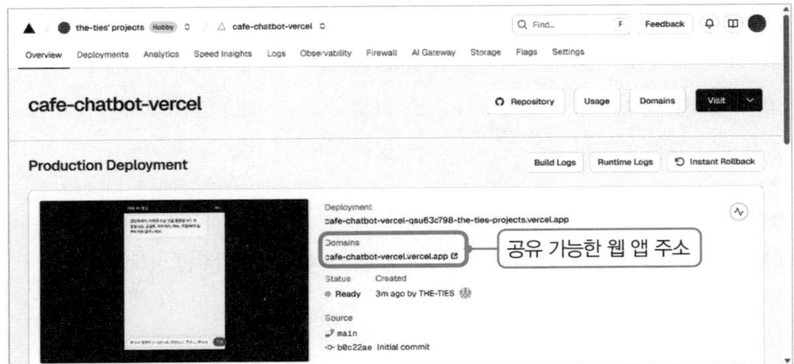

정리

수고하셨습니다. 여러분은 이제 가장 간단한 버전의 챗봇을 바이브 코딩으로 개발했습니다. 이다음으로 나갈 수도 있고, 여기서 마무리할 수도 있습니다. 무엇을 하고 싶은지는 여러분에게 달려 있습니다. 저는 다음 프롬프트를 마지막으로 입력했습니다.

프롬프트 11-19

버셀로 배포를 완료했고, 대시보드에서 URL을 복사해서 브라우저에서 정상 동작하는 것까지 확인했어. 내가 처음 세운 목표와 지금까지 내가 한 작업을 정리해 줘.

다음은 프롬프트에 대한 답변 중 일부입니다.

-- 중략 --

4. 결론: 처음 목표 대비 현재 달성도

목표	달성 여부	설명
손님이 질문하면 AI가 카페 정보를 답하는 웹 앱 만들기	☆ 완전 달성	실제 동작 확인 완료
구글 시트 기반으로 FAQ 관리	☆ 달성	운영자가 직접 관리 가능
Apps Script로 서버 구축	☆ 달성	API 백엔드 완성
Vercel로 실제 배포	☆ 달성	웹에서 완전 정상 동작
스마트폰 최적화 UI	☆ 달성	반응형 레이아웃 완성
챗봇 로그 기능	☆ 달성	이후 개선 가능

정말 훌륭해요.

이제 꽤 진짜 서비스에 가까운 시스템을 설계 - 구현 - 배포까지 완주한 상태입니다.

다음 단계 (선택)

원한다면 다음 중 하나로 진화할 수 있어요:

◈ 1) 손님이 자주 묻는 질문 자동 식별 → FAQ 자동 업데이트
◈ 2) 카페 브랜드 맞춤 톤으로 답변 스타일 튜닝
◈ 3) 버튼 기반 "빠른 질문" 기능
◈ 4) 이미지 업로드 질문(예: 메뉴 사진 인식) 확장
◈ 5) PWA 앱처럼 홈 화면 설치 가능하게 만들기
◈ 6) 시트에서 자동으로 '답변 통계' 시각화

하지만 지금은 하나의 커다란 목표를 완전히 달성한 상태예요.

AI는 지금까지 무엇을 했는지 정리해 주었습니다. 바이브 코딩은 수정을 반복하는 작업입니다. 사실 진행하다가 길을 잃기 마련인데, 이때마다 **AI에 지금까지의 작업을 정리해 달라고 요청하면 다시 길을 찾고 원하는 방향으로 갈 수 있습니다.** 11장에서 여러분이 입력했던 첫 프롬프트를 기억하나요? AI는 이 프롬프트를 기억하고 모든 목표를 달성했다고 답했습니다. 그리고 앞으로 더 할 수 있는 일을 제안하기도 했습니다. 여러분이 어떤 선택을 할지 궁금합니다.

04

진짜 서비스를 위한 고급 지식 쌓기

12장 전문적인 코드 관리법

13장 서비스 개발, 운영의 필수 요소

14장 나의 바이브 코딩 성장 로드맵

12

전문적인 코드 관리법

바이브 코딩으로 실제 동작하는 앱을 만들어 본 소감은 어떤가요? 남의 일처럼 느껴졌던 코딩, 개발이 생각만큼 어렵지 않다고 느꼈다면 다행입니다. 10장과 11장에서는 빠르게 동작하는 앱 만들기에 초점을 맞추다 보니 개발자들이 매일 하는 중요한 몇 가지가 빠졌습니다. 개발자가 아니더라도 여러분이 계속 바이브 코딩을 할 때 필요할 법한 전문 지식을 조금 소개하겠습니다.

4부에서는 2부에서 봤던 내용을 좀 더 깊게 다룹니다. 이번 장에서는 깃과 깃허브의 고급 기능(코드 관리, 변경, 배포)을 살펴봅니다. 그리고 CI/CD를 통해서 어떻게 코드 개발에만 몰입할 수 있는지 배웁니다. 마지막으로는 앱이 정상적으로 동작하지 않을 때 우리가 무엇을 어떻게 해야 하는지 살펴보겠습니다.

지속적으로 잘 동작하는 코드로 관리하기

처음 만든 앱이 의도한 대로 동작할 때 느끼는 희열과 감동은 이루 말할 수 없습니다. 내가 생각한 대로 컴퓨터가 동작하고, 내가 원하는 기능을 사용하는 일은 정말 대단한 경험입니다. 그런데 며칠 뒤 다시 앱을 실행하면 처음에 놓친 실수가 보이거나 잘못 만든 동작이 보여 아쉽습니다.

- "이 버튼은 왜 동작하지 않는 거지?"
- "마지막으로 수정했던 부분이 어디였지?"
- "이거 하려고 여기까지 들어가야 한다고? 말도 안 돼…."

사실 개발자들도 여러분과 똑같이 실수하고 불안해합니다. 아무 문제 없던 앱이 시연할 때 갑자기 작동을 멈추기도 합니다. 게다가 사용자의 사용법은 예측할 수 없습니다. 어디로 튈지 모르는 사용자의 행동을 예상하고 이스터에그[1]를 숨겨두는 개발자도 있습니다.

사용자의 사용법이 어떻든 간에, 앱에 문제가 있다는 말은 코드 어딘가에 문제가 있다는 의미입니다. 하지만 걱정할 필요는 없습니다. 누구의 코드도 완벽하기 어렵습니다. 다만 그런 특성을 감안하더라도 "처음에는 잘 됐으니 지금 안 되는 건 내 잘못이 아니다"라고 사용자에게 말할 수는 없습니다. 그 앱을 책임지는 사람은 앱을 만든 사람이니까요. 이런 이유로 개발자들은 '작동하는 코드'보다 **'관리되는' 혹은 '관리 가능한' 코드를 추구**합니다. 여기서 관리란 언제든 문제를 찾아 해결할 수 있어야 한다는 관점에서의 관리입니다.

깃은 버전 관리를 하는 코드의 타임머신이다

보고서를 작성해서 팀장에게 공유했더니 추가 의견을 보냈습니다. 보고서 문서를 보고서_최종.docx로 복사한 다음에 요청 사항을 반영해서

1 이스터에그는 예측 불가한 사용자를 위한 개발자의 선물인 거죠. 크롬 브라우저를 사용한다면 주소창에 'askew'라고 입력해 보세요. 화면이 기울어지는 대표적인 크롬의 이스터에그입니다. 스마트폰을 갖고 있다면 음성 명령(빅스비, 시리)으로 'lumos(루모스)'라고 말해 보세요. 손전등이 켜질 겁니다.

다시 공유했더니 이번에는 부서장이 의견을 남겼습니다. 보고서_최최종.docx로 복사해 다시 검토 사항을 반영했습니다. 우스갯소리처럼 들리는 최종, 최최종, 최최최종 문서는 언제나 존재해 왔습니다.[2]

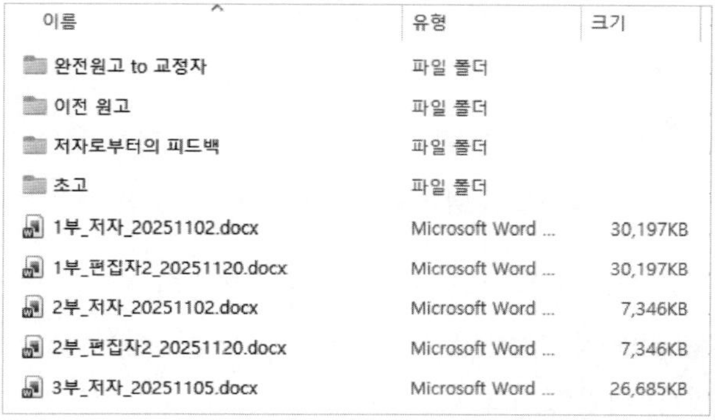

이름	유형	크기
완전원고 to 교정자	파일 폴더	
이전 원고	파일 폴더	
저자로부터의 피드백	파일 폴더	
초고	파일 폴더	
1부_저자_20251102.docx	Microsoft Word ...	30,197KB
1부_편집자2_20251120.docx	Microsoft Word ...	30,197KB
2부_저자_20251102.docx	Microsoft Word ...	7,346KB
2부_편집자2_20251120.docx	Microsoft Word ...	7,346KB
3부_저자_20251105.docx	Microsoft Word ...	26,685KB

그림 12-1 이 책의 원고 버전 관리

특히 문서를 다른 사람에게 공유한 뒤에는 더욱더 바뀐 문서를 식별하고 관리할 필요성이 대두됩니다. 보고서만이 아니라 PPT, 디자인 시안 등 수많은 곳에서 우리는 문서의 생성 순서를 관리합니다. 이를 개발자들의 용어로 **버전 관리**version management라고 합니다.

코드 역시 문서처럼 버전 관리를 합니다. 누가 작성했는지와 관계없이 실제 코드에 변화가 발생하면 이 변화를 효과적으로 관리할 방법이 필요합니다. 매번 코드에 최종, 최최종을 붙이기보다는 아예 버전으로 만들어 관리하고 싶었던 개발자들은 꽤 오래전부터 도구를 만들어 사용했습니다. 이런 도구를 **버전 관리 시스템**이라고 하며, 개발자들은 이 중에서 깃을 가장 많이 사용합니다. 깃은 상당히 간편하고 직관적인 도구라

2 기업에서 많이 활용하는 Box, 구글 독스와 같은 서비스는 동일한 이름을 가진 파일에 대한 버전 관리 기능을 별도로 제공하고 있습니다. 이번 장에서 이야기한 문서의 버전 관리는 전문적인 도구나 서비스를 이용하지 않는 경우를 전제하고 있습니다.

여러분에게도 사용을 권장합니다.

그림 12-2 스택오버플로우 개발자 설문 조사(2023년)의 버전 관리 시스템 선호도[3]

깃은 단순한 코드 버전 관리 도구가 아니라 일종의 코드 타임머신입니다. 내 컴퓨터에 깃을 설치해 사용하면 코드 관리는 물론이고 언제든 특정한(커밋한) 시점의 코드로 돌아갈 수 있습니다. MS 워드 등에서 문서를 복원하기 위해 사용하는 되돌리기 기능(Ctrl + Z)을 코드에 적용했다고 보면 이해가 쉽습니다. 오늘의 코드, 어제의 코드, 심지어는 일주일 전의 코드도 모두 기록되어 고유의 식별자로 관리되고 있습니다.

표 12-1 새 이름으로 저장하기와 커밋 비교

	새 이름으로 저장하기	커밋
단위	파일 단위	프로젝트 전체 단위
연결 방법	수동	자동 연결
저장 내용	단순 문서	메시지, 시간, 작성자, 변경 내역 등 프로젝트 전체의 변경 정보

그렇다고 모든 순간으로 되돌릴 수 있는 건 아닙니다. 정확하게는 커밋이라는 기능을 실행한 순간으로 되돌릴 수 있으며 이는 다른 문서 도구

3 https://stackoverflow.blog/2023/01/09/beyond-git-the-other-version-control-systems-developers-use

에서 사용하는 '새 이름으로 저장하기'와 유사한 기능입니다. 커밋은 이어서 더 자세히 설명하겠습니다.

깃허브는 기록이 남아 있는 협업 공간이다

이름이 닮아서인지 사람들은 깃과 깃허브를 헷갈려 합니다. **깃은 내 컴퓨터에서 사용하는 코드 관리 도구**입니다. 바이브 코딩을 하더라도 깃을 이용해 중간에 코드를 기록하는 일은 중요합니다. AI는 기억에 한계가 있어서 모든 것을 기억해 주지 않기 때문입니다.

그렇다면 깃허브는 무엇일까요? **깃허브는 깃의 웹 저장소이자 협업 공간**입니다. 깃허브를 이용하면 내 컴퓨터에서 깃으로 관리하던 코드를 웹에 동기화해서 언제 어디서든 접근 가능하도록 관리할 수 있습니다. 또 깃허브를 사용하면 코드를 공유할 수 있어서 다른 사람과 함께 코드를 작성하고 관리할 수 있으며 공개된 여러 코드를 열람하고 참고할 수 있습니다. 원하면 공개된 코드의 개선 작업에 참여할 수도 있습니다. 이처럼 깃허브는 일종의 열린 협업 공간입니다.

깃을 이용한 코드 관리의 시작점은 코드의 **커밋**commit입니다. 코드를 커밋한다는 말은 필요한 기능의 구현이나 코드 작업이 완료되었으니 현 시점에서 마침표를 한 번 찍겠다는 의미를 갖습니다. 예를 들어 내 컴퓨터에서 하루 종일 코드를 작성하고 수정해도 코드를 커밋하지 않으면 깃은 변화를 알아차리지 못합니다. 깃에 변경 사항을 알려 주는 동작이 바로 커밋입니다.

그림 12-3 개발자들은 커밋 메시지를 통해 서로의 변경 사항을 알려 줍니다

커밋이 내 컴퓨터 안에서 '여기까지가 한 번의 작업 단위야'라고 깃에 기록하는 동작이라면, 푸시push는 커밋을 깃허브에 올리는 동작입니다. 푸시를 하면 내 컴퓨터에만 있던 변경 이력이 깃허브에 반영됩니다.

AI에 물어보기

깃의 커밋과 푸시를 비개발자가 이해하기 쉽게 설명해 줘.

깃허브를 통해 다른 사람과 코드를 공동으로 개발, 관리할 때도 커밋은 중요한 역할을 합니다. 커밋은 일종의 '나의 코드 개발 일지'와 같은 기록으로, 다른 사람이 수정한 코드에 대한 이유와 배경을 확인하는 데 필수적입니다. 즉, 커밋을 보면 다른 사람의 코드 변경 이력을 확인할 수 있습니다. 개발자들은 커밋에 메시지를 어떻게 남기는 것이 좋은가에 대해 토론할 정도로 커밋은 코드 공동 개발의 중요한 부분입니다. 나 혼자 개발할 때 필요한 기록을 남긴다고만 생각하지 말고, 다른 사람에게 내 코드를 설명한다고 생각하며 커밋 메시지를 남기는 습관을 들이는 것이 중요합니다.[4]

4 커밋은 변경되거나 작업한 내용을 내 컴퓨터 환경에 저장하는 개념입니다. 푸시는 커밋과 달리 그 내용을 원격 저장소(대표적으로 깃허브)에 업로드하는 것이라고 생각하면 이해하기가 쉽습니다.

안전하게 코드를 개발하고 변경하는 방법

우리가 만든 앱은 코드가 적고 비교적 간단했습니다. 아마 여러분이 앞으로 만들 앱은 기능을 추가할수록 코드도 더 많아질 겁니다. 이처럼 코드 개발의 규모가 커지거나 여럿이 함께 개발할 때는 브랜치를 적극적으로 활용합니다. **브랜치**branch는 '가지'라는 뜻이 있는데, 중심에서 갈라져 나온 독립적인 코드 작업 단위를 의미합니다. 일반적으로 코드 변경이 큰 작업이나 실험적인 기능을 추가할 때 사용하는 개념입니다. 이렇게 코드를 분리해서 관리해야 할 때 개발자들은 흔히 '브랜치를 만든다', '브랜치를 딴다'라고 표현합니다. 나무의 가지가 이리저리 뻗어 나가는 것처럼 코드도 여러 방향으로 갈래를 짓고 수정한다고 생각하면 이해하기가 쉽습니다.

브랜치에서 별도로 개발하던 코드나 실험 기능에 문제가 없으면 변경하거나 실험 기능의 코드를 다시 원래의 코드에 합칩니다. 원래의 코드(main)에 따로 작성한 코드 브랜치를 합치는 과정을 **병합**merge, 머지이라고 부릅니다. 병합 전까지 브랜치의 코드는 완전히 독립된 코드로 관리됩니다. 브랜치의 코드를 독립적으로 관리하다 보니 원래의 코드(main)에서 진행된 변경 작업과 겹치는 부분이 있을 수 있습니다. 병합할 때 겹치는 부분이 있으면 '**충돌**conflict**이 발생했다**'라고 표현합니다. 충돌이 발생한 부분은 어떤 코드를 유지하고 어떤 코드를 삭제할 것인지 결정해야 하며, 가끔은 해당 부분을 완전히 새롭게 개발해야 하는 경우도 발생할 수 있습니다. 때로는 오랜 시간에 걸려 개발한 브랜치의 코드가 결과적으로는 사용하지 못하는 상황도 있는데, 이때는 브랜치를 삭제delete합니다. 브랜치를 삭제하면 원래의 코드는 전혀 영향을 받지 않으며 실험, 변경 개발로 만든 코드도 안전하게 폐기할 수 있습니다.

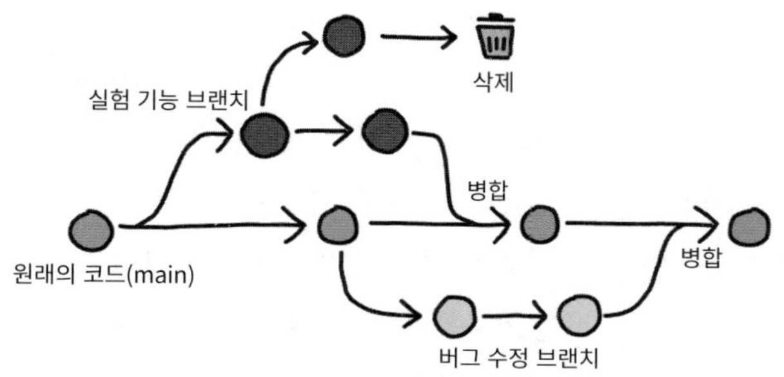

그림 12-4 깃은 브랜치를 통해 유연하게 코드를 개발하고 다양하게 실험할 수 있습니다

코드를 관리하는 일은 이렇듯 여러 가지 시도를 하면서 다른 사람과 함께 개발해야만 하지만 때로는 미련을 갖지 않고 코드를 과감히 폐기할 줄도 아는 용기가 필요한 작업입니다.

자동화의 마법, CI/CD

이번에 다룰 CI/CD는 실은 좀 이른 내용입니다만, 깃과 깃허브를 배웠으니 이어서 설명합니다. 개념이 어려우면 나중에 필요할 때 다시 읽기를 권합니다.

3부의 예제를 통해 우리는 직접 코드를 작성하고 테스트하고 버셀에 배포하는 방법을 살펴봤습니다. 그런데 개발자들도 매일 많은 양의 코드를 우리처럼 협업하고, 작업할까요? 아닙니다. 실제 개발자들은 우리가 배운 방식으로 코드를 개발하고 배포하지 않습니다. 깃과 같은 코드 관리 시스템, 혹은 버셀과 같은 플랫폼의 기능을 활용하여 변경된 코드를 확인하고 적절한 환경에서 코드를 점검하고 배포하는 자동화 시스템을 채택하고 있습니다. 흔히 CI/CD라고 부르는데, CI/CD는 지속적인 통합Continuous Integration, 지속적인 배포Continuous Deployment의 약어입니다.

코드를 수정하고 깃에 커밋한 뒤 깃허브에 푸시할 때는 수정 사항에 문제가 없는지 꼭 확인해야 합니다. 물론 수정한 사람이 자기 컴퓨터에서는 실행해 봤을 겁니다. 하지만 내 컴퓨터에서는 잘 되더라도 그사이에 다른 사람이 코드를 수정했다면 어떤 문제가 생길지 장담할 수 없습니다. 이때 **지속적인 통합**CI이 등장합니다. 지속적인 통합은 코드에 변경이 있을 때마다 자동으로 코드를 조립(빌드[5])하고 테스트하여 합쳐진 코드에 문제가 없는지 미리 발견해 줍니다.

AI에 물어보기

- CI/CD라는 말을 봤는데 뭔지 잘 모르겠어. 나는 비개발자이고 바이브 코딩 책을 보다가 본 용어야.
- 빌드와 배포가 뭐지?

그렇다면 지속적인 배포CD는 왜 필요할까요? 코드가 무사히 통합되면 이제는 이를 사용자 환경과 유사한 곳에 설치(배포)할 차례입니다. 지속적인 통합만으로는 실제 사용자가 겪을 수 있는 모든 문제를 찾아내기 어렵기 때문입니다. 그래서 많은 개발 조직에서는 QA품질 보증 팀이 준비한 테스트 환경에 새 버전을 배포해, 실제와 가장 비슷한 조건에서 앱이 의도한 대로 동작하는지 검증합니다. 이 과정을 자동으로 처리해 테스트 환경(또는 운영 환경)에 올려주는 절차가 바로 **지속적인 배포**CD입니다. 요약하자면, **코드를 합치고 검증해서 실제 서비스에 반영하는 일련의 과정을 자동화한 것**을 개발자들은 줄여서 CI/CD라고 부릅니다.

5 build. 앱을 실행 가능한 상태로 만드는 일

이제 막 바이브 코딩을 시작했다면 "이 정도로 자동화가 필요한가?"라고 생각할 수도 있습니다. 하지만 CI/CD 덕분에 개발자들의 업무 효율이 높아지고 사용자는 더 안정적이고 품질 좋은 앱을 사용할 수 있습니다. 개발 분야에서는 자동화를 꽤 중요하게 여깁니다. 반복되는 작업을 기계에 맡기고, 미리 정의된 규칙에 따라 테스트를 수행하여 앱을 체계적으로 검증하고 배포하기 위해서입니다. 이는 실수를 줄이고 품질을 높이려는 개발자들의 끊임없는 노력이라 할 수 있습니다.

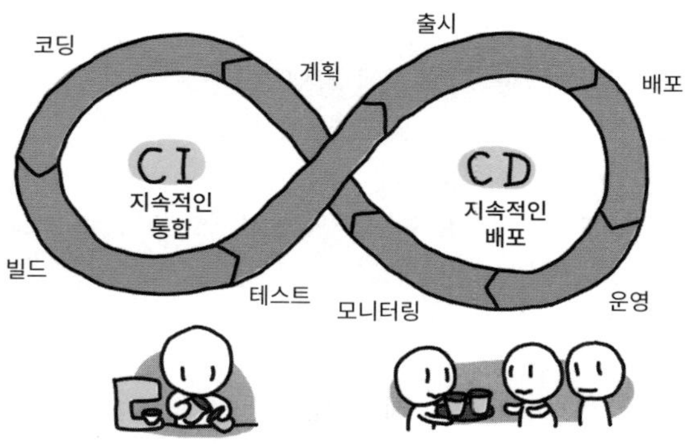

그림 12-5 CI/CD 흐름도

문제를 해결하는 태도, 로깅, 디버깅 그리고 리뷰

세상에 완벽한 것은 없습니다. 아무리 뛰어난 전문가라도 실수를 하고, 예상치 못한 문제에 부딪히기 마련입니다. 개발도 마찬가지입니다. 중요한 것은 문제가 생겼을 때 원인을 빠르게 파악하고 해결하는 능력입니다. 과연 개발 과정에서 발생하는 예상치 못한 문제는 어떻게 해결할 수 있을까요?

컴퓨터 세계에서 문제 해결의 시작점은 바로 로그입니다. 로그는 시스템 상태를 남기는 일종의 기록으로, 우리 일상의 메모와 같습니다.

예를 들어 카페에서 제빙기가 고장 났다고 가정해 봅시다. 다음 근무자에게 이 사실을 알리지 않으면 영업에 차질이 생기겠죠? 또한 사장님에게도 알려야 수리 기사를 부를 수 있습니다. 이때 제빙기의 상태와 문제 내용을 메모지에 적어 공유하는 행위, 이것이 바로 로그의 역할입니다.

언제, 어디서, 어떤 문제가 발생했는지 기록해 두면 나중에 다른 사람이 보더라도 상황을 파악하고 적절한 조치를 할 수 있습니다.

실제 개발에서도 마찬가지입니다. 로그를 살펴보면 문제의 원인을 하나씩 확인하고 근본적인 원인으로 범위를 좁혀갈 수 있습니다. 즉, 문제 해결의 단서는 이미 코드 안에 존재하며, 그 단서를 찾기 위한 첫걸음이 바로 로그입니다.

로그를 분석해 문제점을 찾고 수정하는 작업을 **디버깅**이라고 합니다. 즉, 코드가 오동작하는 원인을 찾아 해결하는 과정입니다. 바이브 코딩을 할 때 "디버깅에 필요한 로그 파일을 반드시 작성하고 어느 파일인지 알려줘"라고 프롬프트를 남기는 습관을 들이면 도움이 됩니다(이미 우리는 11장, 172쪽에서 챗봇 로그를 생성하며 기록하는 방법을 실습했습니다).

그림 12-6 로그는 디버깅의 시작점입니다

로그를 활용한 디버깅에 익숙해지면 아마 여러분에게도 새로운 습관이 생길 겁니다. 어느 웹사이트가 제대로 동작하지 않을 때 "왜 안 되지?"가 아니라 "어디에서 문제가 생겼는지 로그 좀 보고 싶네"라는 생각이 든다면 여러분은 이미 개발자다운 습관을 갖게 된 것입니다.

물론 문제가 발생할 때마다 로그를 검토하는 일은 꽤 지루할 수 있습니다. 새로운 기능을 만드는 즐거움에 비해, 오류를 해결하는 과정은 고되기 때문입니다. 하지만 현업 개발자들도 똑같은 고충을 겪으니 너무 걱정하지 마세요. 아무리 잘 작성한 코드라도 특정 조건에서는 문제가 생기기 마련입니다. 그래서 개발자들은 완벽한 코드를 작성하기보다는 문제 발생 빈도를 줄이는 데 힘을 쏟습니다.

이를 위해 개발자들은 서로의 코드를 살펴봐 주는데, 이 문화를 **코드 리뷰**code review라고 합니다. 하지만 혼자서 바이브 코딩을 하는 여러분 곁에는 코드를 봐 줄 동료가 없습니다. 상심할 필요는 없습니다. AI가 든든한 동료 개발자가 되어 코드를 리뷰할 테니까요.

AI에 코드 리뷰를 맡길 때는 역할을 부여하고 할 일을 구체적으로 정해 줘야 합니다. 단순히 "내 코드를 리뷰해 줘"라고 해도 답변하겠지만, 답변의 품질을 높이려면 다음과 같이 명확한 가이드를 주는 것이 좋습니다.

저는 챗GPT에서 새로운 대화창을 열고 다음처럼 프롬프트와 코드를 입력했습니다.

프롬프트 12-1

너는 지금부터 경험 많은 개발자로서 내가 작성한 코드를 살펴보고 개선점이나 문제점을 찾아내는 코드 리뷰어 역할을 수행할 거야. 다음과 같은 조건을 염두에 두고 코드를 살펴보고 답변해 줘.

목표
1. 코드에 숨겨진 잠재적인 버그를 찾아줘.
2. 동작에 영향을 주지 않는 범위 내에서 불필요한 코드를 찾아줘.
3. 향후 유지보수가 원활할 수 있게 코드를 정리하는 방법도 제안해 줘.

유의사항
전문 개발자가 아닌 사람이 이해할 수 있도록 쉽게 설명해 줘.

챗GPT는 요청한 역할을 완벽하게 이해했다고 답변했습니다. 잠재적인 버그를 찾고 불필요하거나 비효율적인 코드를 개선해 유지보수 하기 좋은 구조로 제안해 주겠다고 하니, 마치 든든한 동료가 생긴 기분입니다.

여러분이 받은 답변은 제 것과 다를 겁니다. 하지만 분명 훌륭한 코드 리뷰어가 되어 주겠다는, 열정 가득한 약속만큼은 똑같이 받았을 겁니다.

좋아! 앞으로 네가 보내주는 코드를 **경험 많은 개발자 관점에서 꼼꼼히 리뷰**해 줄게.

리뷰 기준은 아래 세 가지를 중심으로 삼을게:

✔ 1. 숨겨진 잠재적 버그 찾기

- 로직 오류
- 예외 상황 처리 부족
- 비동기 동작의 문제
- 브라우저/환경 호환성 이슈
- 리소스 로딩 문제 등

✔ 2. 불필요한 코드 제거

- 사용되지 않는 변수, 함수

- 비효율적인 DOM 접근
- 중복된 코드
- 불필요한 import/style/script
- CSS/JS 최소화 가능 부분

✔ **3. 유지보수성을 높이는 개선 제안**

- 더 읽기 쉬운 코드 구조
- 모듈 분리
- 네이밍 개선
- HTML 구조 정리
- CSS 재사용성 향상
- JS 함수 책임 분리

그리고 **전문 개발자가 아닌 사람도 이해할 수 있도록 쉽게 설명해 줄게!**

챗GPT가 리뷰할 코드를 요청하여 저는 11장에서 버셀에 배포했던 index.html 파일(11장 실습, **노션**의 코드 8)을 복사해 붙여 넣었습니다. 아무래도 사용자가 직접 눈으로 보는 코드(프런트엔드)인 만큼 오류가 없기를 바라는 마음이 간절했습니다.

열정 넘치는 코드 리뷰어 역할에 몰입한 챗GPT는 곧바로 장문의 피드백을 제안했습니다. '전문 개발자가 아닌 사람이 이해할 수 있도록 쉽게 설명해 줘'라는 프롬프트 덕분인지 제안 내용은 비개발자가 충분히 읽고 따라 할 수 있는 수준이었습니다. AI의 설명이 여전히 어렵다면 주저하지 말고 '더 쉽게 설명해 줘'라고 다시 요청하면 됩니다.

챗GPT는 요청한 대로 세 가지로 나누어 정리했습니다. 그중 '동작엔 영향 없지만 삭제/정리하면 좋은 코드'에 대한 내용은 다음과 같습니다.

☑ 2. 동작엔 영향 없지만 삭제/정리하면 좋은 코드

✔ (1) max-width와 width=100%가 중복

```
.app {
  width: 100%;
  max-width: 100%;
}
```

max-width: 100%는 필요 없음 → 동일한 값.

✔ (2) flex-shrink: 0이 불필요한 곳

header와 input-area는 기본적으로 높이가 고정되는 구조라 flex-shrink:0이라도 변화가 없음.

필수는 아니지만 있어도 문제 되는 건 아님.

✔ (3) white-space: pre-wrap + word-wrap: break-word → word-wrap은 legacy

overflow-wrap: break-word가 더 현대적인 속성.

답변 말미에는 제안 사항을 모두 반영한 전체 코드도 제공해 줄 수 있다고 덧붙였습니다. 복사해 붙여넣기만 해도 개선된 코드를 바로 적용할 수 있으니, 참으로 매력적인 제안이었습니다. 수정된 코드를 통째로 받을지, 제안 내용을 읽고 공부하며 직접 코드를 수정할지는 여러분의 선택입니다.

무엇보다 중요한 사실은 챗GPT에 코드 리뷰어의 역할을 맡기고 협업한다면 혼자 고민할 때보다 코드의 품질을 더 높일 수 있다는 점입니다.

- 챗GPT 대화 스레드 전문: https://chatgpt.com/share/69378816-50e4-8000-9382-d2108831e18e

개발자처럼 일한다는 것

책의 서두에서, 용어를 정확히 알면 AI와 더 명확하게 소통할 수 있다고 강조했습니다. 물론 이 장에서 설명한 내용 중에는 여러분이 당장 사용하지 않을 용어도 있습니다. 그래서 이번 4부는 일종의 심화편입니다.

흔히 사람들은 개발자를 '특정한 도구를 잘 사용하는 기술자'라고 생각합니다. 하지만 이번 장에서 살펴본 것처럼 **개발자처럼 일한다는 것은 도구를 잘 쓰는 것을 넘어 '생각의 방식'을 바꾸는 것**입니다. 여러분이 개발자가 되든, 되지 않든 간에 바이브 코딩으로 무언가를 만들려면 '개발자의 사고방식'을 따를 필요가 있습니다. 코드를 작성하는 행위 자체보다 어떻게 문제를 정의하고 개선해 나갈 것인가가 훨씬 중요하기 때문입니다.

- 문제를 두려워하지 말고, 기록을 남겨 기록으로 이야기합시다.
- 실패는 자연스러운 과정입니다. 숨기지 말고 브랜치를 만들어 해결해 봅시다.
- 반복적인 일은 어떻게 자동화할 수 있을지를 고민하고 더 효율적인 방법을 찾읍시다.

이러한 사고의 흐름은 개발자만의 전유물이 아닙니다. 기획자, 디자이너, 작가, 학생 누구라도 할 수 있습니다. 여러분이 자기 일을 이처럼 대하고 해결해 나갈 수 있다면, 여러분은 이미 '바이브 코더'로서의 자질을 충분히 갖춘 것입니다.

13

서비스 개발, 운영의 필수 요소

무언가를 새로 만드는 일은 생각보다 쉬울 수 있습니다. 하지만 정말 어려운 일은 만들어낸 결과물을 지속적으로 관리하고 안정적으로 유지하는 일입니다.

바이브 코딩도 마찬가지입니다. AI와 대화를 나누며 동작하는 코드를 만드는 일은 비교적 간단합니다. 하지만 이 코드가 오류 없이 신뢰성을 유지하며 우리 일상에 꾸준히 편리함을 제공하도록 관리하는 데는 꽤 큰 노력이 필요합니다.

우리가 만든 코드가 안전하고 안정적으로 운영되려면 여러 가지 필수 요건을 충족해야 합니다. 이번 장에서는 그중에서도 절대 놓쳐서는 안 될 핵심 요소를 다룹니다. 비록 혼자 사용하는 개인용 앱일지라도 이번 장에서 강조하는 내용만큼은 잊지 말고, 꼭 점검하기를 바랍니다.

갑자기 앱이 동작하지 않는다

오늘날 대부분의 서비스는 클라우드 환경에서 운영되며 서로 밀접하게 연결되어 있습니다. 대표적인 예로, 클라우드 서비스인 AWS에 장애가 발생하면 노션이 멈추고, 네트워크 인프라 기업인 클라우드플레어에 문제가 생기면 챗GPT가 동작하지 않을 수 있습니다.

불과 얼마 전, 2025년 11월에도 클라우드 인프라 서비스의 장애로 인해 수십 개의 서비스가 동시에 중단되는 사고가 발생했습니다. 이로 인해 일상에서 사용하던 많은 앱이 동작하지 않았습니다. 같은 해 10월에는 국가정보자원관리원 데이터센터 화재로 인해 정부 주요 시스템과 대국민 서비스뿐만 아니라 정부 시스템과 연동된 민간 앱까지 마비되는 일도 있었습니다.

과연 우리가 만든 앱은 이런 사고로부터 안전할까요? 데이터센터 화재와 같은 물리적인 재해는 개인이 완벽하게 대응하기 어렵습니다. 하지만 코드의 결함이나 미흡한 대처로 인해 발생하는 문제는 얼마든지 우리가 충분히 예방하고 대응할 수 있습니다.

어느 날 갑자기 내가 만든 앱이 멈춘다면 우리는 무엇을 해야 할까요? 그리고 그런 순간이 오더라도 피해를 최소화하기 위해, 지금 우리는 무엇을 점검해야 할까요?

비밀번호(API 키)는 코드에 넣지 않는다

앱을 만들다 보면 API와 같은 외부 서비스의 도움을 받습니다. 이때 서로를 식별하기 위해 API 키를 사용하는데 이는 일종의 비밀번호입니다

(전문 용어로는 API 크리덴셜이라고도 합니다). 굳이 비밀번호라고 강조한 이유는 '남에게 절대 노출되어서는 안 되는 중요 정보'이기 때문입니다.

개발 초기에는 기능 구현에 급급해 API 키 같은 중요 정보를 코드에 직접 넣기도 합니다. 이를 하드코딩hardcoding이라고 부르는데 매우 위험한 습관입니다. 만약 이 코드를 깃허브에 올리거나 블로그에 공유하면 어떻게 될까요? 검색 봇이 순식간에 API 키를 수집해 악용할 수 있습니다.

가장 쉽게 떠오르는 피해

- 금전 피해: 종량제 서비스라면 타인이 사용한 비용까지 내가 내야 합니다.
- 서비스 중단: 무료 등급을 사용 중이라면, 타인이 할당량을 모두 소진할 경우 내 서비스에서는 자원을 사용할 수 없어 서비스가 중단될 수 있습니다.

API 키는 앱의 마스터키와 같으므로 절대 코드에 그대로 노출해서는 안 됩니다. 다행히 여러분은 이미 안전한 방법을 경험했습니다. 11장에서 index.html을 배포하기 전에 AI에 보안 점검을 요청했던 것을 기억하나요?

프롬프트 11-14

파워셸에서 git init까지 했고 다음 단계를 할 차례인데 index.html이 공개되어도 보안이나 다른 부분에 문제가 없을까? 나는 잘못된 정보나 개인정보가 공개될까 봐 걱정돼. 확인해야 할 사항을 체크리스트로 만들어 줘.

이때 AI의 답변 중에 '2단계: API 키 확인'이 있었습니다183쪽. 그렇다면 우리는 API 키를 어디에 두었을까요? 11장 스텝 2 의 3단계에서 환경 변수로 처리했습니다153, 154쪽.

구글 앱스 스크립트를 작성할 때 Code.gs의 `const OPENAI_API_KEY = '여기에_API_키_붙여넣기';`를 수정했는데 이때 사용한 `OPENAI_API_KEY`가 환경 변수입니다. 환경 변수는 금고처럼 작동해서 앱이 필요한 순간에만 금고에서 키를 살짝 꺼내서 사용하고 다시 숨기는 역할을 합니다.

AI에 물어보기

API 키는 환경 변수에 저장하라고 하는데, 환경 변수는 어떤 거야? 왜 환경 변수에 저장해야 하지?

물론 서버를 직접 구축하는 수준이 되면 시크릿 매니저secret manager처럼 더 강력한 보안 기술이 필요합니다. 훗날 더 복잡하고 중요한 앱을 개발하는 수준까지 성장한다면 이러한 고급 보안 방법에 대해서도 꼭 학습하길 권합니다.

그림 13-1 비밀번호 보안은 아무리 강조해도 지나치지 않습니다

로그인과 인증

우리는 매일 수많은 서비스를 사용합니다. 요즘은 스마트폰이나 브라우저가 로그인 정보를 저장해줘서 의식하지 못할 때가 많지만, 메일을 확인하거나 학교 성적을 조회하려면 반드시 아이디와 비밀번호를 입력하는 로그인 과정을 거쳐야 합니다. 도대체 이 번거로운 절차는 왜 존재하는 걸까요?

로그인은 시스템에 '이 아이디의 주인은 제가 맞습니다. 그러니 제게 맞는 서비스를 제공해 주세요!'를 증명하는 과정입니다.

로그인이 완료된 순간, 서비스 화면은 나에게 최적화된 화면으로 바뀝니다. 메일함에는 내게 온 메일만 있고, 장바구니에는 내가 담은 물건만 보입니다. 반대로 말하면 누군가가 내 아이디와 비밀번호를 해킹해서 나를 사칭할 수 있다는 뜻입니다. 인스타그램이나 카카오톡이 해킹되면 친구와의 지극히 사적인 대화를 엿볼 수 있고, 쇼핑몰 계정이 해킹되면 우리 집 주소가 노출될 수 있습니다.

이처럼 '내가 나임'을 증명하는 절차를 전문 용어로 **인증**Authentication이라고 합니다. 인증을 통과했다고 모든 정보를 볼 수 있는 것은 아닙니다. 인증된 사용자에게 '어디까지 접근할 수 있는지' 권한을 부여하는 과정이 필요한데, 이를 **인가**Authorization라고 합니다.

인가에 따라 달라지는 권한

- **쇼핑몰의 일반 회원과 VIP 회원**: 할인율, 전용관 접근 권한 차이
- **회사의 일반 직원과 인사팀**: 직원 정보 조회 권한 차이

인증과 인가는 보안을 지탱하는 가장 중요한 두 축입니다. 지금은 먼

미래 얘기 같지만, 바이브 코딩으로 개발하다 보면 언젠가는 "누가 이 화면을 볼 수 있어야 하는가?"를 고민하는 순간이 반드시 옵니다.

보안은 어렵거나 거창한 일이 아닙니다. '사용자와 정보 사이의 관계(누가 무엇을 볼 수 있는가)'를 명확히 정의하고, 이를 시스템으로 구현하는 일련의 과정입니다.

앱이 멈추지 않게 하는 힘, 유지보수

처음 앱을 완성하고 나면 모든 기능이 의도한 대로 매끄럽게 동작합니다. 특히 외부의 다른 서비스와 연동하는 부분에서 시행착오를 겪었더라도, 완성된 순간만큼은 완벽해 보일 겁니다. 하지만 시간이 흐르면 앱의 동작이 조금씩 삐걱거리기 시작합니다. 잘 동작하던 API의 주소나 정책이 바뀔 수도 있고, 무료 사용 한도가 초과될 수도 있습니다. 혹은 '나중에 고쳐야지'하고 남겨둔 사소한 임시 코드가 뒤늦게 문제를 일으킬 수도 있습니다.

이런 상황이 닥쳤을 때 우리는 무엇을 해야 할까요? 만약 여러분이 개발자처럼 사고하고 있다면 '고장 난 기능을 무작정 다시 만드는 능력'이 아니라 '무엇이, 왜 멈췄는지 찾아내는 능력'이 필요하다는 사실을 이미 깨달았을 겁니다.

이때 필요한 것이 앞서 배운 로그입니다. 로그는 앱이 남긴 일기와 같습니다. 그 안에는 데이터를 불러오다가 실패했다는 정보가 남아 있을 수도 있고, API가 예상과 다르게 응답했다는 내용이 남아 있을 수도 있습니다.

이렇게 남겨진 기록을 읽을 수 있다면, 문제의 범위를 하나씩 좁혀 나갈 수 있습니다. 로그를 읽고 문제를 확인하는 것은 개발자만의 전유물이 아닙니다. 로그를 읽고 이해하려는 마음만 있다면 비개발자도 충분히 해낼 수 있는 작업입니다. "무슨 오류가 났지?", "어디서 멈춘 거지"라고 궁금해하며 로그를 열어보는 시도, 이것이 바로 유지보수의 첫걸음이자 개발자의 사고방식입니다.

IT 업계에서는 이러한 유지보수의 중요성을 빗대어 흔히 '달리는 기차의 바퀴를 갈아 끼운다'라고 표현합니다. 승객이 가득 탄 기차를 멈추지 않고, 속도를 유지하면서 낡은 바퀴를 새것으로 교체하는 모습을 상상해 보세요. 아찔하지만 이것이 바로 운영 중인 서비스를 개선하는 이들의 숙명입니다.

사용자가 앱을 이용하는 도중에도 서비스는 중단되지 않아야 하며, 동시에 내부는 더 튼튼하게 개선되어야 합니다. 즉, 유지보수는 단순히 고장 난 곳을 수리하는 뒤처리가 아닙니다. 서비스라는 기차가 멈추지 않고 계속해서 앞으로 나아가게 만드는 가장 강력한 원동력, 그것이 바로 유지보수가 가진 진짜 무게이자 가치입니다.

그러니 바이브 코딩으로 앱을 만들고 누군가에게 공유해서 사용자가 생겼다면 잊지 마십시오. 유지보수는 앱의 주인으로서 마땅히 해야 할 책임이자 의무입니다.

그림 13-2 달리는 열차의 심장이 계속 뛰게 하는 유지보수의 힘

오류와 대화하는 기술

오류라는 단어를 들으면 무엇이 떠오르나요? 가슴이 답답하고 어쩔 줄 몰라 당황스러운가요? 문제가 발생했을 때 빨리 해결해야 한다는 압박감은 지극히 자연스러운 반응입니다. 개발자들 역시 에러가 발생하면 스트레스를 받습니다. 하지만 발생한 에러 그 자체를 미워하지는 않습니다. 오히려 중요한 순간에 터질 수 있는 문제를 미리 발견해 다행이라고 여기거나, 해결해야 할 도전 과제로 즐겁게 받아들이기도 합니다.

오류를 싫어할 이유는 없습니다. 오류는 언제든 발생할 수 있으며, 더 완성도 높은 앱을 만들기 위해 반드시 거쳐야 하는 과정이라고 생각하면 스트레스를 줄일 수 있습니다.

코드를 실행하다가 다음과 같은 메시지를 만났다고 가정해 봅시다.

```
Uncaught ReferenceError : variable is not defined
```

개발 경험이 적다면 충분히 당황할 수 있는 문구입니다. 하지만 정신을 가다듬고 에러 메시지를 자세히 읽어보면 힌트가 보입니다. 변수(`variable`)가 선언되지 않았고(`not defined`), 이로 인해 참조 오류(`ReferenceError`)가 발생했다는 사실을 유추할 수 있습니다. 아마도 선언하지 않은 변수를 사용했거나, 변수 이름을 오타 냈을 거라는 합리적 추론이 가능합니다.

이처럼 에러 메시지는 코드와 대화를 시작할 수 있는 단서가 됩니다. 사실 여러분은 이 문구를 해석할 줄 몰라도 됩니다. AI에 에러 메시지를 그대로 복사해서 붙여 넣고 의미를 물어보면 되니까요.

이러한 오류를 해결하는 과정이 앞서 말한 디버깅입니다. 디버깅은 출력된 에러 메시지를 읽고, 이해하고, 내 방식으로 해석하는 것에서부터 시작됩니다.

챗GPT에 에러 메시지를 붙여 넣고 "이게 무슨 뜻이야?"라고 물어보세요. 챗GPT는 자세한 원인을 알려 주거나 가능한 시나리오를 제시할 겁니다. 여러분이 겪는 오류는 대부분 이미 많은 사람이 경험한 것이기에 해결 방법도 다양합니다. 챗GPT는 우리에게 자신 있게 수정 방법을 안내해 줄 것입니다.

코드는 손으로, 서비스는 마음으로

개발 과정에서 가장 중요한 것은 무엇일까요? 화려한 코드 작성 기술일까요? 아닙니다. 기술보다 더 중요한 것은 코드를 대하는 태도입니다.

많은 사용자가 오래 사용하는 서비스를 만드는 사람은, 처음부터 완벽한 코드를 만드는 사람이 아닙니다. 문제가 발생했을 때 원인을 찾고,

해결하여 사용자에게 다시 편안함을 돌려주는 사람입니다. 개발자들은 흔히 이러한 능력을 **회복력**resilience이라고 부릅니다.

서비스가 멈추면 로그를 보고, API가 먹통이 되면 최신 문서를 찾아 읽고, 사용자가 불편해하면 개선할 방법을 궁리하는 것, 이것이 바로 회복력입니다.

회복력은 단순한 기술이 아닙니다. 기술은 배우면 그만이지만 회복력은 그렇지 않습니다. 꾸준히 상황을 이해하고 개선하려는 끈질긴 노력이 회복력의 원천입니다. 비록 작은 서비스라 할지라도 매일 돌보고 고쳐가며 성장시킬 수 있다면, 그 자체로 이미 '진짜 서비스'라 불러도 손색이 없습니다. 작은 문제에 일희일비하지 않고 서비스를 지속 가능하게 만드는 힘, 그것은 바로 우리의 꺾이지 않는 마음에서 나옵니다.

> 코드를 만드는 건 손의 일이고, 서비스를 지키는 것은 마음의 일입니다.
>
> 문제를 고치려는 순간부터, 여러분은 이미 개발자입니다.

14

나의 바이브 코딩 성장 로드맵

컴퓨터의 사양이 좋지 못했던 과거에 개발은 생각보다 어렵고 까다로운 작업이었습니다. 컴퓨터의 두뇌인 CPU와 작업 공간인 메모리가 턱없이 부족했기 때문입니다.

당시 개발자들은 제한된 메모리를 최대한 활용하기 위해, 사용이 끝난 메모리는 즉시 비워지도록 꼼꼼하게 코딩해야 했습니다. 하드디스크 용량도 넉넉지 않아서, 파일이나 리소스를 저장할 공간을 아끼고 또 아껴야만 했습니다. 물론, 이제는 모두 옛날이야기입니다.

오늘날의 코딩은 하드웨어 리소스를 예전만큼 신경 쓰지 않습니다. 대부분의 프로그래밍 언어와 환경이 메모리 정리를 자동으로 처리해 주는 덕분입니다. 물론 대형 소프트웨어에서는 여전히 성능 최적화가 중요하지만 요즘은 코드 한 줄을 고민하기보다는 앱이 실행되는 환경(인프라)을 잘 설정하고 관리하는 쪽으로 개발의 중심이 이동했습니다.

바이브 코딩은 여기에서 한발 더 나아가 '본질에 집중하는' 코딩 방식입니다. 복잡한 코드 내부를 깊게 파고들기보다는 '어떤 입력을 넣어서 어떤 출력을 얻을 것인가'에 모든 관심을 쏟습니다.

하지만 이 책을 읽고 있는 여러분은 단순히 '결과가 나오는 것'에 만족하지 않고 조금 더 완성도 높은 앱을 만들고 싶은 분들이라고 생각합니다. 지금까지 책을 읽으며 코딩이라는 새로운 세계에서 조금 더 높은 곳을 향해 계단을 올라가 볼 용기와 욕심이 생겼을 겁니다. 14장에서는 그런 여러분을 위해 앞으로 무엇을 더 학습하고 경험하면 좋을지를 살펴봅니다.

처음 코드를 만들었던 그날처럼

혼자, 또는 AI와 함께 코드를 만들고 오류 없이 의도했던 결과가 화면에 나왔던 순간을 기억하나요? 단순한 문자열 하나를 출력했든, 복잡한 코드로 근사한 결과물을 만들었든, 내가 작성한 코드가 처음 살아서 움직이던 그 순간은 아마 뇌리에 깊이 박혀 있을 겁니다. 이 경험은 코드의 길이나 복잡도와 관계없이 단순히 결과가 나왔다는 사실을 넘어 '나도 무언가를 만들 수 있다'라는 가능성의 첫 번째 신호였습니다.

이 책을 처음 펼쳐 든 순간은 어땠나요? 코딩을 이미 경험해 본 독자도 있었겠지만, 내 인생에 코딩의 'ㅋ'도 없었다는 독자도 있었을 겁니다.

하지만 지금 이 문장을 읽고 있다면 이미 그때보다 훨씬 멀리 그리고 잘 걸어온 겁니다. API를 연결했고, 데이터를 불러왔으며, 심지어 내가 만든 코드를 세상에 배포까지 해봤습니다.

말 그대로 전문 개발자가 하는 일과 크게 다르지 않은 과정을, 여러분은 이 책을 읽으며 성공적으로 해낸 것입니다. 이제부터는 '코드를 만들 줄 아는 사람'을 넘어 '코드를 잘 만드는 사람'으로 성장할 시점입니다.

내 코드를 읽으며 기초 다지기

3부에서 바이브 코딩을 함께하며 제가 강조했던 점이 있습니다. '당장은 생성된 코드의 내용을 이해할 필요는 없다'라는 점입니다. 코드 한 줄 한 줄을 해석하기보다는 어떤 단계를 거쳐서 코드가 만들어지고 사용할 수 있게 되는지, 그 전체적인 흐름에 집중했습니다. 흔히 말하는 '나무가 아닌 숲을 보자'는 이야기를, 저는 실습을 통해 간접적으로 강조했던 셈입니다.

하지만 지금부터는 그 숲 안에 있는 나무, 즉 코드를 들여다볼 시간입니다. 더 복잡하고 근사한 기능을 만드는 단계로 넘어가기 전에, '도대체 나는 AI와 함께 어떤 코드를 만든 것일까?'라는 근본적인 질문을 품고 결과물을 찬찬히 이해해 볼 필요가 있습니다.

- 화면에 출력된 버튼은 어떻게 만들어진 것일까?
- 버튼을 누르면 어떻게 API가 호출되는 것일까?
- 데이터는 어떻게 불러오는 것이고 어떻게 저장되어 있는 것일까?
- 내 컴퓨터는 어떻게 구글의 서버와 연결되어 동작하는 것일까?

프로그래밍 지식이 부족해 다시 막연한 두려움이 앞설 수도 있습니다. 하지만 걱정하지 마세요. 우리는 이미 AI와 함께 무에서 유를 창조해 낸 경험이 있습니다. 이해가 되지 않거나 어려운 부분이 있다면 주저하지 말고 AI에 코드를 붙여 넣고 물어봅시다. "이 코드가 어떻게 동작하는지를 비개발자도 이해하기 쉽게 설명해 줘", "이 코드 한 줄이 무슨 뜻인지 설명해 줘"와 같이 물으면 AI는 친절하게 설명할 겁니다. 또는 전체 코드를 붙여 넣고 "나는 개발을 모르는데 이 코드의 내용을 알고 싶어.

코드에 자세하게 설명을 넣어 줘"라고 요청하고 전체 코드를 읽는 방법도 있습니다.

코드는 이제 더 이상 난해한 외계어가 아닙니다. 한 번에 다 이해하지 못해도 괜찮습니다. 조금씩 한 줄 한 줄 읽을 수 있게 되는 순간 이미 여러분은 '성장하는 개발자'의 반열에 진입한 것입니다. 그렇게 차곡차곡 쌓인 지식은, 훗날 여러분이 더 역량 있는 개발자로 성장하는 데 든든한 밑거름이 되어 줄 것입니다.

자동화로 작은 불편함 해결하기

학교생활이나 회사 업무를 찬찬히 돌아보면 매일 반복하는 일이 꽤 많습니다. 그중에는 너무 번거로워서 할 때마다 '정말 하기 싫다'고 생각이 절로 드는 일도 있습니다.

"매번 똑같은 일을 해야 해서 정말 귀찮아!"

한 번이라도 이런 생각이 들었다면 바로 그 순간이 새로운 바이브 코딩 프로젝트를 시작할 절호의 기회입니다. 귀찮음은 자동화의 가장 큰 원동력이기 때문입니다.

예를 들어 이런 상상을 해 봅시다. 간밤의 경제 동향을 수집해 구글 시트에 정리하고, OpenAI API를 이용해 깔끔한 보고서 초안을 작성합니다. 그런 다음 버튼 하나만 누르면 이메일을 발송하고 데이터까지 자동으로 갱신되는 나만의 업무 자동화 앱을 만드는 겁니다.

아마 3부에서 사용해 본 서비스와 기술을 떠올리며 벌써 머릿속으로 '어떤 구조로 만들면 되겠다'고 밑그림을 그려본 독자도 있을 겁니다.

바이브 코딩은 거대한 서비스를 개발하는 기술이 아닙니다. 나의 사소한 불편함을 내 손으로 직접 해결할 수 있게 해주는 기술입니다. 이러한 작은 문제를 하나씩 해결하다 보면 어느새 여러분은 바이브 코딩에 능숙한 생활형 개발자로 훌쩍 성장해 있을 겁니다. 일상에서 작은 불편함을 발견했다면 주저하지 말고 AI와 대화하며 해결할 수 있는 방법을 찾아보기를 권합니다.

진짜 서비스를 운영할 수 있는 웹과 서버 기술 익히기

바이브 코딩으로 다양하게 시도하다 보면 어느 순간 '조금 더 그럴듯한 앱을 만들 순 없을까?'하는 생각이 듭니다. 처음에는 코드가 동작하고 목표대로 결과가 나오는 것만으로도 감탄하지만 더 좋은 것을 만들고 싶은 욕심은 끝이 없습니다.

남들에게 보여줘도 부끄럽지 않은, 조금 더 서비스다운 서비스를 만들기 위해서는 우리가 간략하게만 살펴본 웹과 서버를 조금 더 깊게 이해할 필요가 있습니다.

이 책을 통해 우리는 클라이언트(사용자 화면)와 서버(요청을 처리하고 응답하는 역할)가 긴밀하게 협력한다는 사실을 배웠습니다. 또 서버 역할을 대신하기 위해 구글 시트를 활용하기도 했습니다. 하지만 실제 상용 서비스를 만든다면 조금 더 전문적인 도구를 사용해야 합니다.

다음 단계로 구글의 파이어베이스Firebase를 추천합니다. 파이어베이스는 데이터를 체계적으로 관리하는 데이터베이스는 물론, 회원가입/로그인(인증), 이미지 등을 저장하는 스토리지, 구글 앱스 스크립트보다 더 전문적인 웹 호스팅 기능을 제공합니다. 고도화된 앱 개발로 나아가는 중간 단계에서 무척 유용하고 강력한 도구입니다.

이 외에도 기초적인 입문서인 《한 권으로 그리는 컴퓨터과학 로드맵》(2018, 인사이트)을 읽거나 좀 더 본격적으로 UI를 구성하는 프런트엔드와 데이터 처리를 담당하는 백엔드 입문서를 살펴보는 것도 좋습니다.

시중의 서적이나 온라인 강의 등을 통해 인기 있는 프로그래밍 언어나 프레임워크 기초를 익힌 뒤 AI와 바이브 코딩을 해 보세요. 생성된 코드를 깊이 있게 이해하는 통찰력이 생기고, 직접 코드를 수정하며 완성도를 높일 수 있는 역량도 갖추게 될 것입니다. 아는 만큼 AI에 더 많은 것을 요청할 수 있고, 또 아는 만큼 AI가 실수하거나 부족한 부분도 빠르게 보충해 나갈 수 있습니다.

바이브 코딩을 가이드에 따라 더 연습해 보고 싶다면 50가지 예제가 있는 《어쨌든, 바이브 코딩》(2025, 인사이트)과 같은 예제가 많은 도서를, 개발자가 사용하는 도구를 사용해 보고 싶다면 《시작해요, 커서》(2025, 인사이트)와 같은 도구 사용법을 다룬 도서를 봐도 좋습니다.

지금까지 해온 것처럼 이 글의 내용을 옮기거나 궁금한 내용을 꼬리에 꼬리를 물고 AI에 질문하며 배우는 방법도 좋지만, 전체적인 숲을 보고 좀 더 체계적으로 공부하고 싶다면 이미 잘 정리된 지도를 보는 편이 효율적입니다. 다음 사이트는 개발자들이 공부해야 할 길을 아주 체계적으로 정리해 둔 곳입니다. 여러분의 다음 목적지를 정하는 데 훌륭한 나침반이 되어 줄 것입니다.

- **개발자 로드맵**: https://roadmap.sh/get-started

협업하고 코드 관리하기

11장에서 여러분은 혼자서 깃허브를 사용해 봤습니다. 혼자 사용해도 유용했던 깃허브는 여러 사람이 사용할 때 더 유용하고 강력합니다. 아직은 깃허브가 어렵겠지만 자주 커밋과 푸시를 하고 다른 사람의 코드에 풀리퀘스트PR, Pull Request를 작성하다 보면 체계적인 도구라는 생각이 들 겁니다.

당장 다른 사람의 코드를 수정하는 일은 어렵겠지만, 오타를 찾는 일은 쉽게 할 수 있습니다. 깃허브에서 코드를 설명하는 README.md 파일의 오타를 찾아 풀리퀘스트로 수정해 보는 걸 추천 합니다. 풀리퀘스트는 너무 길어서 보통 개발자들은 PR이라고 합니다(이하 PR).

리포지터리, 푸시, 풀리퀘스트

여전히 낯선 용어일 겁니다. 이해하기 쉽게 비유하자면, 리포지터리는 카페 직원끼리 함께 적는 공용 메모장입니다. 푸시는 다음 직원에게 업무를 인수인계하기 위해 내가 메모장에 적는 행위입니다. 풀리퀘스트는 내가 적은 내용을 공용 메모장에 넣어도 되는지 동료 직원에게 검토해달라는 요청입니다. 이 설명이 어렵다면 AI에 다음처럼 한 번 질문해 보세요.

"나는 개발을 잘 모르는데 깃허브, 리포지터리, 푸시, 풀리퀘스트라는 용어가 궁금해. 내가 이해할 수 있게, 쉽게 설명해 줘."

깃허브를 이용해 협업할 때는 보통 브랜치라는 작업 공간을 따로 만들어 작업합니다. 이렇게 작업 공간을 분리하면 내가 수정한 내용이 잘못되더라도 다른 사람의 코드에 영향을 주지 않고 안전하게 작업할 수 있습니다. 작업이 끝나면 변경 내용을 원래의 코드에 병합merge, 머지도 가능합니다. 11장의 버셀 배포 코드를 이용해 PR을 연습해 봅시다. 브라우저와 터미널 등 여러 도구를 오가며 사용하므로 작업 도구가 변경될 때 **브라우저**, **파워셸** 등으로 명시하겠습니다.

01 **브라우저** 저자의 깃허브 리포지터리에 접속한 다음 오른쪽의 [Fork] 버튼을 클릭하여 리포지터리를 여러분의 깃허브로 복제합니다.

- **저자의 깃허브 리포지터리**: https://github.com/ds1dbx/cafe-chatbot-vercel

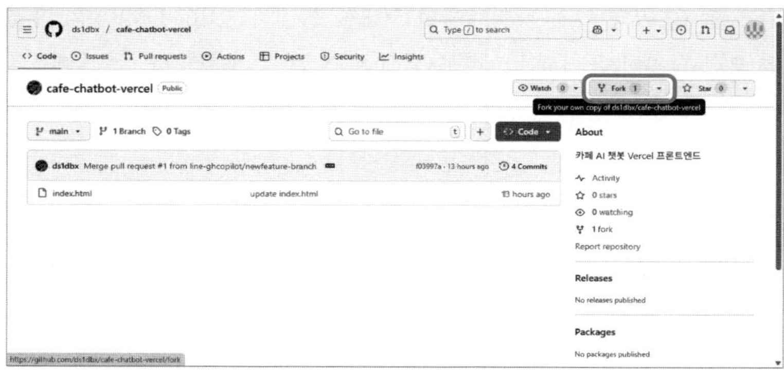

02 리포지터리를 복제할 때는 소유자(owner)와 복제할 리포지터리의 이름을 정할 수 있습니다. 소유자의 기본값은 자신의 계정이고, 리포지터리 이름(repository name)의 기본값은 제 리포지터리의 이름과 동일한 cafe-chatbot-vercel입니다. 여러분이 11장을 충실히 실습하고 14장을 읽는다면 그림처럼 리포지터리의 이름을 수정하라고 안내할 겁니다. 저는 뒤에 제 계정인 ds1dbx를 붙여서 'cafe-chatbot-vercel_ds1dbx'로 수정하고 [Create fork] 버튼을 클릭했습니다.

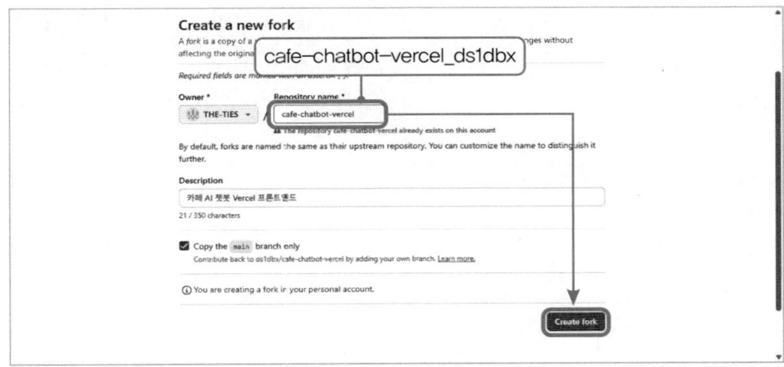

03 복제가 완료되면 바로 자신의 깃허브 화면(https://github.com/ds1dbx/cafe-chatbot-vercel_ds1dbx)으로 이동합니다. 리포지터리 이름 아래에 'forked from ds1dbx/cafe-chatbot-vercel'라고 문구가 있는데 이는 리포지터리가 다른 곳으로부터 복제되었다는 의미입니다. 이 링크를 통해 원래 어느 곳에 저장되어 있던 코드인지를 확인할 수 있습니다.

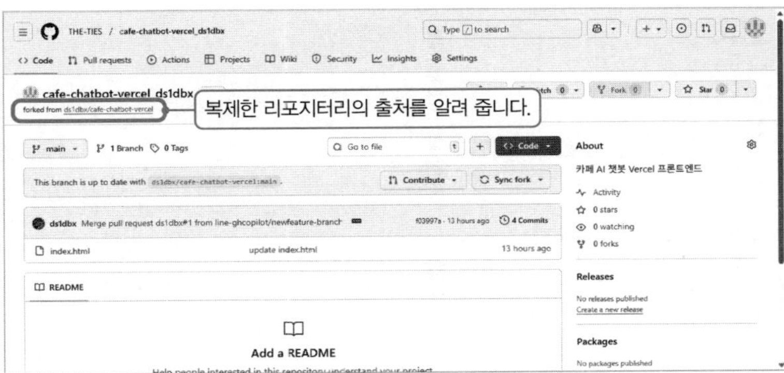

04 코드 수정을 하려면 로컬 환경에 코드를 내려받아야 합니다. 먼저 복제된 리포지터리의 [Code] 버튼을 클릭하여 복제된 코드의 주소를 복사합니다.

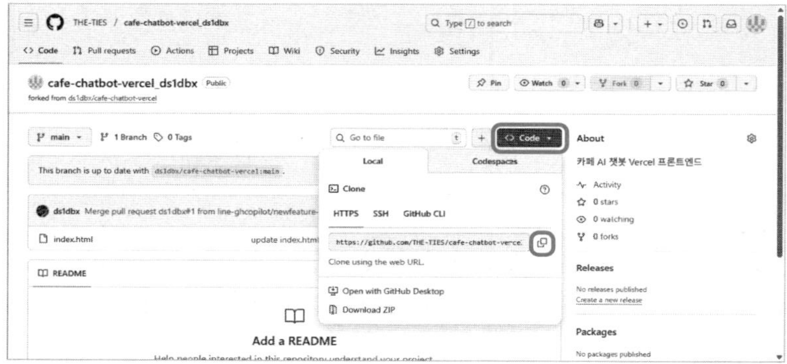

05 파일 탐색기 파일 탐색기에서 작업할 폴더를 하나 만듭니다. 저는 D:₩source₩clone으로 만들었습니다. 해당 폴더에서 마우스 오른쪽 버튼을 클릭한 다음 '터미널에서 열기'를 클릭하여 파워셸을 실행합니다.

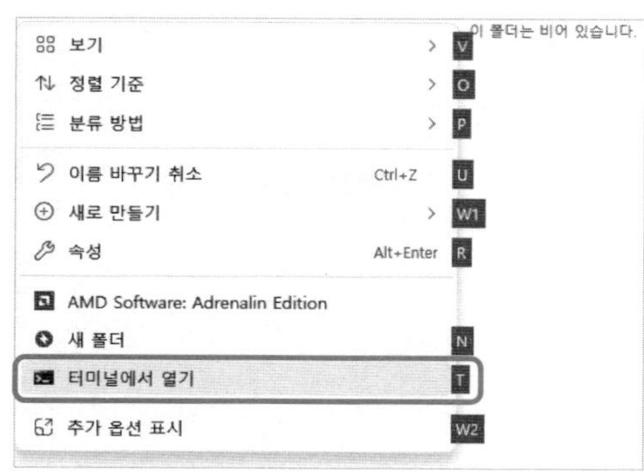

06 **파워셸** 그리고 화면에 **git clone** 명령을 입력하고 복사한 주소를 붙여 넣습니다. PR은 내가 수정한 내용을 원본 리포지터리에 넣어도 될지 원본 주인에게 검토를 요청하는 일입니다. 따라서 복제 후에는 PR을 보낼 원본 리포지터리 주소(개발 용어로는 업스트림 리포지터리 주소라고 합니다)를 등록해야 합니다. 이 명령어는 **git remote add upstream 주소**입니다.

여러분의 아이디가 들어갑니다.

```
PS 폴더위치> git clone https://github.com/본인아이디/ds1dbx.git
PS 폴더위치 >> cd cafe-chatbot-vercel_ds1dbx
PS 폴더위치\cafe-chatbot-vercel_ds1dbx >> git remote add upstream
https://github.com/ds1dbx/cafe-chatbot-vercel.git
```

잠깐! git clone 명령에서 에러가 발생했다면 cafe-chatbot-vercel 폴더가 이미 있어서 나타난 에러일 가능성이 높습니다. 다른 경로로 이동하여 명령어를 입력하거나 에러 메시지를 AI에 전달하고 왜 발생했는지 물어보세요.

AI에 물어보기

git clone이 어떤 명령이야?

---

07 **git checkout 브랜치이름** 명령으로 새로운 코드 브랜치를 만듭니다. 파워셸 창을 닫지 말고 그대로 유치합니다.

```
PS 폴더위치\cafe-chatbot-vercel_ds1dbx >> git checkout -b newfeature-
branch
Switched to a new branch 'newfeature-branch'
```

→ 새로운 브랜치로 작업 공간이 옮겨졌다는 메시지입니다.

08 **메모장** 이제 index.html 파일을 수정할 차례입니다. 메모장으로 열어서 코드의 가장 끝에 **<!-- PR 테스트용 문구입니다. -->**를 추가하고 저장했습니다. HTML 문법에서 **<!--** 과 **-->** 사이의 글은 메모입니

다. 동작에 아무런 영향을 미치지 않습니다. 다른 내용을 추가해도 좋습니다. 중요한 점은 index.html 파일에 변경 사항이 있다는 점입니다.

09 **파워셸** `git status` 명령을 이용해 변경된 내용을 확인해 봅니다. 내용을 보니 index.html이 변경되었지만, 아직 커밋 대상에 추가되지는 않았다고 합니다. 이 문장이 어렵다면 그대로 복사해서 AI에 물어보면 상세히 설명해 줍니다.

잠깐! 커밋은 업데이트 이력을 남기는 일입니다.

```
PS 폴더위치\cafe-chatbot-vercel_ds1dbx >> git status
On branch newfeature-branch  ──▶ 현재 작업 공간이 'newfeature-branch'라고
Changes not staged for commit:     알려 줍니다.
  (use "git add <file>..." to update what will be committed)
  (use "git restore <file>..." to discard changes in working directory)
   modified:   index.html
no changes added to commit (use "git add" and/or "git commit -a")
```

10 이제 index.html을 커밋 대상에 포함하고 커밋합니다. 커밋 대상 추가 명령어는 `git add index.html`이고 커밋 명령어는 `git commit -m "update index.html"`입니다.

```
PS 폴더위치\cafe-chatbot-vercel_ds1dbx >> git add index.html
PS 폴더위치\cafe-chatbot-vercel_ds1dbx >> git commit -m "Add PR test in
index.html"          ──▶ 현재 작업 공간
[newfeature-branch fc8c463] Add PR test in index.html
 1 file changed, 2 insertions(+), 1 deletion(-)
        └──▶ 파일 하나가 변경됐다는 의미입니다.
```

11 드디어 푸시를 할 차례입니다. 명령어는 `git push origin newfeature-branch`입니다. 푸시는 깃허브에 변경된 내용을 반영하는 일입니다.

```
PS 폴더위치\cafe-chatbot-vercel_ds1dbx >> git push origin newfeature-
branch
Enumerating objects: 5, done.
Counting objects: 100% (5/5), done.
Delta compression using up to 16 threads
Compressing objects: 100% (2/2), done.
Writing objects: 100% (3/3), 341 bytes | 341.00 KiB/s, done.
Total 3 (delta 1), reused 0 (delta 0), pack-reused 0 (from 0)
remote: Resolving deltas: 100% (1/1), completed with 1 local object.
remote:
remote: Create a pull request for 'newfeature-branch' on GitHub by
visiting:
remote:      https://github.com/THE-TIES/cafe-chatbot-vercel_ds1dbx/
pull/new/newfeature-branch
remote:
To https://github.com/THE-TIES/cafe-chatbot-vercel_ds1dbx.git
 * [new branch]      newfeature-branch -> newfeature-branch
```

12 **브라우저** https://github.com/본인아이디/cafe-chatbot-vercel_ds1dbx에 접속합니다. 새로운 브랜치가 생성되었고 코드 변경 사항을 비교한 뒤 원래의 리포지터리에 풀리퀘스트를 보낼 수 있는 버튼이 새로이 등장한 것을 볼 수 있습니다. [Compare & pull request] 버튼을 클릭해서 PR을 보냅니다.

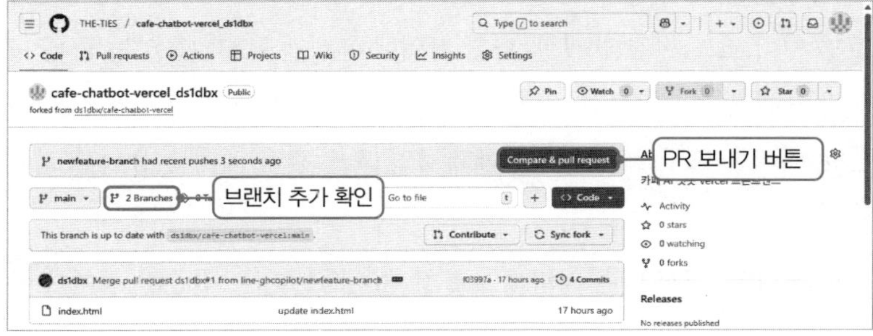

잠깐! [Compare & pull request] 버튼이 보이지 않을 때는 'main'을 'newfeature-branch'로 변경한 다음에 [Contribute] 버튼을 클릭하면 [Open pull request] 버튼이 보입니다. 이 버튼이 보이면 클릭하고 다음 단계(**13**)를 진행하세요.

13 PR을 보낼 때는 원본 소유자가 쉽게 파악할 수 있도록 변경 사항을 상세히 설명할 필요가 있습니다. 'Add a description' 영역에 변경 사항을 적어 줍니다. 저는 '도서 실습을 따라 하며 index.html 마지막 줄에 예시 문구를 추가했습니다.'라고 입력한 다음 [Create pull request] 버튼을 클릭했습니다.

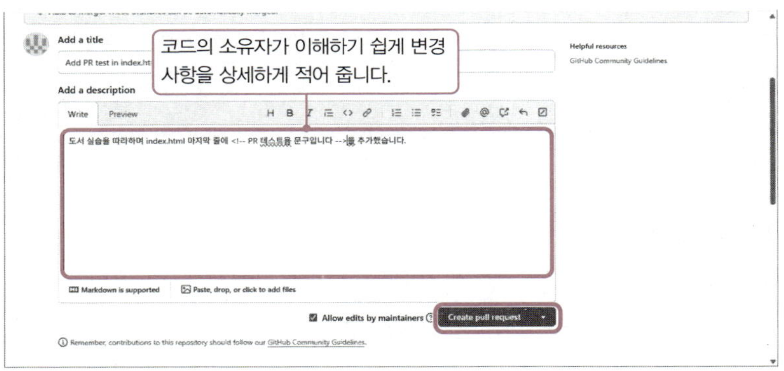

이렇게 병합된 코드는 원래의 코드 리포지터리에 반영됩니다. 처음 하면 과정이 다소 복잡해 보일 수 있지만 여러 번 PR을 보내며 협업하다 보면 깃이 코드 변경과 개선, 병합 작업에 체계적으로 대응하는 좋은 도구라는 걸 알 수 있습니다. 네이버나 카카오, 마이크로소프트와 같은 기업은 이러한 도구를 바탕으로 체계적인 코드 관리 체계를 유지하고 있습니다.

이렇게 PR을 해서 다른 사람의 코드에 기여하는 일은 단순한 참여가 아넙니다. 세상의 많은 개발자와 함께 협업하면서 이들과 연결되는 과정의 일부입니다. 수많은 코드와 앱은 개발자가 선의로 공개된 코드를 기반으로 합니다. 여러분도 그런 코드에 기여함으로써 다른 개발자와 함께 생태계의 성장에 기여할 수 있습니다. 누군가 여러분의 뒤를 이어 개발의 세계에 발을 들이는 사람들에게 여러분의 코드 한 줄 한 줄이 긍정적인 영향을 미칠 수 있을 겁니다.

잠깐! 개발에서는 오픈소스나 깃허브 같은 곳에서 코드를 수정하거나 개선하는 일을 **컨트리뷰션**(contribution)이라고 하고, 이런 기여를 하는 사람을 **컨트리뷰터**(contributor)라고 부릅니다.

도구가 아닌 동료로서의 AI

이미 AI는 우리의 일상 깊은 곳까지 들어와 있습니다. 우리가 사용하는 많은 서비스는 AI를 활용하고 있으며, 일상 속 앱에도 AI 기능이 더해진 지 오래입니다. 말 그대로 AI는 '함께 일하는 동료'로 자리 잡았습니다. 코드 리뷰를 AI에 부탁하거나 깃허브 코파일럿을 통해 코드의 부족한 부분을 보완하거나 필요한 새 기능을 부탁할 수도 있습니다.

AI를 이용해 코드를 처음 작성하면서 AI가 이런 것도 해줄 수 있다는 점에 놀란 독자도 있을 겁니다. AI와 함께 바이브 코딩을 하면서 훨씬 더 좋은 결과가 나왔다고 느낀 독자도 있을 겁니다. AI는 우리의 한계를 대신하는 존재가 아닙니다. 우리가 하는 생각을 가속화해 주는 파트너입니다. 이것이 바이브 코딩을 바라보는 우리의 관점이 되어야 합니다. 단순히 도구가 아니라 내가 필요로 하는 것을 함께 고민하고 만들어 주는 동료로서의 AI가 바로 바이브 코딩의 핵심입니다.

개발 여정을 흔적으로 남겨 지속 가능한 성장을 지향하기

오래전 IT 업계에 처음 발을 담근 순간부터 스스로 해오던 일이기도 하고 후배나 동료들에게도 해왔던 이야기가 있습니다.

> 내가 오늘 배운 것을 누군가와 공유하고, 내일의 나를 위해서 기록을 남기고, 나와 똑같은 길을 걷고 경험하는 누군가를 위해 내가 오늘 고민했고 헤맸던 것을 기록해 두라.

바이브 코딩을 하면서 여러분이 경험한 시행착오가 있을 겁니다. 그리고 시행착오를 통해 배운 바가 있을 겁니다. 원하는 산출물을 잘 만들어 냈다면 이제 그 이야기를 남겨 봅시다.

- 앱을 만든 과정을 블로그에 정리하기
- SNS에 바이브 코딩으로 AI를 이용해 본 이야기를 남기기

그리고 이렇게 고생해서 만든 앱을 친구와 동료에게 공유합시다. UI가 어설퍼도 괜찮습니다. 뭔가 단순해 보여도 상관없습니다. 다른 누군가에게 여러분이 만든 앱을 사용하도록 권하고 사용자의 의견을 받아 보면 여러분이 미처 예상치 못했던 관점에서 앱을 관찰할 수 있습니다. 다른 사용자는 여러분이 생각하지 못한 방식으로 앱을 다루며 불편함을 느끼거나 혹은 긍정의 피드백을 여러분에게 줄 것입니다. 그런 피드백을 이해하고 코드에 반영하는 과정을 통해 '개인적인 실습'으로 시작한 앱이 '작은 서비스'로 성장하는 과정을 경험할 수 있습니다.

그리고 이러한 경험이 쌓이면서 전문 개발자는 아니지만, 나만의 방식으로 만든 앱을 이용해 사람들에게 가치를 주고 세상을 변화시키는 데 기여하고 있다는 확신이 생길 겁니다. 지속 가능한 성장을 하는 것은 어

렵지 않습니다. 여러분이 했던 작업을 흔적으로 남기고 많은 사람에게 공유하는 것만으로도 여러분은 한 걸음씩 성장해 나갈 것입니다.

바이브 코딩의 목표는 완벽한 개발자가 되는 것이 아닙니다. 일상에서 필요한 것을 AI와 함께 코드로 해결해 나가는 활동을 멈추지 않는 창작자가 되는 것입니다. 코드가 조금 잘못되어도 괜찮습니다. API가 에러를 토해내며 잘 동작하지 않아도 괜찮습니다.

여러분은 이제 바이브 코딩의 첫발을 성공적으로 내디뎠습니다. 중요한 것은 기술이 아니라 문제를 정의하고 해결하고자 하는 의지를 갖는 마음입니다. AI는 훌륭한 동료가 되어 여러분의 문제 해결을 도울 겁니다. 주변을 둘러보고 문제를 찾아서 해결해 봅시다.

여러분만의 첫 바이브 코딩 앱은 무엇인가요?

부록 A

바이브 코딩 도구에는 어떤 게 있을까?

요즘 IT 업계에서는 매일 새로운 AI 모델과 기술이 시장을 뒤흔든다는 기사를 읽으며 하루를 시작합니다. 하루 만에 가장 좋은 성과를 내는 AI 모델이나 기술이 뒤바뀌는 일이 잦을 만큼 경쟁이 치열하기 때문입니다. 많은 분야에서 업무에 AI를 활용하는 비중이 커지는 만큼 기술의 흐름을 파악하고 적합한 기술을 지속적으로 탐색하는 일이 그 어느 때보다도 중요한 시기입니다.

바이브 코딩은 어떨까요? 바이브 코딩 역시 AI 기술 발전에 영향을 받습니다. 기술의 변화에 따라 바이브 코딩 도구도 계속 발전하고 있으며, 더 많은 사용자를 끌어들이기 위해 어제보다 더 나은 도구를 지향하고 있습니다. 책에서 소개한 바이브 코딩 도구나 서비스 외에도 시장에는 다양한 개성과 목적을 가진 바이브 코딩 도구가 경쟁하고 있습니다.

2025년 12월을 기준으로 시장에서 가장 인기 있는 도구와 특징을 가볍게 다뤄보겠습니다.

표 A-1 바이브 코딩 도구

도구	특징	특장점	권장 사용자
커서 (Cursor)	비주얼 스튜디오 코드 기반의 AI 코드 에디터	• 기존 코드 구조를 인식하고 전체 프로젝트의 문맥을 이해할 수 있다 • 정교한 코드 수정이 가능하고 리팩토링에 강점이 있다	전문 개발자
v0	프롬프트를 이용해 UI 구성 요소를 생성할 수 있음	• 생성된 모든 UI가 세련된 디자인 체계에 따라 만들어지기 때문에 미려한 결과물을 만들 수 있다 • 본문에서도 다뤘던 버셀에서 만든 도구이기 때문에 버셀 클라우드와 연동이 용이하다	프런트엔드 개발자, 디자이너
리플릿 (Replit)	클라우드 기반 올인원 통합 개발 도구	• 설치 없이 브라우저만으로 코딩, 빌드, 배포, 호스팅까지 모두 가능하며 협업에 용이하다	비전문가, 협업이 필요한 팀, 프로토타이핑이 필요한 팀
러버블 (Lovable)	시각적인 관점에서 편집이 가능한 풀스택 AI 빌더	• 코드를 직접 편집하지 않고도 드래그 앤 드롭과 유사한 시각적 인터페이스로 AI가 생성한 요소를 수정하는 작업이 가능하다	비전문가, 프로젝트 관리자, MVP 앱 개발이 필요한 사람

AI에 물어보기

리플릿은 프로토타이핑에, 러버블은 MVP 앱 개발에 권장한다는데 프로토타이핑이랑 MVP 개발이 뭐지?

바이브 코딩으로 인기 있는 도구는 저마다의 사용자에게 주력하는 강점이 다릅니다. 도구의 춘추전국시대라 할 만큼 다양한 도구가 쏟아지는 오늘날, 자신에게 어떤 도구가 필요한지 알려면 직접 사용하는 방법이 가장 좋습니다. 다양한 도구 중 통합 개발 환경을 제공하는 커서와 UI

제작에 특화된 v0의 사용 방법을 살펴보겠습니다.

커서로 해 보는 바이브 코딩

커서를 설치하기 전에 IDE통합 개발 환경와 비주얼 스튜디오 코드Visual Studio Code(이하 VS 코드)에 대해 알아보겠습니다. IDE는 코딩에 필요한 편집기, 디버깅, 빌드 등 모든 도구를 하나로 모아 개발을 쉽게 도와주는 환경입니다. 이런 IDE 중에 마이크로소프트가 제공하는 VS 코드는 개발자에게 인기 높은 도구입니다. 커서는 이 VS 코드를 기반으로 만든 도구라서 개발자에게는 익숙하지만, 비개발자에게는 처음 보는 낯선 도구일 겁니다.

스텝 1 설치하기

01 커서 공식 웹사이트(https://cursor.com)에 접속하면 각자 환경에 맞는 링크가 생성되어 있으니 설치 파일을 내려받아 설치합니다. '사용권 계약'을 동의해야만 설치할 수 있으며, '추가 작업 선택'에서 'PATH에 추가'라는 선택 상태를 꼭 유지해야 합니다.

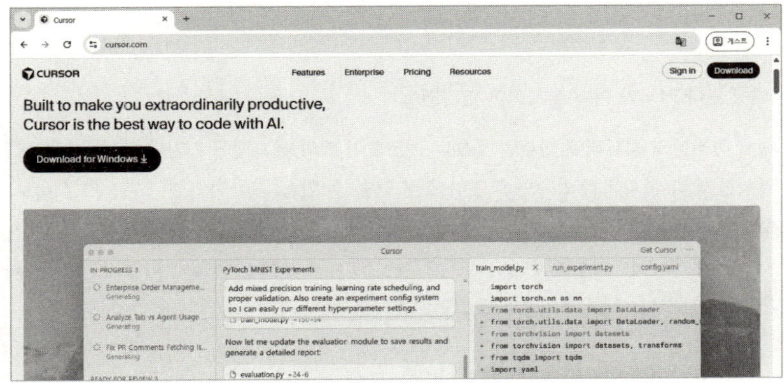

02 커서를 처음 설치했다면 계정 생성 화면을 만납니다. 계정은 이전과 마찬가지로 구글 메일 주소와 연동해서 가입하는 것이 편합니다. [Sign Up] 버튼을 클릭하고 [Google로 계속하기]를 클릭해서 가입합시다. 계정을 생성하면 커서 데스크톱에 로그인할 거냐고 물어보는데 [Yes, Log In]을 클릭합니다.

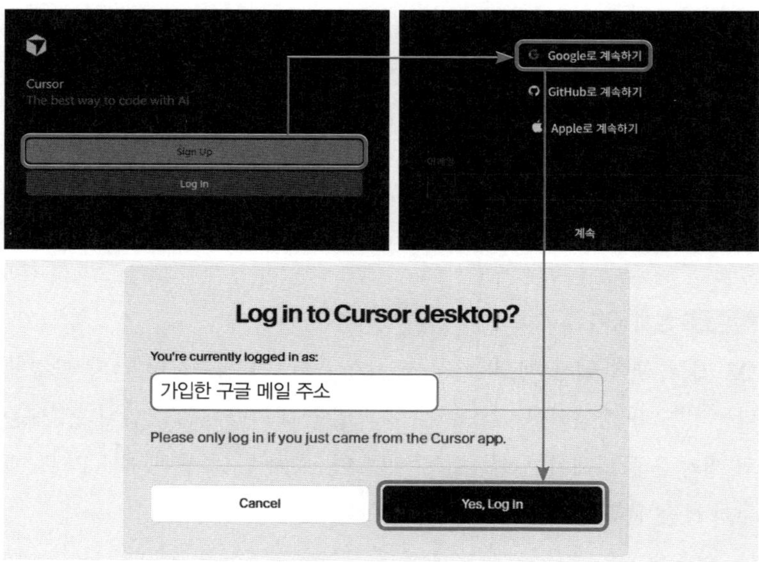

VS 코드나 커서가 이미 설치되어 있다면

혹시 여러분의 컴퓨터에 비주얼 스튜디오 코드가 이미 설치되어 있거나 다른 목적으로 커서를 이미 설치해 두었다면 화면이 조금 다를 수 있습니다. 가입했던 계정으로 바로 로그인해서 맥OS 기준으로 'Preferences > Cursor Settings'를 선택해 'Cursor Settings' 화면을 불러올 수 있습니다. 저는 책 본문의 다른 예제와 마찬가지로 구글 계정을 이용해서 커서 서비스에 로그인했습니다.

03 커서 데스크톱에 로그인하면 화면이 다음과 같이 변경됩니다. 여기서 'Chat Language'는 'Korea'로 변경하고 [Continue]를 클릭합니다.

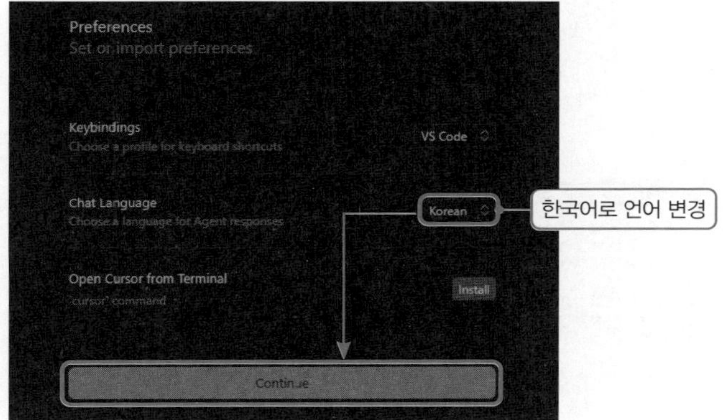

04 'Appearance'는 테마 변경으로 각자 취향에 맞게 선택하고 [Continue]를 클릭합니다. 저는 'Light'를 선택했습니다. 이어지는 'Welcome to Cursor' 화면은 각자 읽고 [Continue]를 클릭합니다. **03**과 **04**와 같은 설정 사항은 나중에 다시 설정할 수 있습니다.

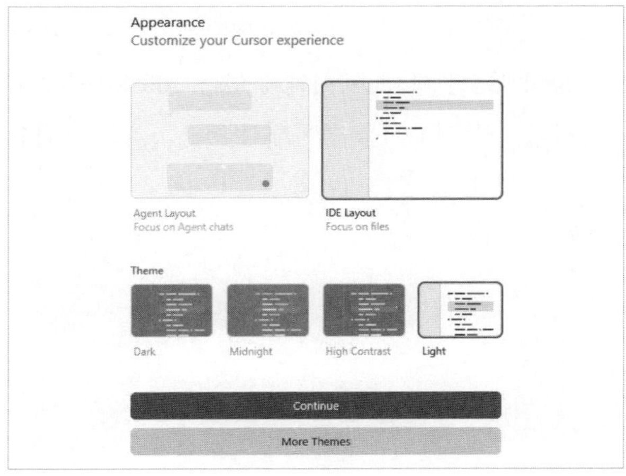

05 커서 데스크톱 화면에서 [File] - [Prefences] - [Cursor Settings]를 클릭합니다.

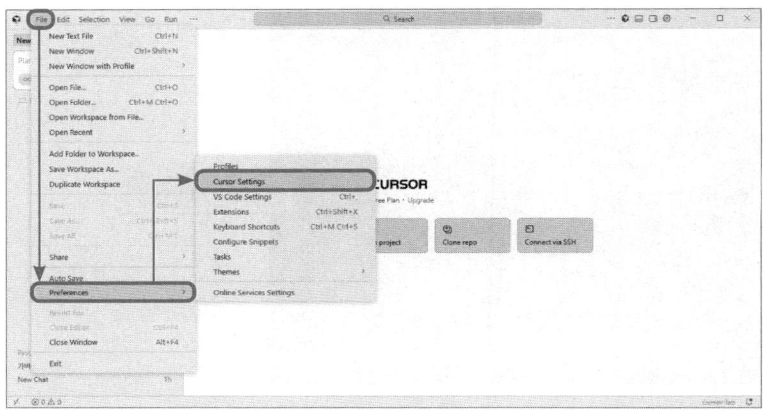

06 왼쪽 위를 보면 'Free Plan'이라고 보입니다. 무료 요금제로도 처음에는 충분하니 구독하지 말고 사용해 보기를 권합니다. 왼쪽 메뉴 중 'Models'를 선택합니다. 커서의 장점은 다양한 외부 모델을 선택해서 사용할 수 있다는 점입니다. 커서 무료 계정에서도 기본으로 제공하는 모델을 사용할 수 있으나 요청량 등에 제한이 있습니다. 바이브 코딩에 익숙해지고 오랜 시간 코딩하려면 'Models' 아래에 있는 'API Keys' 섹션을 클릭한 다음 AI 서비스의 API 키를 등록해서 사용하기를 추천합니다.

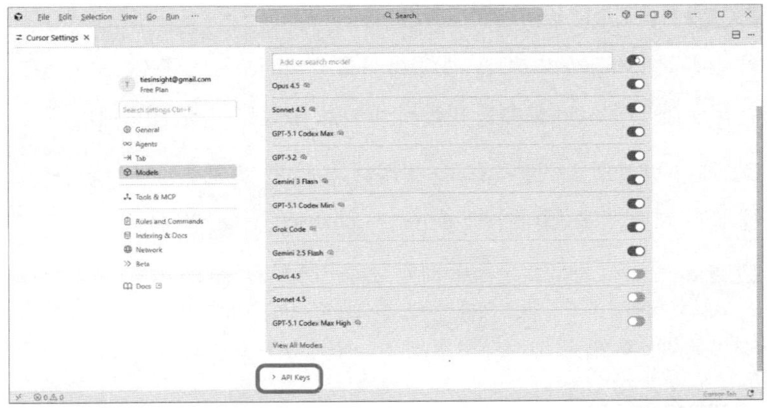

07 OpenAI, 앤트로픽, 구글 AI Studio, 애저 OpenAI, AWS Bedrock 등 다섯 가지 AI 서비스의 API 키를 등록할 수 있습니다. 등록할 API 키를 입력했으면 'Cursor Settings' 탭의 [x] 버튼을 눌러 창을 닫읍시다.

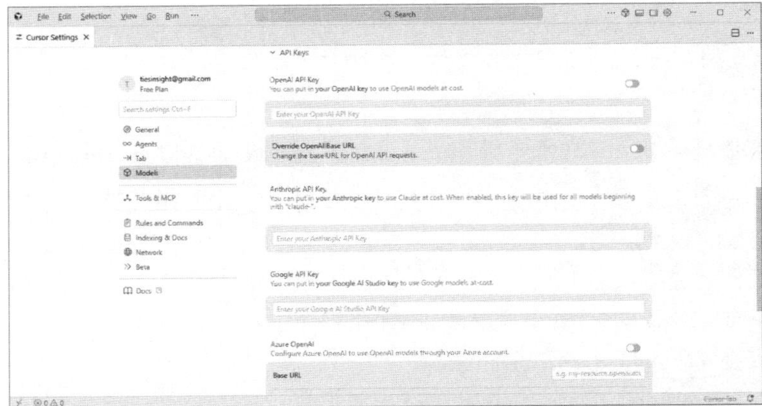

스텝 2 프롬프트로 바이브 코딩하기

커서에서는 지금까지 해 본 채팅 방식으로 바이브 코딩을 하거나, 코드 편집기 내에서 AI의 도움을 받아서 바이브 코딩을 할 수 있습니다.

01 채팅 방식으로 기본 코드를 작성해 봅시다. 윈도우에서 Ctrl+V를 눌러 채팅 창을 엽니다(맥에서는 Command+V입니다).

잠깐! 채팅창에서도 AI의 모드를 정하거나 AI 모델을 변경할 수 있습니다. 왼쪽 아래 무한대 버튼(∞ ⌄)을 클릭하면 모드를 선택할 수 있고, 오른쪽 위의 더 보기 버튼(···)을 클릭하고 'Agent Settings'를 선택하면 커서 세팅 화면에서 모델을 선택할 수 있습니다.

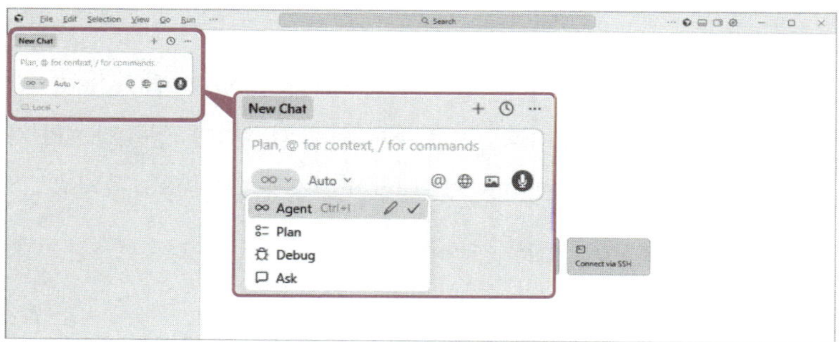

02 에이전트 모드에서 다음 프롬프트를 입력했습니다. 간단하면서도 독립적으로 동작할 수 있는 명상 웹사이트 제작을 위한 프롬프트입니다.

프롬프트 A-1

가볍게 명상을 할 수 있는 웹 페이지를 만들어 줘.

- 잔잔한 음악이 배경으로 깔리면 좋겠어.
- 마음을 평안하게 해주는 이미지를 재생하면 좋겠어.
- 각 이미지가 마음에 들면 "좋아요" 버튼을 누를 수 있게 버튼을 만들어 줘.
- 3분 정도 명상을 하고 나면 명언을 하나 보여주고 음악을 종료해 줘.
- 몰입할 수 있도록 이미지는 전체 화면을 가득 채우는 게 좋을 것 같아.

03 프롬프트를 입력하면 계획을 세우고 스스로 세부 사항을 구현합니다. 다만, 파일을 생성하거나 명령을 실행하는 등 몇몇 작업은 사용자에게 확인을 요청합니다. 사용자 확인이 있을 때는 [Accept]를 클릭하여 계속 진행합니다. [Accept]만 클릭해서 작성한 코드는 나름 격식을 갖춰 HTML, CSS, 자바스크립트 파일로 구성된 정적 웹사이트입니다.

잠깐! 저는 첫 번째 테스트에서는 README.md가 생성되었으나 두 번째 테스트에서는 생성되지 않았습니다. README.md는 프로젝트를 설명하는 중요한 역할을 하니, 프롬프트 작성 시 README.md를 생성해 달라고 요청하기를 권장합니다.

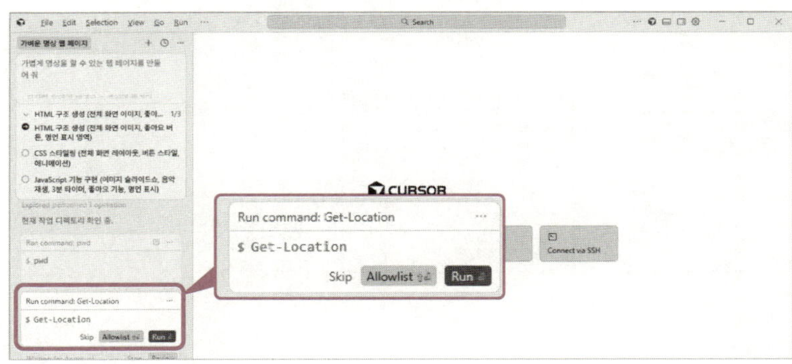

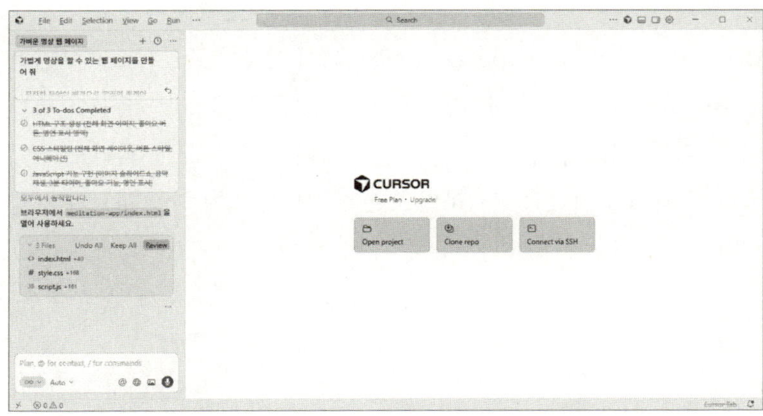

04 작성된 코드를 확인해 보겠습니다. 커서를 실행하고 바로 채팅창에서 바이브 코딩을 했기 때문에 아직 생성된 코드를 보고 있지 않습니다. 여러분과 앱 이름이 다를 수 있는데 채팅창 마지막을 유심히 보면 그림과 같이 특정 폴더에 파일을 생성했다고 알려 줍니다. 저는 /meditation-app입니다. 기본 설정을 변경하지 않았다면 이 디렉터리는 C:₩meditation-app처럼 위치합니다. 사용 방법이 이 대화창에 나왔다면 잘 복사해 두십시오.

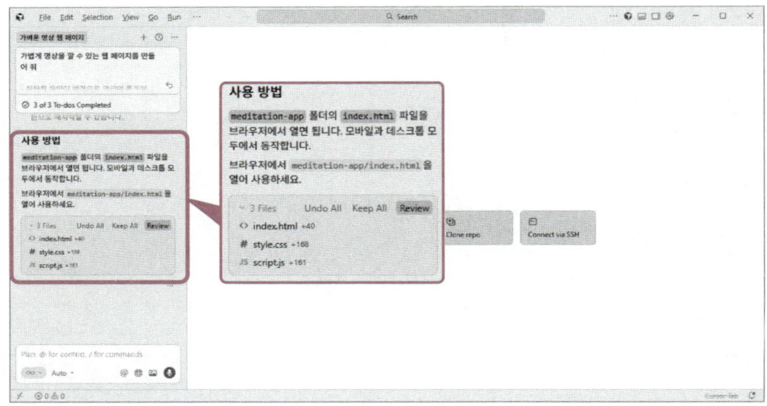

05 커서 화면의 [Open project]를 클릭해서 각자의 프로젝트 디렉터리를 불러옵니다. 화면이 바뀌면 메뉴에서 [View] -[Explorer]를 선택합니다. 왼쪽에 html, js, css 등의 파일 목록이 보이나요? 잘 따라오고 있습니다. 파일을 하나씩 클릭하면 오른쪽 코드 편집기 창에 코드가 보입니다.

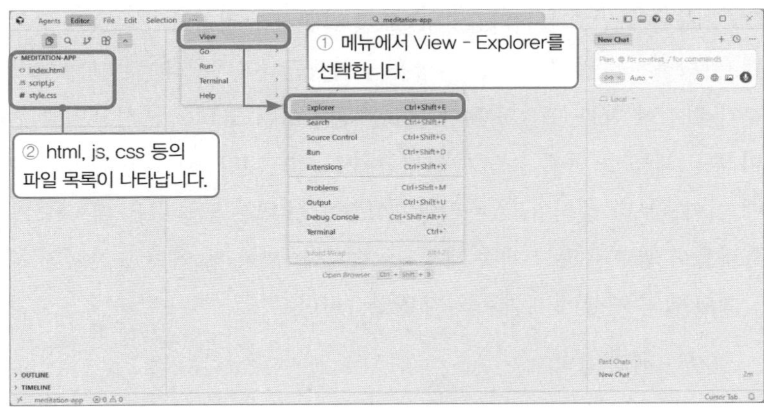

06 상황에 따라 README.md 파일이나 대화창에 사용 방법이 있습니다. 내용은 큰 차이 없이 브라우저에서 index.html을 열면 웹 앱을 실행할 수 있다는 안내입니다. 브라우저에서 새 탭을 열고 해당 파일을 불러와 실행합니다.

07 기능을 확인해 봅니다. 프롬프트를 간단하게 정리하면 다음과 같은데, 완벽하지는 않지만 모든 사항을 구현했습니다. 이 과정부터는 여러분과 완전히 다를 수 있습니다. AI는 매번 다른 코드를 생성하므로 운이 좋을 때는 한 번에 모든 게 완벽할 수도 있습니다. 제 경우에는 두 번째 이미지부터 출력이 되지 않았고, [좋아요] 버튼을 눌렀을 때 나오는 효과음이 멈추지 않고 계속 재생되었습니다. 또한 웹 앱의 요건으로 전달했던 음악 재생이 제대로 되지 않았습니다.

- 잔잔한 배경 음악
- 마음을 평안하게 해주는 이미지
- 이미지 [좋아요] 버튼
- 3분 명상 후 명언 보여주고, 음악 종료
- 몰입할 수 있도록 이미지는 전체 화면

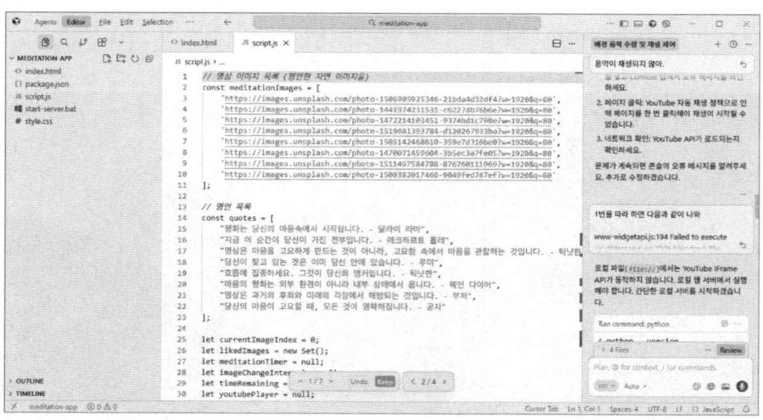

AI와 함께 바이브 코딩을 하는 과정은 요구사항을 끊임없이 확인하고

버그를 수정하는 과정입니다. 반드시 내가 지금까지 작업한 내용, 혹은 현재 결과 등의 상황을 정확히 전달하고 요청 사항을 적어야 합니다. 프롬프트를 조금 더 정밀하게 작성하거나 코드에 대한 지식을 늘려 문제가 되는 지점을 AI에 전달할 수 있다면 더 빨리 원하는 결과물을 만들어 낼 수 있을 것입니다.

- **커서로 작성한 명상 웹 앱 전체 코드**: https://github.com/ds1dbx/vibe-coding-appendix/tree/main/mediation

v0로 해 보는 바이브 코딩

11장에서 버셀로 챗봇을 공개했었습니다. v0는 버셀이 만든 웹 기반의 바이브 코딩 도구입니다. v0는 UI 제작에 특화되어 있어서 커서나 챗GPT 등으로 작성했을 때 살짝 아쉬웠던 화면을 얼마나 더 잘 만들지 기대됩니다.

v0의 장점은 설치 없이 브라우저만으로 바이브 코딩을 할 수 있다는 점입니다.

01 v0(https://v0.app/)에 접속해서 오른쪽 위 [Sign in] 버튼을 클릭해서 로그인합니다. 11장에서 버셀에 가입했으므로 v0도 바로 사용할 수 있습니다. 혹시 버셀 사용자 등록을 하지 않았다면 'Sign up' 버튼으로 사용자 등록을 먼저 하기 바랍니다.

잠깐! v0 무료 플랜을 사용하면 매월 5달러의 크레딧을 지급합니다. 앱을 버셀 클라우드로 배포, 브라우저를 이용한 디자인 작업 등에 크레딧을 사용할 수 있습니다. 다만 무료 플랜에서는 하루에 메시지를 7개만 보낼 수 있습니다. 간단한 프롬프트로 v0를 실습해 본 다음에 유료 플랜을 고민하기를 권합니다.

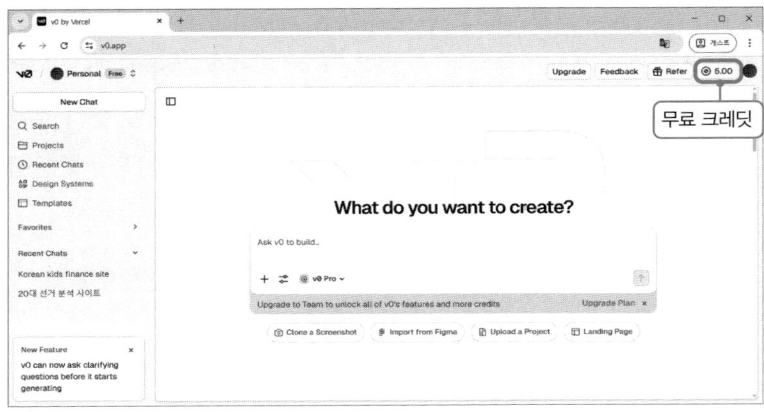

02 UI 제작에 강점을 보이는 바이브 코딩 도구로 알려져 있으니 직접 구현하려면 난이도가 있을 법한 요청 사항(시각효과)을 추가해 웹 앱 기반의 테트리스 게임을 만들겠습니다. 다음 프롬프트를 입력해 봅시다.

프롬프트 A-2

브라우저를 이용해서 동작하는 테트리스 게임을 만들고 싶어. 일반적인 게임의 특징은 알려져 있는 테트리스와 동일해. 대신 조금 더 흥미진진한 게임을 위해 특정 행이 다 채워져 삭제될 때, 재미있는 효과음과 간단한 Visual Effect를 넣어주면 좋을 것 같아.

03 처음에는 챗GPT를 사용할 때처럼 가운데 화면에 질문과 답변이 나오다가 코드를 생성하는 시점에 대화창을 왼쪽으로 배치하고, 오른쪽에는 구현 화면이 표시되는 브라우저가 표시됩니다. 저는 두 번 테스트했는데 처음에는 '테트리스 게임 핵심 로직 및 UI 구현', 두 번째는 '테트리스 게임 생성 완료'라는 메시지와 함께 완성된 화면이 보였습니다.

04 게임 조작법은 다른 테트리스 게임과 같았고 오른쪽에 간단한 조작법이 나옵니다. 나름 사운드 효과도 있고 색상도 화려해 게임하는 재미가 있습니다. 하지만 게임을 진행해 보니 스페이스 버튼의 기능이 제대로 동작하지 않아서 프롬프트를 이용해 수정을 요청했습니다.[1]

프롬프트 A-3 테트리스 게임 1차 수정용 프롬프트

게임이 전반적으로 잘 동작하는 것 같아. 한 가지 문제점을 발견했으니 수정해 줘. 스페이스 키를 누르면 가장 아래로 블록이 내려가야 하는데 키를 누른 위치에서 멈춰버려. 수정해 줄 수 있을까?

이제야 테트리스 게임이 제대로 동작하는 느낌입니다. 이후로도 저는 사라진 블록이 엉뚱한 데 생기는 등의 문제가 있어 몇 가지 수정을 더 했습니다. 늘 강조하지만, 정확히 현재 상황과 요구사항을 전달하면 AI는 그것에 맞게 상황을 분석하고 해결합니다.

1 독자 여러분들이 AI로부터 얻은 결과에는 문제가 없을 수도 있습니다. 똑같은 프롬프트에 대해서도 AI는 다른 답변을 해줄 수 있다는 점을 늘 염두에 둡시다!

05 v0의 장점은 버셀과의 연동이 무척 쉽다는 점입니다. 화면 오른쪽 위 [Publish] 버튼을 클릭하고 [Publish to the Web] 팝업이 뜨고 잠시 배포가 완료되길 기다리면 [Visit Site] 버튼이 보입니다. 이 버튼을 클릭하면 새 브라우저 창에서 게임이 실행되는 걸 확인할 수 있습니다.

잠깐! 직접 도메인을 만들고 싶으면 [Publish] – [Customize Domain]을 선택합니다.

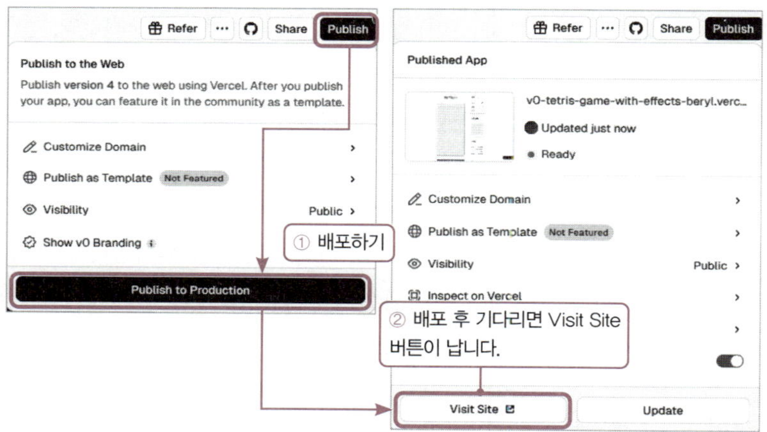

저는 책을 집필하며 두 번 테트리스 게임을 만들었고, 다음은 제가 처음 만들었던 테트리스 게임입니다. 여러분이 만든 게임과 어떤 차이가 있는지 살펴보세요.

- **첫 번째 테트리스 게임 주소**: https://v0-tetris-game-with-effects.vercel.app/